국어 연구의 몇 국면

박정규

보고사

머리말

　이번에 그동안 필자가 여기저기에 발표했던 논문들 가운데 국어학과 직·간접적으로 관련된 연구 성과를 모아 한 권의 책으로 엮기로 했다. 이러한 생각을 하게 된 데는 물론 보고사 김홍국 사장님의 권유가 직접적인 동기가 되었지만, 사실상 그보다는 그간의 연구 성과를 반성하는 계기의 장으로 삼아보려는 필자의 생각이 더 크게 작용하였다.

　국어학을 공부한답시고 그동안 그다지 적지 않은 세월을 보내면서 과연 필자의 연구 성과는 어떠한지를 되짚어보는 것도 나름대로 뜻 있는 일이라 생각한다. 그래서 그간 발표했던 논문 중 국어학과 직·간접적으로 관련된 논문에 '죽음어' 자료를 함께 모아 싣는다. 그러나 막상 묶고 보니 그 결과는 아주 보잘 것 없게 된 것 같아 부끄럽기 짝이 없다. 그동안 나태하게 살아온 것은 결코 아니었기 때문에 필자의 연구 성과가 이렇게 보잘 것 없게 된 데에는 나름대로 내세울 핑계가 전혀 없는 것은 아니다. 그렇지만 우여곡절이야 어쨌든 모든 것은 결과가 말해주는 것이기 때문에, 이러한 모든 결과는 전적으로 필자의 몫이다. 이번 기회를 반성의 기회로 삼아 앞으로 공부에 더 매진할 것을 약속 드린다. 같은 분야의 공부를 하시는 분들의 질정을 바랄 뿐이다.

이 책을 엮으면서 대학원 박사 과정까지 필자를 가르쳐 주시고 지금도 필자의 정신적 버팀목 역할을 하고 계시는 서정목 선생님의 학은을 다시 한번 되새길 수 있었음을 기쁘게 생각한다. 또한 지금은 학교를 떠나셨지만 지금도 필자에게 늘 격려를 아끼지 않으시는 정연찬 선생님과 마음 속으로 필자보다 필자를 더 걱정하고 계실 이승욱 선생님께는 더 이상 드릴 말씀이 없다. 직접 가르침을 받지는 않았지만 학교에서 뵐 때마다 걱정을 아끼지 않으시는 곽충구 선생님께도 고마운 마음뿐이다. 이분들의 은혜에 보답을 하는 유일한 길은 더 열심히 공부하여 충실한 연구 결과를 내놓는 것뿐일 텐데, 필자의 역량이 따라가지 못함이 못내 죄송스럽기만 하다.

그동안 아주 가끔 필자는 필자가 과거에 썼던 논문의 별쇄본을 보내달라는 요청을 받곤 했다. 그러나 여러 사정상 그 분들의 요청에 일일이 응할 수 없어 미안한 마음 금할 길이 없었는데, 이 책이 그 분들께도 어느 정도 도움이 되었으면 하는 마음 간절하며, 시장성이 거의 없는 이 책을 흔쾌히 출판해 주신 김홍국 사장님께 다시 한 번 고마운 마음을 전한다.

2003년 가을에
필자 박정규

차 례

Ⅰ. 국어 부정문의 의미 해석 … 9

　1. 도 입 / 9

　2. 선행 연구의 문제점 / 10

　3. 전제와 함의 / 14

　4. 부정문 의미 해석의 실제 / 26

　5. 정 리 / 32

Ⅱ. 부정법 논의와 관련한 국어사적 몇 문제 … 37

　1. 들어가는 말 / 37

　2. 체언 부정과 관련한 문제 / 38

　3. 용언 부정과 관련한 문제 / 48

　4. 맺는 말 / 53

Ⅲ. 부정 부사 '안(아니)'의 접사적 성격에 대하여 … 57

　1. 머리말 / 57

　2. '안(아니)'의 문법적 범주 검토 / 59

　3. '-이다' 문제의 비판적 검토 / 61

　4. '안(아니)'의 접사적 성격 / 68

　5. '아니다' 부정문의 구조 / 75

　6. 맺음말 / 82

IV. 두 가지 언어 형식 존재의 문법적 의의 ··· 85

1. 머리말 / 85
2. 사동문의 경우 / 87
3. 부정문의 경우 / 96
4. 맺음말 / 106

V. 계사 '이다' 문제의 재고 ··· 111

1. 머리말 / 111
2. '이다'의 서술어적 성격 / 113
3. '이다'의 논항 구조 / 122
4. '이다'와 '아니다'의 비교 / 129
5. '이다'의 자립적 성격 / 133
6. 지정사로서의 '이다' / 137
7. 맺음말 / 139

VI. 국어 용언의 하위 구분에 대한 일고찰 ··· 143

1. 머리말 / 143
2. 용언의 갈래 및 구분 기준 / 145
3. 지정사와 존재사의 특성 검토 / 148
4. 지정사 설정의 타당성에 대하여 / 155
5. 존재사 설정의 부당성에 대하여 / 163
6. 맺음말 / 166

VII. 국어 '죽음어'의 구조 및 의미적 양상 ··· 171

1. 들어가는 말 / 171
2. 고유어 죽음어의 양상 / 172
3. 한자어 죽음어의 구조적 양상 / 175

4. 유사 의미를 나타내는 죽음어 양상 / 187

5. 구에 나타난 죽음 표현 / 190

6. 맺음말 / 192

Ⅷ. 통합형 접속어미 '-으나'의 의미 해석과 관련된 몇 문제 ··· 195

1. 머리말 / 195

2. {-은}의 의미 규정에 대한 문제점/ 196

3. {-아/-에}의 의미 규정에 대한 문제점/ 202

4. 그 외의 문제점/ 205

5. 맺음말 / 207

Ⅸ. 교육용 한자의 '대표훈' 설정과 관련한 국어학적 몇 문제 ··· 209

1. 들어가는 말/ 209

2. 한자어 훈의 문제 / 210

3. 단일 훈의 문제 / 218

4. 용언 훈의 형태상 문제 / 221

5. 맺는 말 / 225

■ 부록 : 국어 '죽음어' 자료 ·· 229
■ 찾아보기 ·· 277

I. 국어 부정문의 의미 해석

1. 도 입

국어에는 하나의 긍정문에 대응되는 듯이 보이는 두 가지 종류의 부정문이 존재하며[1], 이로 인하여 그 간 학계에서는 이와 관련된 몇 가지 종류의 문제를 놓고 활발한 논의를 전개하여 왔다[2].

그 대표적인 예가 두 가지 종류의 부정문이 의미가 같은가 그렇지 않으면 다른가 하는 것이었는데, 이에 대한 기존의 논의들이 언급한 것은 사실상 의미의 동의성과 이의성에 대한 것이 아니라, 두 가지 종류의 부정문이 의미의 차이를 유발한다는 것이었으므로 앞으로의 논의는 이 같은 의미의 차이를 유발하는 원인이 무엇인가 하는 문제에 집중되어야 할 것임을 알 수 있다[3].

---

1) 이 같은 두 가지 종류의 부정문은 일반적으로 단형 부정문(부정소 '아니'나 '못'을 서술어 앞에 놓아 형성되는 부정문)과 장형 부정문(보문소 '-지' 뒤에 부정 서술어 '아니하'나 '못 하' 또는 '말'을 놓음으로써 이루어지는 부정문)으로 일컬어지는바, 여기에서도 이 명칭을 그대로 따르기로 한다.

2) 이에 대해서는 김동식(1990)에 전반적으로 언급되어 있다.

3) 이 같은 사실을 처음 지적한 것으로는 이기용(1979)를 들 수 있으나, 의미의 차이가 생기게 되는 원인을 '초점'(focus)의 상이한 배당(assignment)으로 설명하고자 하는 논의로는 졸고(1989)를 참고하기 바란다. 졸고(1989)에는 개략적인 언급만

이 같은 문제와 더불어 또 다른 논의를 일으킨 것으로서 부정문의 의미 해석과 관련된 논의들이 있어 왔다(송석중(1981), 서상규(1984), 임홍빈(1987) 등)[4]. 그러나 이들 논의 중 송석중(1981)과 서상규(1984)는 두 가지 종류의 부정문에 양화사(quantifier)나 부사구가 포함될 경우, 이들의 의미 해석이 각각 두 가지로 나타나 중의성(ambiguity)을 보일 수 있다는 것을 지적하는 정도에 그친 것으로 보이는데, 이에 반해 임홍빈(1987)은 '전제'(presupposition)의 개념을 원용하여 앞서의 논의들보다 훨씬 치밀한 논의를 전개하고 있다.

그러나 임홍빈(1987)에서의 논의도 몇 가지 문제점이 지적될 수 있는 것으로 보이는바[5], 따라서 본고는 우선 임홍빈(1987)에서 제시된 부정문의 의미 해석 원리의 문제점을 지적하고 난 후, '전제'와 '함의'(entailment)의 개념을 부정문의 의미 해석에 원용하여, 임홍빈(1987)과는 다른 의미 해석 원리를 수립하고 끝으로 본고에서 수립된 의미 해석 원리가 양화사나 부사구가 포함된 부정문에까지 유효하게 적용될 수 있음을 살피는 데 목적을 둔다.

2. 선행 연구의 문제점

부정문에 대한 선행 연구들을 살펴보면, 다각도에서 논의되어 왔음을 알 수 있으나, 의미론적 개념인 '전제'의 개념을 이용한 논의는 임홍빈 (1987)의 논의 하나뿐인 것 같다. 그러므로 여기에서는 다른 논의들은 제

되어 있으나, 앞으로 수정·보완될 것이다.
4) 대표적인 것만 들었음.
5) 임홍빈(1987)에서 드러나고 있는 전반적인 문제점에 대해서는 졸고(1989)를 참고하기 바란다.

외하고 임홍빈(1987)에서 제시된 의미 해석 원리의 문제점을 자세히 살펴, 본고의 논의 방향을 결정하기로 한다.

임홍빈(1987)은 Jackendoff(1972)가 부정문의 의미 해석에 '초점과 전제'의 의미 국면을 도입하여 설명한 논의 방식을 국어 부정문의 의미 해석에 적용한 최초의 논의로서, 국어의 모든 부정문이 '긍정적 담화 전제'와 '부정적 담화 전제'를 가질 수 있는 것으로 상정6), 양화사나 부사가 포함되어 중의성을 보이는 부정문도 동일한 방식으로 설명할 수 있다고 논의하고 있다. 다음의 예를 가지고 이를 살펴 보기로 하자.

(1) 철수가 오늘 학교에 가지 않았다.
(2) 가. 오늘 학교에 간 것은 <u>철수</u>가 <u>아니다</u>.
　　나. 철수가 학교에 간 <u>것은</u> <u>오늘</u>이 <u>아니다</u>.
　　다. 철수가 오늘 간 것은 <u>학교</u>(에)가 <u>아니다</u>.
　　라. [?]철수가 오늘 학교에 대하여 한 것은 <u>가는 것</u>이 <u>아니다</u>.
(3) 가. 오늘 학교에 가지 않은 것은 <u>철수</u>이다.
　　나. 철수가 학교에 가지 않은 것은 <u>오늘</u>이다.
　　다. 철수가 오늘 가지 않은 것은 <u>학교</u>(에)이다.
　　라. [?]철수가 학교에 대하여 하지 않은 것은 <u>가는 것</u>이다.

임홍빈(1987)의 논의에 의하면, (1)과 같은 부정문은 '긍정적 담화 전제' 와 '부정적 담화 전제'를 가질 수 있어서, 긍정적 담화 전제를 가질 경우는 (2가 – 라)의 의미 해석을, 부정적 담화 전제를 가질 경우는 (3가 – 라)

---

6) 임홍빈(1987)이 '부정적 담화 전제' 및 '긍정적 담화 전제'라고 한 것으로 보면, 여기서 말하는 '전제'란 개념은 이미 순수 의미론의 차원을 떠나 담화 상황까지 고려한 화용론적 의미의 개념으로 보인다. 그러나 우리도 의미론적 개념의 전제와 화용론적 개념의 전제란 것이 서로 다른 것이고, 또 뒤에서 살펴볼 것처럼 이 둘이 적용되는 층위는 서로 다른 것으로 보기 때문에 용어상의 혼란은 없을 것이다

의 의미 해석을 가질 수 있다고 하여, 기존의 논의에서 (1)의 부정문에 대
한 의미 해석이 (2가 - 라)로만 고려되어진 것은 문제를 매우 단순화시킨
것이라 하고 있다. 그리하여 이러한 사실을 근거로 다음과 같은 부정의
범위에 대한 해석 원리를 제시할 수 있다고 하였다.

(4) 초점 성분의 부정과 담화 전제
　 부정문의 담화 전제가 부정일 때 초점 성분은 부정의 범위에 포함되지
않고, 긍정 담화 전제가 주어질 때에만 초점 성분은 부정된다.

또한 이러한 문제와 관련하여 흔히 논의되고 있는, 양화사나 부사가 포
함된 부정문의 경우도 임홍빈(1987)은 "이는 문장의 어떤 성분이 초점이
될 때에 나타나는 일반적인 사실의 하나"로 간주, (4)의 해석 원리가 적용
될 수 있다고 암시하고 있다.

그러나 우리는 (1)의 부정문이 (2), (3)과 같은 의미 해석을 가질 수 있
다는 임홍빈(1987)의 논의에는 견해를 같이 하지만, 다음과 같은 문제가
제기될 수 있다고 보아, 그 이외의 논의에는 의견을 달리한다.

첫 번째 제기될 수 있는 문제점으로는, (1)과 같은 부정문이 (2), (3)과
같은 의미 해석을 갖는다고 하여, (2가- 라)의 의미 해석이 과연 (1)이 '긍
정적 담화 전제'를 가질 수가 있어 도출된 의미 해석인가 하는 것이다. 바
꿔 말하면, (1)과 같은 부정문이 '긍정적 담화 전제'를 가질 수 있는가 하
는 것이다. 이에 대해 우리는 임홍빈(1987)과 의견을 달리하여, (1)과 같은
부정문은 '부정적 담화 전제'만을 갖는 것으로 본다.

이러한 우리의 지적과 관련하여 그러면 (2가 - 라)와 같은 의미 해석이
(1)의 부정문에서 얻어질 수 있다는 것은 어떻게 설명될 수 있을 것인가
하는 의문이 제기될 수 있다. 이러한 의문에 대하여 우리는 임홍빈(1987)
이 '긍정적 담화 전제'라고 논의한 것이 사실상은 전제가 아닌 '함

의'(entailment)라고 보는 입장을 취한다. 이는 우리가 (1)의 부정문이 가질
수 있는 의미 해석 중 전제된 의미 해석을 (3가 - 라)로 보고 (2가 - 라)를
유도된 의미 해석으로 간주하기 때문인데, 이러한 우리의 견해가 **온당한**
것이라면, 이 둘의 의미 해석은 응당 구별되어야 할 것이다(보다 자세한 것
은 뒤에서 다시 논의될 것이다).

두 번째로 제기될 수 있는 문제점으로는, (4)와 같은 부정문의 해석 원
리가 과연 양화사나 부사구가 포함된 부정문의 의미 해석까지도 포괄할
수 있는가 하는 것이다. 이는 첫 번째 문제점과 결부되는 것으로서, 우리
가 보기에는 양화사나 부사가 포함된 부정문과 그렇지 않은 부정문은 그
의미 해석 양상이 판이하기 때문이다. 즉 아무런 양화사나 부사를 포함하
지 않은 부정문은 '부정적 전제'만을 가질 수 있는 반면, '긍정적 전제'와
'부정적 전제' 모두를 가질 수 있는 것은 이들을 포함하고 있는 부정문에
서 보이는 현상이라는 것이다. 그런데 실제로 Jackendoff(1972)의 논의를
살펴보면, '긍정적 전제'와 '부정적 전제'의 개념을 이용하여 논의하고 있
는 것은 양화사나 부사를 포함하여 그 의미 해석이 중의성을 보이고 있는
부정문을 대상으로 한 것으로 보인다[7].

---

7) 이러한 문제점 외에도 다음과 같은 문제점도 지적될 수 있다. 즉 임홍빈(1987)은
   (1)과 같은 부정문만이 두 가지 의미 해석을 갖는 것으로 보고 있으나, 우리의 견
   해로는 다음의 긍정문도 문장의 각 성분이 '초점' 강세를 받을 때 두 가지 경우의
   의미 해석이 가능한 것으로 보인다.

   (가) 철수가 오늘 학교에 갔다.
   (나) ㄱ. 오늘 학교에 간 것은 <u>철수</u>이다.
   　　 ㄴ. 철수가 학교에 간 것은 <u>오늘</u>이다.
   　　 ㄷ. 철수가 오늘 간 것은 <u>학교</u>(에)이다.
   　　 ㄹ. 철수가 오늘 학교에 대하여 한 것은 <u>가는 것</u>이다.
   (다) ㄱ. 오늘 학교에 가지 않은 것은 <u>철수</u>가 아니다.
   　　 ㄴ. 철수가 학교에 가지 않은 것은 <u>오늘</u>이 아니다.

따라서 이 같은 문제점이 지적될 수 있으므로, 이제 이하의 논의에서는 이러한 문제점을 중심으로 하여 우리의 대안을 제시함과 아울러 양화사나 부사가 포함된 부정문을 대상으로 새로운 의미 해석 원리를 제시하고자 한다.

3. 전제와 함의

그러면 이제 임홍빈(1987)의 논의의 문제점 중 첫 번째 문제점에 대한 우리의 입장을 표명해 보기로 하자. 편의상 (1)의 예를 다시 가져와 살펴보기로 한다.

(1) 철수가 오늘 학교에 가지 않았다.
(2가) 오늘 학교에 간 것은 철수가 아니다. (긍정 담화 전제 해석)
(3가) 오늘 학교에 가지 않은 것은 철수이다. (부정 담화 전제 해석)

(2가), (3가)의 해석이 (1)의 부정문에서 '철수가'에 초점 강세가 주어졌을 때의 두 가지 의미 해석을 나타낸 것임은 앞에서 언급한 바와 같으며, 임홍빈(1987)은 (2가)가 (1)이 '긍정적 담화 전제'를 가질 때의 의미 해석이라고 보고 있음도 이미 언급하였다. 그러나 우리의 논의를 위하여 Jackendoff(1972)에서의 '초점과 전제'의 개념을 이용하여[8], (1)과 (2), (3)의

ㄷ. 철수가 오늘 가지 않은 것은 학교(에)가 아니다.
ㄹ. 철수가 오늘 학교에 대하여 하지 않은 것은 가는 것이 아니다.

그러나 우리는 (2가−라)가 (1)에 대한 전제 해석이 아니듯, (다ㄱ−ㄹ)을 (가)에 대한 전제 해석으로 간주하지 않는다.

8) Jackendoff(1972)는 모든 문장은 그 문장의 의미 해석상 '초점과 전제'의 두 부분으로 나뉠 수 있다고 보고, 일반적으로 억양의 중심(intonation center)을 포함하고 있는 구가 발화(utterance)의 '초점'(focus)이 되며, 이 초점을 변항(variable)으로 대

전제를 검토해 보자.

    (5) 철수가 오늘 학교에 가지 않았다.
        초점 : 철수
        전제 : 누군가 오늘 학교에 가지 않았다.

  그런데 우리가 보기에는 (5)의 전제와 일치하는 것은 (3가)의 전제이지 (2가)의 전제가 될 수 없다. (2가)와 (3가)의 의미 해석은 분열문(cleft sentence) 구성으로서 '철수가'가 초점 위치가 되는 서술어 위치를 차지하고 있어 초점의 의미 해석을 받고 있음을 나타내고 있는 것으로, (2가)나 (3가)도 이들을 변항으로 대치하면 다음과 같은 '초점'과 '전제'를 얻을 수 있다.

    (6) 오늘 학교에 간 것은 <u>철수</u>가 <u>아니</u>다.
        초점 : 철수
        전제 : 누군가 오늘 학교에 갔다.

치하면 얻어지는 문장의 의미를 '전제'(presupposition)라고 하였는데, 이처럼 문장 의미의 일면인 초점과 전제는 표층 구조에서 관련되는 음운 규칙의 영향을 받고 있으므로, 함수 구조와는 독립되어 고려되어야 할 의미 국면이며, 이에 따라 얻어지는 층위도 다르다고 하겠다. 그리하여 '초점과 전제'를 다음과 같이 규정하고 있다.

    가. 한 문장의 초점은 화자와 청자가 공유하지 않은 것으로, 화자가 가정하는
        그 문장의 정보이다.
    나. 한 문장의 전제는 화자와 청자가 공유하는 것으로, 화자가 가정하는 그 문
        장의 정보이다.

  따라서 결국 초점은 신정보(new information)를 뜻하고 전제는 구정보(old information)를 의미하는 것으로, 여기서 만약 연속되는 두 문장이 동일한 전제를 가지고 있다고 한다면 그 담화는 자연스럽다는 것을 알 수 있다. 이 같은 개념을 국어 문법 설명에 도입하여 의문문의 의미 해석에 이용한 대표적인 논의로 서정목(1987)을 참고하기 바란다.

(7) 오늘 학교에 가지 않은 것은 <u>철수</u>이다.
　　초점 : 철수
　　전제 : 누군가 오늘 학교에 가지 않았다.

따라서 (6)과 (7)의 둘 중에서 (5)의 전제와 일치하는 것은 (6)의 전제가
아닌 (7), 즉 (3가)의 전제이다. 이는 다음과 같은 담화 상황을 고려해 보
면 더욱 명백해진다.

(8) 가. 누가 학교에 갔나?
　　나. 철수가 (학교에 갔다).
　　다. *영이가 (학교에 가지 않았다).
(9) 가. 누가 학교에 가지 않았니?
　　나. 철수가 (학교에 가지 않았다).
　　다. *영이가 (학교에 갔다).

이러한 사실로부터 미루어 보면[9], (1)과 같은 부정문은 '긍정적 담화 전
제'가 아니라 '부정적 담화 전제'만을 가져, (3가 - 라)와 같은 '부정적 담화
전제 해석'을 가짐을 알 수 있다.

그러나 (1)과 같은 부정문에서 (3가 - 라)와 같은 '부정적 담화 전제 해
석' 외에도 (2가 - 라)와 같은 의미 해석이 유도될 수 있음은 앞에서 언급
했었지만, 이들이 '긍정적 담화 전제 해석'이 아니라면 이들은 과연 무엇
인가? 우리는 이들을 '전제 해석'이 아닌 '함의 해석'으로 보고자 한다. 이
는 (2가 - 라)의 의미 해석에 대한 전제 중의 하나인 (6)과 같은 전제를 부
정문 (1)에 대한 '함의'로 보고자 하는 우리의 논의에서 귀결된 것인바, 그

---

9) (8가)나 (9가)에 대하여 '철수가 도서관에 갔다/가지 않았다'와 같은 대답은 불가
　　능하거나 문답 조건에 어긋나는 것으로 보인다. 이는 '철수가'에만 초점이 놓여
　　신정보를 요구하기 때문이다.

러면 여기에서 임홍빈(1987)에서 '긍정적 담화 전제'라고 논의된 것이 사실상 '전제'가 아닌 '함의'임을 입증하기 위해, '전제와 함의'에 대해 살펴보기로 한다10).

'전제'는 철학자 Frege(1892)가 자연 언어의 지시적 표현은 그로써 지시되어지는 지시물의 존재를 전제한다고 지적하여 논의되기 시작해서, 20세기 후반에 들어와 변형문법의 영향으로 언어학에서 의미론에 대한 관심이 높아지자, 1970년대에는 전제에 대한 연구가 언어학 이론의 중심까지 차지하게 되었으며, 지금까지도 전제가 무엇인지 밝혀보려는 논의가 계속되고 있다. 이렇게 Frege(1892)로부터 비롯되어 Strawson(1950)이 주장하는 전제와 Russell(1905)가 주장하고 있는 함의는 과연 무엇이며, 또 이들 사이의 차이점은 무엇인지 다음의 예문을 가지고 간단히 살펴보자.

> (10) 가. The king of France is bald.
>   나. There exists a king of France.
>   다. There exists no king of France.

Russell(1905)에 의하면 (10가)는 (10나)를 함의하는데, 이것은 (10가)가 참(true)이면 (10나)는 항상 참이 된다는 뜻이며, (10나)가 거짓(false)이면, 즉 (10다)가 참이면 (10가)는 거짓이 된다는 뜻이다. 이것은 논리적 함의(logical entailmen)의 원칙에 따르는 것이며 Russell(1905)이 말하는 함의도 논리적 함의를 의미론에 쓰고 있는 것인데, (10가)와 (10나)의 관계를 이렇게 분석하는 것을 함의 이론(entailment theory)이라고 한다.

이와 대조되는 것이 Strawson(1950)의 분석이다. Strawson(1950)은 (10가)

---

10) 이 이하의 논의는 이익환(1985), 고창운(1987), 권경원(1987), Lyons(1977), Kempson (1977) 등에 의하며, 더 이상의 상세한 논의는 이들로 미루고 여기에서는 우리의 논의에 필요한 정도까지만 언급하기로 한다.

가 참인 경우에 항상 (10나)가 참이라는 Russell(1905)의 주장에는 의견을 같이 하나, 그 다음 주장에는 의견을 달리 한다. 그래서 Strawson(1950)은 (10나)가 거짓이면 (10가)는 진리치(truth value)를 따질 근거가 없어져서, (10가)는 참도 거짓도 아닌 진리치 결여(truth valueless)의 상태가 된다고 주장하는데, (10가)와 (10나)의 이러한 관계를 전제로 정의한다. 즉 (10가)는 (10나)를 함의하는 것이 아니라 전제한다는 것이다[11].

여기서 지적되어야 할 것은 함의와 전제가 (10가)에서 (10나)로의 관계, 즉 긍정 명제 사이의 관계에 대해서는 견해가 같으나 부수적으로 전해지는 의미인 (10나)가 부정될 때 (10가)의 진리치에 미치는 영향에는 차이가 있다는 것이다. 이러한 견해의 차이가 같은 국면을 두고 Russell(1905)는 함의로, Strawson(1950)은 전제로 그 관계성을 표현하게 된 원인인데, Russell (1905)나 Strawson(1950)이나 모두 진리치를 따지는 방법을 쓰고 있다는 사실은 이 둘 모두 의미론적 접근이라 할 수 있겠다.

이와 같은 사실을 바탕으로 우리는 (10가)와 같은 하나의 문장에서 전제와 함의는 그 적용 층위가[12] 구별되어야 함을 알 수 있다. (10가)를 좀 더 자세히 살펴보자.

(11) 가. The present king of France is bald.

---

11) 따라서 (10가, 나)에 대한 Russell(1905)과 Strawson(1950)의 견해를 다음과 같은 도표로 나타낼 수 있겠다.

전제		함의	
S1	S2	S1	S2
가. T → T		가. T → T	
나.~(T∨F) ← F		나. F ← F	
다. F → T		다. F → T∨F	

12) 여기서 말하는 '적용 층위'란 Chomsky의 변형문법에서의 '층위'와는 다른 개념이다.

(12) 가. There exists a king of France.

　　　나. There is no more than one king of France.

　　　다. There is nothing which has the property of being king of France
　　　　　and which does not also have the property of being bald.

　　(11)과 같은 문장이 성립하기 위해서는 적어도 프랑스 왕의 존재와 유일성(uniqueness)이 전제되어야 하며, 이러한 전제를 바탕으로 대머리라는 것이 주장되어야 한다. 따라서 (12가, 나)는 의미론적 전제가 되며 (12다)는 단언(assertion)이 된다. 전제 이론을 주장하고 있는 Strawson(1950) 역시 지시적 표현인 'the present king of France'에 의해서 (12가, 나)의 두 명제는 단언되는 것이 아니고 전제되는 것으로 반드시 참이 되어야 한다는 것이다. 만일 전제가 참이 되지 않으면 한정 명사구인 지시적 표현은 지시 기능을 잃게 되어, (11)은 참도 거짓도 따질 수 없는 진리치 결여 상태가 된다고 하였음은 이미 언급한 바와 같다. 그러므로 의미론적 전제가 바탕이 되지 않은 상태에서 어떤 것이 단언되면 그 문장은 성립될 수 없다는 것을 알 수 있으며, 이러한 논의는 Strawson(1950)의 주장과 그 맥을 같이 하는 것을 여겨진다. 함의 이론을 주장하는 Russell(1905) 역시 (12)에 주어진 세 가지의 명제 모두 단언되는 것으로 간주하여서, (12가) 또는 (12나)가 거짓일 경우에도 (11)은 진리치 결여 상태가 되는 것이 아니고 거짓이 된다고 보았다. Russell(1905)가 이러한 주장을 하는 이유는 함의에 의해 도출된 언어적 의미는 바탕(ground)과 단언이 구분되지 않을 뿐 아니라, 상황에 따라서는 (12)에 주어진 모든 명제가 단언으로 사용될 수도 있기 때문인 것으로 여겨진다.

　　우리는 이들로부터 의미론적 전제는 하나의 문장이 성립하기 위한 근거가 되며, 의미론적 함의는 그 문장에서 부가적으로 나타나는 모든 가능

한 의미를 끌어낼 수 있는 장치라는 것을 알 수 있어서, (12가, 나, 다) 중
에서 (12가, 나)는 (11)의 문장이 성립하기 위한 의미론적 전제가 되며, (12
가, 나, 다) 모두는 (11)의 문장으로부터 유도될 수 있는 의미론적 함의로
보아 이 둘을 구별하기로 한다[13].

그러나 자연 언어의 모든 의미 속성을 논리적 모델 속으로 수용할 수는
없다는 사실이 지적되면서, Sellars(1954)는 전제를 하나의 논리 관계로 보
려는 것이 아니라, 어떤 대화 문맥에서 한 문장이 적절하게 사용되기 위
한 조건으로 보았으며, Keenan(1971)은 "한 문장의 발화는 그 문맥이 적절
하다는 것을 화용론적으로 전제한다"고 하여 문장의 발화의 문맥 사이의
관계를 중시하였다. 그러므로 이들 사실로부터 미루어 보면, 화용론적 전
제는 문장의 진리치를 따지는 의미론적 전제와는 달리 대화 문맥의 특정
상황에서 발화를 중심으로 성립되는 가변적인 의미 관계임을 알 수 있으
며[14], 위에서의 논의 방식을 따라 일단 하나의 발화가 일어나면 그 발화
에서 정보를 도출해 낼 수 있는 화용론적 함의라는 장치를 설정할 수 있
음도 어렵지 않게 추론할 수 있다. 따라서 하나의 발화를 중심으로 화용
론적 전제는 그 발화가 주어진 문맥이나 상황에서 적절하게 쓰일 수 있도
록 하는 조건이나 제약의 역할을 하는 것이며, 화용론적 함의는 그 발화
가 나타낼 수 있는 모든 가능한 정보 장치라고 할 수 있겠다.

권경원(1987)은 "전제와 함의 이론이 문장들의 의미 관계와 발화의 적절

---

13) 이러한 구별은 흡사 변형문법에서의 '제약'(constraint)과 '여과'(filter)를 연상시킨
다. 이러한 구별은 Chomsky가 기저 규칙과 변형에 의해 생기는 '과잉 생성'(over-
generation)을 막기 위하여 사용한 장치들인데, 전자가 변형에 대한 조건인 반면
후자는 일종의 출력 제약 또는 표면 구조 제약으로서, 제약이 도출 과정에서 어
떤 주어진 규칙의 입력과 출력을 대조하는 데 반하여 여과는 이와는 대조적으로
전체 문법에 의해서 생성된 표면 구조를 조사한다(Radford(1981) 참조).
14) "문을 열어라"와 같은 경우, 이러한 발화가 성공적으로 쓰이려면 화자가 청자보
다 윗사람이어야 한다는 등과 같은 상황이 구비되어야 한다.

성을 밝혀주는 원리를 제시해 줄 수 있다는 점에서, 의미론에서뿐만이 아
니라 화용론에서도 중요한 역할을 한다"고 하고 위에서의 논의를 다음과
같은 도표로 제시하고 있다15).

(13)

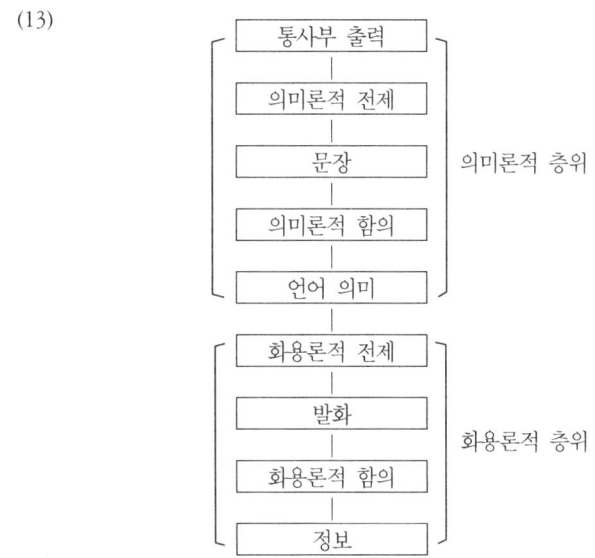

앞에서 우리는 임홍빈(1987)이 지니고 있는 첫 번째 문제점으로서 '긍정
적 담화 전제'가 우리의 견해로는 '전제'가 아닌 '함의'라는 문제를 제기했
는데, 그러면 이제 위에서의 논의를 바탕으로 이것이 '함의'임을 입증해
보자.

---

15) 그리하여 권경원(1987)은 '발화의 의미'를 다음과 같이 분류하고 있다.

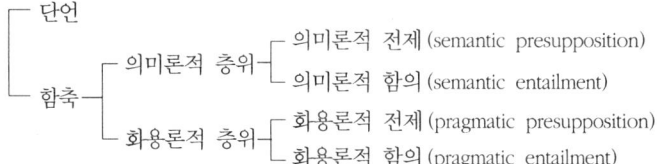

이를 위해서는 무엇보다도 먼저 '초점'이 놓인 문장이 문장 차원의 것인지 발화 차원의 것인지 검토해 볼 필요가 있는데, 우리는 '초점'을 받은 문장은 문장 차원이 아닌 발화 차원에 속하는 것으로 본다. 그래서 아무런 강세도 받지 않은 중립적인 문장과는 달리[16), '초점을 받았다'는 것을 일단 발화를 전제로 한 것으로 간주하여 '초점'이 놓인 문장에는 화용론적 층위가 적용되는 것으로 보려고 한다[17). 그리하여 다음과 같은 논의가 이루어질 수 있겠다. 편의상 (5)를 다시 가져와 살펴보자.

(5) 철수가 오늘 학교에 가지 않았다.
    초점 : 철수
    전제 : 누군가 오늘 학교에 가지 않았다.

(5)의 부정문은 '철수가'에 초점이 놓여 '누군가 오늘 학교에 가지 않았다'가 화용론적 전제가 되고 있다. 그런데 '철수가'에 초점이 놓이면 '철수가'는 순수한 음운론적 강세를 수반하는 이외에도, Lyons(1977 : 775)의 지적대로 '철수가'가 대조적인 의미의 강세도 동반하게 된다. 그리하여 (5)와 같은 부정문은 (5)에 나타난 전제와 관련된 의미 해석뿐만 아니라, '철수가 아닌 다른 사람이 오늘 학교에 갔다'라는 의미도 갖게 되어 '누군가 오늘 학교에 갔다'라는 의미가 도출될 수 있다. 그러므로 (5)의 부정문, 즉 (1)과 같은 부정문에서 각각의 성분이 '초점'을 받게 되어 대조적 의미를 가지게 된 결과로 나타난 의미 해석이 (2가 – 라)인 것이다.

따라서 전제된 의미 해석인 (3가 – 라)와 유도된 의미 해석인 (2가 – 라)

---

16) 실제 발화 상황에서 어느 성분도 강조받지 않는 중립적인 문장이란 존재하기 어려운 듯하나, 중립적인 문장을 설정한 예는 서정목(1987)을 참조할 것.

17) 이는 '초점'의 개념이 원래 담화 문법(discourse grammar)에서 쓰이던 것이라는 데서도 간접적인 증거를 찾을 수 있겠다.

는 응당 구별되어야 하므로, 우리는 임홍빈(1987)이 '긍정적 담화 전제'라고 분류했던 것을 '전제'가 아닌 '함의'로 보아 '긍정적 담화 함의'로 수정하고 (2가 – 라)의 의미 해석을 '긍정적 담화 함의'로 간주하려 한다[18]. 이는 간단히 다음과 같이 나타낼 수 있겠다.

  (14) 철수가 오늘 학교에 가지 않았다.
    초점 : 철수
    전제 : 누군가 오늘 학교에 가지 않았다.
    함의 : 누군가 오늘 학교에 갔다.
    부정적 담화 전제 해석 : 오늘 학교에 가지 않은 것은 철수이다.
    긍정적 담화 함의 해석 : 오늘 학교에 간 것은 철수가 아니다.

  따라서 지금까지의 우리의 논의가 온당한 것이라면, 임홍빈(1987)에서의 부정문의 의미 해석 원리 (4)는 다음과 같이 수정되어야 할 것이다.

  (15) 국어 부정문의 의미 해석 원리
    국어의 부정문은 부정 서술어가 포함된 문장을 그 의미 해석이 미치는 최대한의 범위로 하여, 부정의 담화 전제를 가질 경우 초점 성분이 부정의 범위에 포함되어 부정되고, 긍정의 담화 함의를 가질 경우 초점 성분은 부정의 범위에 포함되지 않는다[19].

---

18) 이러한 논의는 앞의 주7)에서 언급했던, 긍정문이 초점을 받은 경우에도 역으로 그대로 적용될 수 있다고 본다.
19) 지금까지의 논의는 주로 화용론적인 측면만을 언급했으나, (14)의 전제와 함의를 기준으로 의미론적 측면에서 '누군가 오늘 학교에 갔다'가 '철수가 오늘 학교에 가지 않았다'의 전제가 될 수 없음을 보일 수 있겠다. Horns(1969)는 '전제'와 '함의'를 다음과 같은 방법으로 검증할 수 있다고 하였다. 즉 "어떤 두 문장 S1, S2에서 S1이 참일 때 S2도 참인 의미 관계가 성립될 경우, ⅰ)만일 S1을 부정해도 S2가 부정되지 않으면, S2는 S1의 전제이며, ⅱ)만일 S1을 부정하였을 때 S2도 부정되면, S2는 S1의 함의이다"를 적용해 보기로 하자.

(15)의 후반부는 지금까지의 논의를 근거로 하여 제시된 것이나, 전반부는 지금까지의 논의에서 당연한 것으로 간주, 별다른 언급없이 논의를 진행하여 왔다. 그러면 여기서 (15)의 전반부에 대해 잠깐 살펴보기로 하자. 다음의 예를 검토해 보자.

> (16) 가. 철수가 영이가 학교에 가지 않았다고 생각하였다.
>   나. 철수가 영이가 학교에 가지 않은 것을 안다.

(16가, 나)에서의 내포문의 '아니하-'의 부정의 범위는 그 내포문을 넘지 못하므로, (15)의 전반부는 부정의 범위에 관한 일반적인 원리로 받아들여질 수 있을 것 같다. 그러나 (16가, 나)에서의 부정소가 내포문이 아닌 모문(matrix sentence)과 통합되면 그 의미는 (16가, 나)와는 다른 양상을 보이게 된다.

> (17) 가. 철수가 영이가 학교에 갔다고 생각하지 않았다.
>   나. 철수가 영이가 학교에 간 것을 알지 못한다.

(17가, 나)는 모문의 부정 서술어가 각각의 내포문을 그 부정의 범위로 하여, 내포문의 각 성분이 부정의 범위에 속할 수 있음을 보여 주는 예인데, 우리는 여기서도 (15)의 전반부의 원리가 그대로 적용될 수 있음을 알

우선 (1)철수가 오늘 학교에 가지 않았다 → 누군가 오늘 학교에 가지 않았다(참 → 참)에서는 "철수가 오늘 학교에 가지 않았다"를 부정해도, "철수가 오늘 학교에 갔으나, 누군가 오늘 학교에 가지 않았다"(거짓 → 참)의 성립이 자연스럽기 때문에($\sim(S_1) \to S_2$), "누군가 오늘 학교에 가지 않았다"가 "철수가 오늘 학교에 가지 않았다"의 전제가 될 수 있다. 그러나 (2)철수가 오늘 학교에 가지 않았다 → 누군가 오늘 학교에 갔다(참 → 참)에서는 "철수가 오늘 학교에 갔으나, 누군가 오늘 학교에 갔다"가 성립되지 않으므로($\sim(S_1) \nleftrightarrow S_2$), "누군가 오늘 학교에 갔다"는 "철수가 오늘 학교에 가지 않았다"의 함의가 된다.

수 있다. 즉 (16가, 나)의 모문 동사 '생각하다'나 '알다'는 타동사이므로 '명사구(NP)'를 하위범주화(subcategorization)하여 각각의 내포문이 목적어 역할을 한다고 보면, (15)의 전반부의 해석 원리는 일반성을 유지하게 된다[20].

그러나 문제는 (16가)의 의미가 (17가)와 매우 근접되어 있다는 데 있다. 이는 (16, 17나)에서는 유발되지 않는 문제로, 기존의 논의에서는 '생각하'와 같은 서술어를 '부정소 – 이송'(Neg-transportation) 동사라고 하였다[21]. 그렇다면 (16가)와 (17가)의 의미 근접성 현상이 (15)의 원리에 대한 반증례가 될 수 있는 것으로 보인다. 과연 그럴 것인가? 임홍빈(1987)은 이 문제에 대해 다음과 같이 논의하고 있다. 즉 의미의 근접성이란 부정소-이송을 유발하는 용언들이 가지는 의미론적 특수성으로서 이들 용언들은 의식적인 활동을 문제삼고 있으므로, 의식성 서술어의 부정이 내포문에 대한 부정으로 이해된 경우라는 것이다. 그래서 설사 부정소-인상이라는 것이 있다고 하더라도 내포문 부정과 모문 부정은 '확실성'이나 '통제성' 또는 '지각의 직접성'이란 측면에서 차이를 가지고 있으므로 의미의 근접성 현상이 반증례가 되는 것은 아니라고 하였다[22]. 임홍빈(1987)의 이러한 지적은 지금까지의 논의와 상반되는 중요한 지적이라 하겠으며, 우리도 이러한 견해를 따라 (15)의 부정문의 의미 해석 원리를 국어의 부정문에 적용될

---

20) 이를 설명하기 위해서는 '자질 삼투'(feature percolation)의 개념이 이용될 수 있어서, 모문의 부정소 자질이 내포문의 각 성분으로 삼투된다고 설명할 수 있겠으나, 이에 대해서는 후고를 기약한다.

21) 부정소-이송 동사로 그동안 논의되어 온 것으로는 '생각하' 외에 '믿-, 바라-, 원하-, 상상하-, 선택하-, 보이-, -듯 하-, -듯 싶-, -성 싶-' 등을 들 수 있는데, 이들의 공통된 특징은 '비사실성 동사'(nonfactive verb)라는 것이다.

22) 임홍빈(1987)은 또 다른 증거로 부정 극성어와의 공기 관계를 들고 있어 '아무도 영이가 나쁘다고 생각하지 않았다'는 문법적인 데 반해, '*아무도 영이가 나쁘지 않다고 생각하였다'가 비문법적인 것으로 미루어, 부정소-인상이란 상정하기 어렵다고 하였다.

수 있는 일반적인 것으로 간주하고자 한다.

지금까지 우리는 임홍빈(1987)의 논의가 지니고 있는 두 가지 문제점 중 첫 번째 것에 대해 비교적 상세히 논의하고 (15)와 같은 국어 부정문의 의미 해석 원리를 제시하였다. 그런데 (15)의 해석 원리는 양화사나 부사가 포함되지 않은 부정문을 대상으로 한 것으로서, 양화사나 부사가 포함된 부정문은 그렇지 않은 부정문이 '부정적 담화 전제'만을 가지는 데 반하여 '긍정적 담화 전제'도 가질 수 있기 때문에 이들과 관련된 중의성이 나타나게 된다.

이는 임홍빈(1987)의 두 번째 문제점과 관련된 것으로서 임홍빈(1987)은 부정문 해석 원리 (4)가 모든 부정문을 설명할 수 있다고 하고 양화사나 부사가 포함된 부정문도 동일한 경우로 보고 있으나, (4)의 '긍정적 담화 전제'가 사실은 '긍정적 담화 함의'임과 양화사나 부사가 포함된 부정문도 '긍·부정적 담화 전제' 외에 '긍정적 담화 함의'를 가질 수 있음이 우리의 논의를 통해 검토되면서, (4)는 수정이 불가피하게 되었다. 그 수정의 결과가 (15)의 국어 부정문의 의미 해석 원리이나, 우리가 제시한 (15)의 원리는 아직 양화사나 부사가 포함된 부정문을 고려한 것이 아니라는 약점을 지닌다. 따라서 이제 이들이 포함된 부정문을 대상으로 한 의미 해석 원리를 (15)와 통합하여 국어의 모든 부정문에 적용될 수 있는 원리를 수립하여 보고자 한다.

4. 부정문 의미 해석의 실제

이제까지 우리는 임홍빈(1987)에서 제시된 부정문의 의미 해석 원리가 지니고 있는 문제점에 대하여 우리 나름대로의 해결책을 모색, (4)에서 논

의된 '긍정 담화 전제'가 '전제'가 아닌 '함의'임을 논의하였고 또한 (4)의
해석 원리가 모든 부정문에 모두 적용될 수 없는 것임도 아울러 논의하면
서 우리의 논의에 알맞는 국어 부정문의 의미 해석 원리를 제시하는 데
논의를 주력해 왔다. 그러나 이미 언급되었듯이 우리의 의미 해석 원리는
양화사나 부사가 포함된 부정문에는 적용될 수 없다는 약점을 지니므로,
이제 이들이 포함되어 중의성을 보이는 부정문도 포괄할 수 있는 일반적
인 부정문의 의미 해석 원리를 수립할 수 있도록 실제 의미 분석을 단문
을 중심으로 논의하기로 한다23).

4.1 양화사가 포함된 부정문

양화사가 포함되어 중의성을 보이는 것으로는 다음과 같은 것들이 논
의되어 왔다24).

(18) 가. 철수가 <u>두 개의</u> 사과를 안 먹었다/먹지 않았다.
　　　나. <u>대다수의</u> 학생이 놀이터에 안 갔다/가지 않았다.
　　　다. <u>모든</u> 화살이 과녁을 안 맞았다/맞지 않았다.
　　　라. 철수<u>만</u> 학교에 안 갔다/가지 않았다.
　　　마. <u>모든</u> 사람이 <u>두 개의</u> 사과를 안 먹었다/먹지 않았다.

---

23) 우리가 단문만을 다루려고 하는 것은 단문에 적용되는 해석 원리가 내포문이나
　　접속문의 경우에도 그대로 적용될 수 있다고 보기 때문인데, 내포문의 경우는
　　(16, 17)의 예문을 통해 간단히 살펴 본 바와 같이 단문에서의 의미 해석 원리가
　　일관성을 유지할 수 있으며, 이는 접속문의 경우도 별반 다르지 않다고 생각된다.
24) 지금까지 우리가 다룬 예문은 대부분이 부정소 '아니'가 쓰인 단형 부정문과 장
　　형 부정문인데, 그러면 부정소 '못'이 쓰인 부정문과 부정 서술어 '말'이 쓰인 부
　　정문은 중의성이 나타나지 않는가 하는 의문이 생길 수도 있다. 그러나 이들이
　　쓰인 부정문도 양화사나 부사가 내포될 때 중의성을 보일 수 있는데, '못'이나 '말
　　-'은 '아니' 부정소에 비해 모든 용언과 두루 쓰일 수 없다는 제약이 있으므로, '아
　　니'가 쓰인 부정문을 주된 논의의 대상으로 삼는다.

(18)의 예문들은 (18라)를 제외하고는 모든 양화사들이 관형어로 나타나 '명사앞 수식어'(pre-nominal modifier)의 역할을 하고 있는데, 이들은 또한 다음의 예에서 볼 수 있는 것처럼과 명사의 뒤에 나타나서 '명사뒤 수식어'(post-nominal modifier)로도 쓰일 수 있다.

> (19) 가. 철수가 사과를 두 개 안 먹었다/먹지 않았다.
> 나. 학생 대다수가 놀이터에 안 갔다/가지 않았다.
> 다. 화살 모두가 과녁을 안 맞았다/맞지 않았다.
> 라. 사람 모두가 사과를 두 개 안 먹었다/먹지 않았다.

그러나 양화사가 명사의 앞에 놓였건 뒤에 놓였건 중의성이 나타난다고 하는 것은 변함이 없다25). 그러므로 (19가)를 택하여 논의하기로 하자.

Jackendoff(1972)는 (19가)와 같은 부정문이 중의성이 생기는 원인을 양화사가 '초점'을 받아, '긍정 전제'와 '부정 전제'를 갖기 때문이라고 보았다.

> (20) 가. 철수가 사과를 먹은 것이 두 개가 아니다.
> 나. 철수가 사과를 먹지 않은 것이 두 개이다.
> (21) 가. 철수가 사과를 몇 개인가 먹었다.
> 나. 철수가 사과를 몇 개인가 안 먹었다.

(20가)는 (19가)의 부정문이 '긍정 전제'를 가지는 경우의 의미 해석으로서 (21가)가 그 전제가 되며, (20나)는 '부정 전제'를 가지는 경우의 의미 해석으로서 (21나)가 그 전제가 될 수 있다.

---

25) 김영희(1984)는 (18)과 같은 구문을 매김 관계(delimitative relation) 구문, (19)의 구문을 딸림 관계 구문이라고 하여 구별하고 있다. 또는 김영희(1984)는(18마)와 (19라)의 관계를 곱셈 관계 구문이라 하여, 두 개의 양화사가 포함된 구문에서 발생할 수 있는 영역 중의성도 함께 논의하고 있다.

　　그런데 Jackendoff(1972)는 (19나)와 ˚같이 양화사가 포함된 부정문이 중의성을 가지려면 그 양화사만이 '초점'을 받는 것으로 상정하고 있으나, 아래의 논의에서와 같이 국어의 경우에는 꼭 그런 것 같지는 않다. 그래서 (19가)에서 '철수가'나 '사과를'이 초점을 받아도, "누가 사과를 두 개 안 먹었니/먹지 않았니?"나 "철수가 무엇을 두 개 안 먹었니/먹지 않았니?"와 같은 의문에 대한 응답으로 자연스럽다고 여겨지므로 각각에 대하여 다음과 같은 두 가지 의미 해석이 가능하겠다.

　　(22) 가. 사과를 먹은 것이 두 개가 아닌 사람이 철수이다.
　　　　　나. 사과를 먹지 않은 것이 두 개인 사람이 철수이다.
　　(23) 가. 누군가 사과를 먹었다.
　　　　　나. 누군가 사과를 안 먹었다.
　　(24) 가. 철수가 먹은 것이 두 개가 아닌 것이 사과이다.
　　　　　나. 철수가 먹지 않은 것이 두 개인 것이 사과이다.
　　(25) 가. 철수가 무엇을 먹었다.
　　　　　나. 철수가 무엇을 안 먹었다.

　　그리하여 (22가)와 같은 의미 해석은 (23가)의 '긍정 전제'를, (22나)의 의미 해석은 (23나)의 '부정 전제'를 각각 가질 수 있으며, (24가)는 (25가)를, (24나)는 (25나)의 전제를 각각 가질 수 있겠다. 그런데 (19가)의 부정문은 각각의 성분이 '초점'을 받았을 경우, '긍정 전제'와 '부정 전제'를 가지는 이외에도 다음과 같은 의미 해석이 도출될 수 있다.

　　(26) 가. 철수가 아닌 다른 사람이 사과를 두 개 먹었다.
　　　　　나. 철수가 사과가 아닌 다른 것을 두 개 먹었다.
　　　　　다. 철수가 사과를 두 개가 아닌 다른 몇 개 먹었다.

　　(26가)는 '철수가'가 초점을 받은 경우에 도출될 수 있는 의미 해석을

나타낸 것이고 (26나)는 '사과를'에, (26다)는 '두 개'에 초점이 주어진 경우이다. 우리가 (26가 - 다)의 의미 해석을 '긍정 함의'로 본다고 하였음은 이미 논의한 바와 같으며, 그러므로 이러한 사실은 우리의 부정문 의미 해석 원리(15)를 지지해 주고 있다 하겠다. 따라서 양화사가 포함된 부정문이 가질 수 있는 의미 해석 원리를 다음과 같이 정리할 수 있다.

(27) 양화사가 포함된 부정문의 의미 해석 원리
　　양화사가 포함된 부정문에서, 양화사가 초점을 받을 경우 전제가 긍정이면 양화사가 부정의 범위에 포함되어 부정되고, 전제가 부정일 때는 부정되지 않는다. 반면 양화사 이외의 성분이 초점을 받는 경우는 전제의 긍정·부정에 관계없이 언제나 부정의 범위에 포함되어 부정되는데, 어느 성분이 초점을 받더라도 긍정 함의 해석이 도출된다.

4.2 부사가 포함된 부정문

부사가 포함되어 중의성을 보이는 것으로는 다음과 같은 것들이 논의되어 왔다[26].

(28) 가. 그가 <u>갑자기</u> 안 왔다/오지 않았다.
　　나. 철수가 <u>어제</u> 학교에 안 갔다/가지 않았다.
　　다. 그 신사는 <u>체면 때문에</u> 안 울었다/울지 않았다.
　　라. 철수가 공부를 <u>열심히</u> 안 한다/하지 않는다.

이 중에서 (28가)를 검토해 보기로 하자. 양화사의 경우와 마찬가지로 부사가 포함된 부정문도 모든 성분이 초점을 받아 두 가지의 전제와 긍정 함의 해석이 가능한 것으로 보인다.

---

26) 모든 부사가 중의성을 보이지 않는다고 하여 부사를 세분화한 논의로는 서상규(1984)를 참조할 것.

(29) 가. 그가 온 것이 갑자기가 아니다.

　　　나. 그가 안 온 것이 갑자기이다.

(30) 가. 온 것이 갑자기가 아닌 사람이 그이다.

　　　나. 오지 않은 것이 갑자기인 사람이 그이다.

(29가)는 (28가)의 부정문에서 '갑자기'에 초점이 놓여 '긍정 전제'를 가질 때의 의미 해석이며, (29나)는 '부정 전제'를 가질 때의 의미 해석을 가질 때의 의미 해석을 나타낸 것인데, 부사가 포함된 부정문도 양화사를 포함한 부정문과 마찬가지로 부사 이외의 성분이 초점을 받을 수 있다고 여겨지므로, (30가, 나)와 같은 의미 해석이 가능하겠다. (30)은 '그가'에 초점이 놓인 경우의 긍정·부정 전제 의미 해석을 보인 것이다. 그런데 (28가)는 다음과 같은 의미도 가질 수 있다.

(31) 가. 그가 아닌 다른 사람이 갑자기 왔다.

　　　나. 그가 갑자기가 아닌 천천히 왔다.

우리는 (28가)가 (31)과 같은 의미 해석을 갖는 것을 양화사의 경우와 동일하게 '긍정 함의 해석'으로 간주, (31가)는 '그가'가 초점을 가졌을 때 도출될 수 있는 의미 해석으로, (31나)는 '갑자기'가 초점을 가졌을 때 도출될 수 있는 의미 해석으로 보아, 양화사를 포함한 부정문과 마찬가지로 다음과 같은 의미 해석 원리를 수립할 수 있다고 본다.

(32) 부사가 포함된 부정문의 의미 해석 원리

　　부사가 포함된 부정문에서, 부사가 초점을 받을 경우 전제가 긍정이면 부사가 부정의 범위에 포함되어 부정되고, 전제가 부정일 때는 부정되지 않는다. 반면 부사 이외의 성분이 초점을 받는 경우는 전제의 긍·부정에 관계없이 언제나 부정의 범위에 포함되어 부정되는데, 어느 성분이 초점을 받더라도 긍정 함의 해석이 도출된다.

(32)의 의미 해석 원리는 양화사의 해석 원리와 조금도 다르지 않은 것으로, 결국 양화사나 부사가 포함되어 중의성이 나타나는 부정문의 의미 해석 원리는 동일한 것임을 알 수 있다.

그러면 이제 우리가 앞에서 제시했던 국어 부정문의 의미 해석 원리 (15)와 (27), (32)를 모든 부정문에 적용될 수 있도록 하나로 통합시켜 제시하면 다음과 같다.

(33) 국어 부정문의 의미 해석 원리

국어의 부정문은 부정 서술어가 포함된 문장을 그 의미 해석이 미치는 최대한의 범위로 하여, 양화사나 부사가 포함된 부정문은 이들이 초점을 받으면 전제가 긍정일 때, 이들이 부정의 범위에 포함되어 부정되고 부정 전제를 가질 경우 부정되지 않는다. 이들 이외의 성분 또한 초점을 받을 수 있는데 이 경우는 전제의 긍정·부정에 관계없이 초점 성분이 부정의 범위에 포함되어 부정된다. 반면 양화사나 부사가 포함되지 않는 부정문은 부정 전제만을 가지므로 초점 성분이 부정의 범위에 포함되어 부정된다.

5. 정리

지금까지 우리는 임홍빈(1987)에서 제시되었던 부정문의 의미 해석 원리를 주된 논의의 대상으로 삼아, 우리의 논의에 알맞은 부정문의 의미 해석 원리를 제시하고자 노력하였다. 그리하여 '긍정 담화 전제'라고 논의된 것이 실상은 '전제'가 아닌 '함의'임을 규명하였고, 양화사나 부사가 포함된 부정문과 포함되지 않은 부정문은 서로 다른 의미 해석을 보임을 검토하여 새로운 부정문의 의미 해석 원리를 수립하였다[27].

---

27) 이에 대해서는 논자에 따라 논의가 다를 수 있으며, 필자도 몇 가지 다른 생각을 갖고 있으나 후고로 미루기로 한다. 그리고 지금까지의 논의는 졸고(1989)의 일부를 발췌하여 보완한 것임을 덧붙인다.

참고문헌

고영근·남기심 편(1983), 국어의 통사·의미론, 탑출판사.

고창운(1987), "전제 개념과 국어의 전제 분석", 새우리말 연구(김승곤 편), 과학사.

권경원(1987), 전제와 함의 연구, 박사학위 논문(연세대).

김동식(1980), "현대 국어의 부정법 연구", 국어연구 42(서울대 석사학위 논문).

_____(1981), "부정 아닌 부정", 언어 6-2.

_____(1990), "부정법", 「국어연구 어디까지 왔나」에 수록, 동아출판사.

김민수(1982), 국어 의미론, 일조각.

김석득(1971), "한국어 부정법에 대하여", 국어국문학 53.

김승곤(1986), 한국어 통어론, 아세아문화사.

김영기(1974), "Variation in Korean Negation", 어학연구 10-1.

김영욱(1986), "국어 부정문의 유형", 선청어문 14·15합집.

김영희(1984), 한국어 셈숱화 구문의 통사론, 탑출판사.

김태자(1987), 발화 분석의 화행의미론적 연구, 탑출판사.

남기심(1973), 국어 완형보문법 연구, 탑출판사.

남풍현(1976), "국어 부정법의 발달", 문법연구 3.

박금자(1985), "국어의 양화사 연구", 국어연구 64(서울대 석사학위 논문).

박순함(1967), "A Transformational Analysis of Negation in Korean", 백합출판사.

박정규(1989), "현대국어의 부정문 연구-의미 해석을 중심으로-, 한국어연구 17(서강
　　　　　대 석사학위 논문).

서상규(1983), "부사의 통사적 기능과 부정의 범위", 석사학위 논문(연세대).

서정목 외 2인 역(1984), 변형문법이란 무엇인가, 을유문화사.

서정수(1974), "국어의 부정법 연구에 대하여", 문법연구 1.

_____(1983), 국어 구문론 연구, 탑출판사.

송석중(1977), "「부정의 양상」의 부정적 양상", 국어학 5.

_____(1981), "한국말의 부정의 범위", 한글 173·174합본호.

신수송(1988), 현대 독어학, 교육과학사.

신원재(1985), "현대국어 부정 표현에 관한 연구", 석사학위 논문(서울대 교육대학원).

신창순(1982), "국어 부정법 연구", 언어 7-1.

_____(1984), 국어 문법 연구, 박영사.

안병희(1959), "중기어의 부정어 「아니」에 대하여", 국어국문학 20.

옥태권(1984), "국어의 초점화 현상", 박지홍 선생 회갑기념 논문집, 문성출판사.

오준규(1971), "On the Negation of Korean", 어학연구 7-2.

이기문(1978), 국어사 개설, 탑출판사.

이기용(1979), "두 가지 부정문의 동의성 여부에 관하여", 국어학 8.

이시형(1990), 한국어의 연결어미 '-어, -고'에 관한 연구, 박사학위 논문(서강대).

이영헌(1979), "국어 부정법의 통어적 특성", 외국문화연구(조선대).

이익환(1985), 의미론 개론, 한신 문화사.

이익섭·임홍빈(1984), 국어 문법론, 학연사.

이재인(1982), "부사의 통합체계에 대한 연구", 한국어연구 4(서강대 석사학위 논문).

이정민·배영남(1987), 언어학 사전, 박영사.

이홍배(1970), "On Negation in Korean", 어학연구 6-2.

_____(1972), "Problems in the Description of Korean Negation", 어학연구 8-2.

이환묵(1982), "부정 표현 「아니」의 통사범주와 그 의미", 어학연구 18-1.

임성규(1989), 현대 국어의 강조법 연구, 박사학위 논문(충남대).

임홍빈(1973), "부정의 양상", 서울대 교양과정부 논문집 5.

_____(1978), "부정법 논의와 국어의 현실", 국어학 6.

_____(1987), "국어 부정문의 통사와 의미", 국어생활 10.

전병쾌(1984), 한국어 부정구문의 분석, 한신문화사.

최현배(1957/1983), 우리말본(깁고 고친판 10판), 정음사.

한동완(1984), "현대국어 시제의 체계적 연구", 한국어연구 6(서강대 석사학위 논문).

황병순(1980), "국어 부정법의 통시적 고찰", 어문학 40.

황승렬(1985), "현대국어 의문에 대한 연구", 한국어연구 7(서강대 석사학위 논문).

Alan Hyun-Oak, Kim(1985), "The Grammar of FOCUS of Korean Syntax and It's Typological Implications", Ph. D dissertation(The University of Southern California).

Chomsky, N.(1977), "Filters and Control", Linguistic Inquiry 8-3.

_____(1981), Lectures on Government and Binding, Foris Publications.

Cruttenden, A.(1986), Intonation, Cambridge University Press.

Dik, S. C.(1980), Functional Grammar, North-Holland Publishing Co.

Frege, Gottlob.(1892/1975), "On Sense and Reference", in Davidson & Harman, eds.(1975).

Horn, L. R.(1972), "On the Semantic Properties of Logical Operators in English", Ph. D. thesis(The University of California).

Horvath, J.(1986), FOCUS in the Theory of Grammar and the Syntax of Hungarian, Foris Publications.

Huddleston, R.(1984), Introduction to the Grammar of English, Cambridge University Press.

Jackendoff, R.(1972), Semantic Interpretation in Generative Grammar, The MIT Press.

_____(1977), X'-Syntax: A Study of Phrase Structure, The MIT Press.

Keenan, Edward.(1971), "Two Kinds of Presupposition in Natural Language", in Fillmore & Langendoen, eds.(1971).

Kempson, R. M.(1977), Semantic Theory, Cambridge University Press.

Kuno, S.(1987), Functional Syntax: Anaphora, Discourse and Empathy, The University of Chicago Press.

Lawrence Solan, H.(1984), "FOCUS and Levels of Representations", Linguistic Inquiry 15-1.

Lyons, J.(1977), Introduction to Theoretical Linguistics, Cambridge University Press.

_____(1977), Semantics I·II, Cambridge University Press.

_____(1981), Language, Meaning and Context, Fontana Paper-backs.

May, R.(1985), Logical Forms: Its Structure and Derivation, The MIT Press.

Myung Yoon, K.(1988), "Topics in Korean Syntax: Phrase Structure, Variable Binding and Movement", Ph. D. dissertation(The MIT University).

Newmeyer, F. R.(1980), Linguistic Theory in America, Academic Press.

Radford, A.(1981), Transformational Syntax, Cambridge University Press.

_____(1988), Transformational Grammar, Cambridge University Press.

Russell, Bertrand(1905/1974), "On Denoting", in Zabeeh et al., eds.(1974).

Sellars, Wilfred(1954), "Presupposing", Philosophical Rewiew 63.

Sells, P.(1985), Lectures on Contemporary Syntactic Theories, Stanford University.

Strawson, P. F.(1950/1974), "On Referring", in Zabeeh et al., eds.(1974).

Takubo, Y.(1983), "On the Scope of Negation in Japanese", Seoul Papers in Formal Grammar Theory, Han Shin Publishing Co.

〈국제어문 제12・13합집(국제어문학연구회, 1991)〉

Ⅱ. 부정법 논의와 관련한 국어사적 몇 문제

1. 들어가는 말

언어가 歷史的 변화의 産物이라고 한다면, 우리가 어떤 언어 현상을 파악하려고 할 때 共時的 現象을 살펴 보는 것도 중요하지만 어떤 변화를 거쳐 오늘에 이르렀는가를 치밀하게 추적해 보는 것이 그 언어 현상을 올바로 파악하는 方法 가운데 하나임은 부언을 요하지 않을 정도로 自明한 사실이다.

그러나 그에 못지 않게 어떤 現象을 다루는 方法論도 계속 보완되거나 전면 수정되면서 과거의 方法論과는 자못 현격한 差異를 두고 변화하기 때문에 과거의 方法論으로 어떤 언어 現象을 파악했던 것이 현재의 方法論으로 現象을 파악하는 것과 또 다른 說明力의 差異를 보일 수 있다는 것 또한 自明한 사실이다.

따라서 여기서 어떤 암시를 받을 수 있는 것은, 과거에 논의되어 더 이상 검토해 볼 필요를 느끼지 않을 수도 있는 언어 現象을 현재의 잣대로 재조명해 볼 경우 문제가 노출된다거나 논의의 限界가 드러날 수도 있다는 것이며, 이럴 경우 현재의 논의가 나중에 또 다시 검증을 받아 잘못이 드러난다고 하더라도, 과거의 논의에서 미진하게 논의된 부분은 무엇이며 이러한 부분이 어떻게 개선될 수 있는가를 논의하는 것은 매우 뜻깊은 일이 될 수 있다는 사실이다.

필자의 생각으로, 과거에 논의되었던 것 중 현재의 관점에서 다시 검토되어야 할 필요성이 있는 국어 現象으로서 否定法과 관련하여 제기될 수 있는 몇 가지 문제를 거론할 수 있을 것으로 보인다.

본고는 이 같은 論旨를 출발점으로 기존의 否定法 논의에 나타난 몇 가지 國語史的 문제점을 지적하고 이에 대한 代案을 제시하는 데 목적을 둔다. 이 같은 목적을 위해서는 각 時期別 자료가 충분히 뒷받침되어야 할 것이나, 여기서는 본고의 論議와 관련된 만큼만 언급하면서 논의를 進行하기로 한다.

2. 체언 부정과 관련된 문제

2.1 體言 否定이란 부정의 대상이 體言인 경우를 말하는 것으로, 대체로 다음과 같은 형식을 취한다[1].

> (1) 가. 妙法이 둘 아니며 세 아닐씨(釋譜詳節 13:48)
> 　　나. 이 法은 二乘法이 아닐씨(釋譜詳節 13:4)
> 　　다. 香온 흔갓 옥곳한 것뿐 아니라(釋譜詳節 13:39)
> 　　라. 사롬 업슨 저글 니우미 아니로소니(杜詩諺解 23:38)

위의 예들은 體言 否定의 예로서, (1가)는 數詞, (1나)는 名詞를 피부정사로 한 것이고 (1다)는 形式 名詞 '것'을 核으로 하는 名詞句를 피부정사로 한 것인데, 이들은 모두 "NP1은(이) + NP2(이) + Neg이-"의 형식으로 두 개의 NP가 모두 나타난 예들이며, (1라)는 動名詞句를 피부정사로

---

1) 이 예는 남풍현(1976)에서 가져온 것이다.

한 예로서 여기서는 NP1이 省略되었으나, 피부정사와 對等한 NP를 상정할 수가 있다.

이 같은 体言 否定의 형식은 근대 국어 時期에도 별반 差異를 발견할 수가 없으며, 따로 예를 들지는 않겠지만 그대로 현대 국어까지 이어진다고 하겠다.

> (2) 가. 눈물을 썰으치지 아니는 쟈는 사롬이 아니오 (敬信錄諺解 12b)
> 나. 小官은 다른 사롬이 아니라 (五倫全備諺解 3:12b)
> 다. 눈물을 써르치지 아니ᄒᆞᄂᆞᆫ 쟈는 사롬이 아니오 (南宮桂籍 5b)

따라서 이 같은 사실로 미루어 보면 体言 否定文의 형식은 이미 중세 국어 時期 이전에 이루어진 것으로 결론지어도 별반 무리가 없음을 알 수 있다[2]. 그런데 이러한 体言 否定과 관련하여 중세 국어 시기의 부정어 '아니'가 名詞로도 사용되었다고 하는 논의(안병희(1959)가 제기되어 주목을 받은 바 있으나, 본고가 보기에는 상당한 문제가 지적될 수 있는 것으로 여겨지므로, 이제 그 논의를 중심으로 문제점을 지적하고 代案을 제시하기로 하자.

2.2 안병희(1959)는 부정사 '아니'가 중세 국어에서는 副詞로서의 쓰임 이외에도 名詞的 用法을 알고 있었다는 사실을 지적한 최초의 논의로서, 이 같은 논의는 이후 많은 논자들에 의해 받아들여져 一般化되었다(남풍현(1976), 고영근(1987), 안병희·이광호(1990), 이현희(1994) 등). 다음의 예를 살펴 보자.

---

2) 이 같은 기본 형식의 문제를 벗어나면, 体言 否定과 관련된 미묘한 문제들이 論議될 수도 있겠으나(예를 들면, (1가, 나)에서의 NP2에 '-이'가 省略될 수 있는 조건 또는 (2가, 다)에서의 '아니는'과 '아니ᄒᆞᄂᆞᆫ'의 差異 등), 이 문제에 대해서는 논의를 달리하여 설명하고자 한다.

(3) 가. 이 生이며 生 아니롤 굴히ᄂ니 (法華経諺解 5:3)
　　나. 숝가락과 숝가락 아니예 나몬 (楞嚴経諺解 2:61)
　　다. 이와 이 아니왜 이시리오 (楞嚴経諺解 2:57)

위의 예를 보면, (3가)에서는 대격 조사, (3나)에서는 처격 조사, (3다)에서는 공동격 조사가 先行語인 '아니'와 統合되어 있으므로, 이 때의 '아니'는 副詞라고 할 수 없고 名詞라고 할 수 있다는 것이다. 그리고 이뿐만 아니라 중세 국어의 '아니라, 아니로다, 아니어든, 아니롬' 등은 名詞 '아니'에 繋詞의 활용 어미가 연결된 것으로 해석된다고 하였다.

이 같은 논의를 바탕으로 고영근(1987)에서는 중세 국어의 基本 文型의 하나로서 다음과 같은 文型을 상정하고 이 때의 '아니라'를 '名詞 + 敍述格 助詞'라고 주장한다.

(4) 가. 므스기 므스기 아니라.
　　나. 데 고지 아니라.

그러나 (4가)와 같은 文型을 설정하고 '아니라'를 '아니 + 이라'로 분석하면서 '아니'가 '이라' 앞에 先行되었다고 해서 '아니'를 名詞로 간주하는 태도는 다음과 같이 심각한 문제를 야기한다[3].

우선 생각해 볼 수 있는 문제로는 현대 국어에서는 '아니'가 '이다'와 결합하는 경우 외에는 名詞로서의 쓰임새가 없다는 것이며, 두 번째는 '아니'를 名詞로 볼 경우에 '이다'의 자릿수 변동을 설명해야 한다는 문제가 야기된다는 것이다.

이같은 문제는 중세어의 경우에도 그대로 적용될 수 있는 것으로 여겨지므로, (3)의 예문을 좀 더 자세히 검토하면서 논의를 進行하기로 하자.

---

3) 엄정호(1989)에서도 이와 유사한 문제가 지적된 바 있다.

2.3 (3)에서의 예를 자세히 들여다 보면 다음과 같은 사실을 발견할 수 있다. 즉 (3가)에서는 '生 아니롤'에서 '生'이, (3나)에서는 '숨가락 아니예'에서 '숨가락'이, (3다)에서는 '이 아니왜'에서 '이'가 주격 조사가 생략되어 主語로 기능하고 있음을 알 수 있는 것이다. 따라서 이 같은 관점에서 본다면 (3)에서의 '아니'는 敍述語로 기능하고 있음도 알 수 있다. 이를 간략히 다음과 같이 도식화할 수 있겠다.

> (5) 가. 이 生이며 [s 生ø 아니]롤 쥴히느니
> 나. 숨가락과 [s 숨가락ø 아니]예 나믄
> 다. 이와 [s 이ø 아니]왜 이시리오

그런데 다음과 같은 현대 국어의 예를 보면, 名詞가 그대로 敍述語로 기능하는 것처럼 보여 (3)에서 敍述語로 기능하고 있는 '아니'를 名詞로 볼 수도 있는 것으로 여겨지게 한다.

> (6) 가. 그가 학생.
> 나. 어제 온 사람이 철수.

(6)의 예는 실제 發話 狀況에서 빈번하게 사용되는 경우로서, 각각의 예를 보면 '학생'과 '철수'가 名詞로서 그대로 敍述語로 기능하는 듯이 보인다. 그러나 이 예들이 內包文으로 쓰이게 되면 사정은 전혀 달라지세 된다.

> (7) 가. 나는 그가 학생임을 안다.
> 나. 어제 온 사람이 철수임이 밝혀졌다.

위의 예를 살펴 보면 아래에서 도식화한 것처럼 內包文의 敍述語로

기능하게 해 주는 것은 繫詞 '이다'임을[4] 알 수 있다.

    (8) 가. 나는 [그가 학생임]을 안다.
        나. [어제 온 사람이 철수임]이 밝혀졌다.

    따라서 이 같은 논의를 그대로 (5가)에 적용하게 되면, '[s 生ø 아니]'에서의 '아니'는 '아니'가 그대로 敍述語로 기능하는 것이 아니라 '아니 + 이-'를 상정할 수 있게 된다.

    그런데 (5)와 같은 구조를 상정하게 되면, 국어에서 어떤 문장이 다른 문장에 內包될 때 일정한 補文素를 취해야만 하고 또 중세 국어 時期에도 名詞化 補文素 '-ㅁ/-기'가 있었는데 (3)의 예에서는 왜 이들이 省略되었는가 하는 문제가 제기될 수 있겠다. 그러나 다음의 예를 살펴 보자.

    (9) 幻心 아뇨몰 골히샤미라 (圓覺経諺解 上2-1:45)

    위의 예는 (10)에서 구조를 제시한 것처럼 補文素가 나타나 있기 때문에, 얼핏 보면 (3)의 예들과 구별되는 듯이 보인다.

    (10) [s 幻心ø 아니 + 이 + 오 + ㅁ]올 골히샤미라

    그러나 사실상 (9)의 예는 (3)에서의 예와 완전히 同一한 구조를 가지고 있는 것으로서, 이로 미루어 본다면 (3)의 예들에는 補文素가 드러나지 않았을 뿐이지 별개의 文章 形式이 아님을 알 수 있다. 즉 (3가)의 경우만을 보더라도 이 예는 (4가)가 아니라 사실상 '이 生이며 [s 生ø 아니

---

    4) '이다'를 繫詞라고 한 것은 일반적인 논의를 그대로 따른 것이나, '이다' 문제와 관련한 그 간의 사정 및 '이다'를 '指定詞'로 보는 것이 타당하다는 것을 적극적으로 논의한 것으로 박정규(1998)을 참고하기 바란다.

ㅇ]를 굴히ᄂᆞ니'와 같이 도식화될 수 있으며, 그렇다면 (3가-다)의 예들은 (9)의 예와 아무런 차이가 없게 됨을 알 수 있는 것이다5). 이러한 사실은 현대 국어의 예이긴 하지만 다음의 경우를 보면 補文素도 경우에 따라서는 省略이 가능함을 알 수 있다.

(11) 가. 그런 경우는 듣도 보도 못했다.
      나. 이제는 빼도 박도 못하는 상황이다.

따라서 일단 이 정도의 論議만을 놓고 본다고 하더라도 중세어의 부정사 '아니'를 외현적인 現象만을 놓고 名詞라고 단정짓는 것은 일단 무리임을 알 수 있겠다.

2.4 안병희(1959)에서는 또 다음과 같은 예도 검토하고 있다.

(12) 가. 아로미 아니가 (楞嚴経諺解 3:33)
      나. 나며 드로미 아니가 (楞嚴経諺解 3:91)
(13) 가. 흔 体아 흔 体 아니아 (楞嚴経諺解 3:93)
      나. 이제 소리아 아니아 (楞嚴経諺解 4:126)

위의 예를 보면 기존의 論議에서 의문 첨사로 알려져 온 '-가/-아'가 '아니'에 직접 統合된 것으로 보이므로 '아니'를 体言이라고 하는 안병희(1959)에서의 論議가 아무런 무리가 없는 것으로 보인다.

그러나 이 경우도 앞에서 提起되었던 두 가지 문제가 그대로 적용되는 이외에도 또 다른 문제가 제기되는데, 이 문제는 (12), (13)의 예들이 '아

---

5) 실제 문헌에서 찾은 자료는 아니지만, (3가)의 경우만을 놓고 본다고 하더라도 이 예에 補文素를 統合시켜서 '이 生이며 生 아뇨물 굴히ᄂᆞ니'와 같이 재구형을 상정하는 것이 아주 불가능해 보이지는 않는다.

니'가 体言이었다는 주장을 입증하는 증거라기보다는 오히려 '아니'가 繫詞 '-이-'와 統合된 증거가 될 수도 있다는 것과 관련된다.

중세 국어에서 '-이-' 뒤의 '-가, -고'는, /ㄱ/이 탈락한 異形態 '-아/-오'로 실현되는 것이 一般的이었으므로(서정목(1987)), (12), (13)의 예들은 역으로 '아니'가 体言으로서의 쓰임이 아닌 '-이-'와의 統合形으로서, '-이-'가 탈락한 形態 내지는 省略된 형식으로 볼 수 있다는 것이다. 다음의 예를 보자.

(14) 가. 어느 나리 이 도라 갈 힉오 (杜詩諺解 10:17)
　　　나. 아니 이 行者 아니아 (六祖壇経諺解 上 41:2)

따라서 (12), (13)의 예에서 의문 첨사 '-가'가 体言 뒤에 바로 統合되었다고 해서 그것이 가지는 통사적 地位가 문장종결 형식 이외의 다른 어떤 것일 수도 없으며, 의문 문말어미 '-가, -고' 앞에서는 '-이-'가 어느 정도 수의적으로 삭제될 수 있으므로 '-가, -고'의 一次的인 출현 환경은 繫詞 '-이-' 뒤라는 것이 명백하다고 할 수 있겠다.

2.5 안병희(1959)에서는 中世國語 시기의 '아니'가 名詞라는 또 다른 증거로서 '-라, -로; -라도, -로; -오, -에, -어' 등과 같이 체언에만 統合되는 어미가 그대로 '아니'와도 統合될 수 있다는 현상을 들고 있다. 다음의 예를 보자.

(15) 가. 힉니(日) → hɐi + ø + ni
　　　가'. 힉니(白) → hɐi + ni
　　　나. 가지오(枝) → kaci + ø + o
　　　나'. 가지고(持) → kaci + ko
　　　다. 내면(我) → na + i + mjən

다'. 나면(生) → na + mjən
라. 마리라(語) → mar + i + ra
라'. 말다(勿) → mar + ta

위의 예를 보면 (15가, 다)와 (15가', 다')에서의 '-ni, -mjən'은 同一 形態이지만, (15나, 라)와 (15나', 라')에서의 '-ko ~ -o'와 '-ta ~ -ra'는 形態的으로 조건된 異形態로서, 여기서 (15나, 라)에서처럼 體言에만 統合되는 어미를 추출할 수 있는데, 이 어미들이 그대로 '아니'와 統合될 수 있으므로 '아니'를 體言으로 볼 수 있다는 것이다.

그러나 이와 관련하여 일어날 수 있는 문제점은 體言의 어미 교체 방식과 用言의 어미 교체 방식을 평면적으로 比較하는 것이 과연 얼마나 타당성을 확보할 수 있는가 하는 문제가 提起될 수 있겠다. 즉 (15가 − 라)에서 각각의 어미는 그것의 先行 體言이 아닌, 繫詞 '-이-'가 개입하여 統合된 것인바, 이는 현대 국어의 예이긴 하지만 다음의 예를 보더라도 그대로 드러나는 현상이다.

(16) 가. 철수는 학생이니 학교에 가야 한다.
    나. 이것은 연필이고 저것은 볼펜이다.
    다. 이것은 책상이라.

위의 각각의 예에서 밑줄 친 부분으로부터 '-이-'를 省略한 *'학생니, *연필고, *책상라'가 쓰이게 되면 이들 예문이 비문이 됨은 물론이다.

그러므로 體言의 어미 교체 방식과 用言의 어미 교체 방식은 단순히 안병희(1959)에서와 같은 평면적인 比較를 떠나 '體言 + -이'의 形態가 用言의 어간과 比較되어야 온당한 논의가 될 것임을 알 수 있다. 따라서 안병희(1959)에서 논의되었던, 體言에만 통합된다고 하는 어미는 사실상은

繫詞에 연결되는 것이므로, 이들 어미들이 '아니'와 統合된다고 하는 논의가 실은 '아니'가 '-이-'를 부정하는 形式을 취하는 것으로 여겨지는 것이다.

2.6 지금까지 중세 국어 時期의 부정어 '아니'가 名詞的 用法으로 사용되었다고 하는 논의의 문제점을 안병희(1959)를 中心으로 비교적 자세하게 검토해 보았는데, 여기서는 앞에서 지적했던 문제 중 두 번째 문제점인 자릿수 변동과 관련된 문제를 살펴 보고[6], 절을 바꿔 體言 否定과 관련된 본고의 대안을 제시하기로 한다.

'아니'를 名詞로 보게 되면 우선 제기되는 문제는 '이다'의 자릿수와 관련하여 문제가 생기게 된다. 즉 '이다'가 肯定文일 경우에는 두 자리 서술어가 되고 否定文일 경우에는 세 자리 서술어가 된다는 식의 설명이 불가피하다는 것이다. 그러나 과연 그럴 것인가. 다음의 예를 보자.

> (17) 가. 영이가 예쁘다.
> [예쁘다 : 1자리 서술어]
> 나. 철수가 밥을 먹었다.
> [먹다 : 2자리 서술어]
> 다. 철수가 영이에게 꽃을 주었다.
> [주다 : 3자리 서술어]
> (18) 가. 영이가 안 예쁘다.
> [예쁘다 : 1자리 서술어]
> 나. 철수가 밥을 안 먹었다.
> [먹다 : 2자리 서술어]
> 다. 철수가 영이에게 꽃을 주었다.
> [주다 : 3자리 서술어]

---

6) 동일한 논리는 아니나 엄정호(1989)에서도 이와 유사한 내용이 지적된 바 있다.

위의 예를 보면 肯定文을 否定文으로 바꾸는 것은 자릿수에 아무런 변동을 미치지 않는 統辭的 節次임을 알 수 있는바[7], 만일 '아니'를 名詞라고 한다면 새로운 논항이 추가되어 자릿수가 변동되었다고 해야 하는데, 아무리 보아도 이런 식의 例外的인 說明을 문법에 추가하는 것이 그리 바람직해 보이지는 않는 것이다.

'아니'를 名詞로 보게 될 때 제기될 수 있는 두 번째 문제점은 설사 자릿수 변동을 무시한다고 하더라도 '아니+이다'의 경우 제3의 名詞句가 항상 '아니'이어야 한다는 제약이 뒤따르게 된다는 것인데, 바로 앞에서 지적했던 것처럼 이런 식으로 계속적인 例外的인 說明을 추가하는 것은 많은 무리를 수반할 수밖에 없으므로 바람직한 설명이라고 할 수는 없는 것이다.

2.7 안병희(1959)의 논의는 중세 국어 時期의 부정어 '아니'가 名詞的 用法을 알고 있었다는 최초의 논의로서 주목을 요하는 값진 것이었으나, 지금까지 지적된 것처럼 細部的인 論議 모두가 각각 문제점을 내포하고 있는 것이었으므로, 이 같은 문제점을 극복하지 못하는 한 그 논의의 타당성을 인정받기란 매우 어려워 보인다. 지금까지의 논의에 대한 본고의 代案은 다음과 같다.

사실상 '아니'를 名詞라고 하는 논의의 출발점은 '이다'의 문제와 맞물려 '이다'를 하나의 독립된 單位로 보기 어렵다는 논의와 매우 밀접하게 관련을 맺고 있으므로 '이다'를 하나의 單語인 독립된 用言으로 인정하면 일관된 설명이 가능해진다는 것이다. 이렇게 본다면 '아니다'에서의 '아니'는 여타의 用言 부정에 사용된 '아니'와 同一하게 처리할 수 있게 되므로, 문법에서의 부담이 한층 덜어지게 되는 장점도 아울러 추구할 수 있겠다.

---

7) 이 문제에 대한 보다 자세한 설명은 박정규(1996)을 참고하기 바란다.

3. 용언 부정과 관련된 문제

3.1 用言 否定이란 否定의 대상이 용언인 경우를 말하는 것으로 일반
적으로 단형 부정문과 장형 부정문으로 大別되는데, 용언 부정의 경우에
는 장형 부정문의 형식과 관련하여 否定 補文素의 형태상 문제가 國語
史的인 논의를 불러 일으켰다. 물론 이런 논의의 동기를 제공한 것은 초
창기 變形文法의 영향으로 현대 국어의 자료를 검토한 데서 비롯한다.
일단 다음의 예를 보자.

(19) 가. 비가 안 온다.
나. 비가 오지 않는다.

국어에 두 가지 형식의 否定文이 존재한다는 사실을 여기서 장황하게
언급할 필요는 없겠으나, 그렇다면 여기서 문제가 되는 것은 否定文이란
것이 肯定文의 존재를 전제로 한다고 할 때 각각의 형식의 肯定文은 어
떻게 상정될 수 있을 것인가의 문제가 당연히 논의의 초점으로 떠오른다
는 것이다. 變形文法 초창기의 영향 아래서는 두 가지 형식의 否定文에
대응되는 肯定文을 다음과 같이 하나의 肯定文으로 설정하였었다.

(20) 비가 온다.

그러나 變形 작용이 너무 과도하게 힘을 발휘하면서 의미 요소까지 마
구 삭제하거나 없던 요소를 만들어 낼 수 있는가하는 문제가 제기되고 이
에 대한 反省이 일게 되자, (20)의 肯定文은 (19가)의 단형 否定文에 대
응되는 것으로 상정되면서, (19나)의 장형 否定文에 대응되는 肯定文은
어떤 것이 될 것인가에 관심이 쏠리게 되었는데, 이 문제를 해결하기 위
해 등장한 논의가 소위 "補文素 '-기'와 '-지'의 異形態說"이다. 즉 (19나)

의 장형 否定文에 대응하는 대당 肯定文은 다음과 같다는 것이다.

(21) 비가 오기를 한다.

이러한 논의는 이후 많은 論者들의 찬반 논의를 불러 일으키기도 했으나, 同調하는 입장을 보인 논의에서는 다음과 같은 國語史的 자료를 논의의 주요 근거로 삼고 있음을 볼 수 있다.

(22) 가. 보시ᄒ기를 즐겨 (釋譜詳節 6:13)
     나. 가져 가디 어려블씨 (月印釋譜 1:31)
     다. 걸식ᄒ디 어렵고 하 갓가불면 조티 몯ᄒ리니 (釋譜詳節 6:23)
     라. 먹디 됴ᄒ며 쓰디 됴ᄒ 거시라 (七大万法 6:14)
     마. 흐리디 아니ᄒ며 싀디 아니 홀씨니 (月印釋譜 序3)

위의 例를 보면 '-디'가 名詞形 어미 '-기'와 같이 쓰이고 있음을 볼 수 있을 뿐만 아니라 名詞形 어미와 같은 기능을 하는 듯이 보이는 '-디'가 (22마)에서 볼 수 있는 것처럼 否定 형식에도 사용되고 있음을 확인할 수 있는 것이다[8].

---

8) 이러한 사실을 근거로 송석중(1993)에서는 다음과 같은 도식을 제시하고 있다.

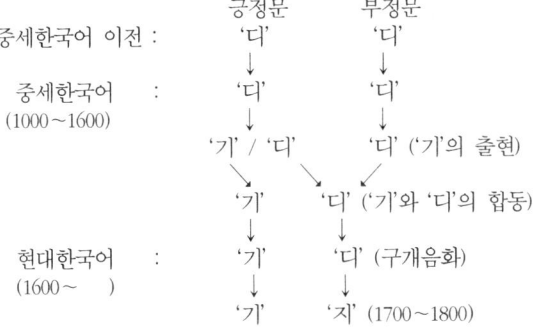

3.2 그러나 여기서 주의해야 할 것은 이러한 논의가 비록 자료에 근거한 것처럼 보여 논의의 신빙성도 어느 정도 확보한 것이 事實이긴 하지만, 자료에 근거했다고 하더라도 결정적인 근거가 없는 한 어디까지나 推測에 머물고 만다는 사실이다. 다시 말하면 이러한 논의가 타당성을 확보하기 위해서는 확실한 자료, 즉 否定文에 補文素 '-기'가 사용된 자료에 근거해야 하는데 "보문소 '-기'와 '-디'의 이형태설"을 주장하는 어떤 논의에서도 이와 같은 결정적 근거는 찾아볼 수 없는 것이다. 과연 (22)의 자료에서 부정 補文素 '-디'가 名詞形 어미 '-기'와 異形態인지 다시 검토해 보자. 우선 위의 자료만을 바탕으로 하여 다음의 例와 비교해 보면 名詞形 어미로서 '-디'와 '-기'가 넘나들어 쓰인 듯도 하다.

(23) 가. 스랑ᄒ미 듕ᄒ매 졍이 춤기 어렵고(恩重經 龍珠寺本 15a)
　　　나. 스랑ᄒ미 즁ᄒ야 졍을 춤기 어렵고(恩重經 강지희本 9b)

위의 例를 (22나)의 例와 비교해 보면, '어렵다'라는 用言이 內包文을 안을 때 補文素 '-디'와 '-기'가 넘나들어 쓰인 것을 확인할 수 있는 것이다. 그러나 과연 用言 '어렵다'가 쓰인 (22나, 다)와 위의 例의 경우가 否定文인지는 의심의 여지가 있다. 사실상 (22나, 다)와 (23가, 나)의 예는 否定文의 例가 될 수 없다. 즉 이들 예는 否定文이 아닌 肯定文으로 간주하는 것이 보다 타당한 것으로 보인다는 것이다[9].

따라서 이들 例는 부정 補文素가 넘나들어 쓰인 것이 아니라 장형 否

---

9) 現代 국어의 기준으로 中世 국어의 모든 현상을 가늠할 수는 없겠으나, 現代 국어에서 어떤 문장이 肯定文인지 부정문인지를 판단하는 기준으로는 부정사의 사용이 필수적인데, 이러한 사정은 中世 국어의 경우라고 해서 크게 다르지 않을 것으로 여겨진다. 否定文의 形式的 要件과 관련한 보다 자세한 논의는 박정규(1996)을 참고하기 바란다.

定文에 쓰이는 부정 補文素가 '어렵다'라는 用言이 '쉽다'라는 用言의 반의어로서 [-쉽다]라는 의미 자질을 지니는 것으로 잘못 유추되어 부정 補文素인 '-디'가 쓰인 것으로 보는 것이 타당함을 알 수 있겠다[10]. 만일 '-디'와 '-기'가 넘나들었던 것이 빈번한 현상이었다면, 앞에서 언급했던 장형 否定文의 대다수에서뿐만 아니라 아래의 경우에서도 '-디'뿐만 아니라 '-기'가 쓰인 경우를 접할 수 있어야 하는데 사정은 전혀 그렇지 않은 것이다.

(24) 스랑이 듕ᄒᆞ니 정을 춤{디 / *기} 몯ᄒᆞ고

한편 다음의 例도 얼핏 보면 否定 補文素 '-디'가 '-기'와 異形態 관계에 있어 서로 넘나들었음을 보여 주는 결정적 단서를 제공해 주는 듯이 보인다.

(25) 열가짓 戒ᄂᆞᆫ 산 것 주기디 마롬과 도족 마롬과 거즛말 마롬과 수울 고기 먹디 마롬과 모매 香기름 ᄇᆞᄅᆞ며 花鬘瓔珞 빗이기 마롬과 놀애 춤 마롬과 노폰 平床애 안찌 마롬과 時節 아닌 저긔 밥 먹디 마롬과 金銀보ᄇᆡ 잡디 마롬괘라 (釋譜詳節 6:10)

그리하여 이 例는 이른바 '마롬' 구성이 '-ㅁ' 구성뿐만 아니라 '-기', '-디'를 지배하는 構造로 되어 중세 국어 시기에 '-기'와 '-디'가 넘나들었던 例

---

10) 이러한 생각은 '-디'와 '-기'가 넘나들어 쓰인 例가 유독 '어렵다'라는 用言에만 국한된다는 사실에 의해서도 어느 정도 立證될 수 있겠다. 즉 '-디'와 '-기'가 당시에 그렇게 활발하게 넘나들었던 현상이라면, '어렵다'뿐만 아니라 '모르다'와 같은 用言 또한 '알다'의 반의어로서 [-알다]의 의미 자질을 지니는 것은 '어렵다'의 경우와 同軌의 것이므로, 유독 '어렵다'에서만 '-디'가 나타날 수 있는 것이 아님에도 사정은 전혀 그렇지 않은 것이다.

로 간주되어 왔기도 하다.

그러나 이 例도 다시 검토해 보면 否定 補文素 '-디'가 '-기'가 서로 넘나들었음을 보여 주는 것이 아닌 것으로 보인다. 즉 '빗이기 마롬'이 否定 補文素로서 '-기'가 사용된 것이 아니라 '빗이기(롤 ᄒ디) 마롬'과 같이 '-기'는 단순한 名詞形 어미로서 사용된 것으로 보는 것이 타당할 수도 있는 것이다.

이러한 사실은 중세 국어 시기에 이미 名詞 形成을 위한 名詞化素가 '-(으)ㅁ' 외에 '-기, -이'의 접미사가 있었다는 사실에 의해서도 지지될 수 있다. 그러므로 '빗이기'를 '도족, 거즛말, 춤'과 同系의 것으로 보면, 이들은 모두 단순한 [대상성]의 槪念語가 아닌 [동작성]의 행위를 드러내는 것이기 때문에 '말-'이 이끄는 동사구 내에서 대격 상당의 名詞項으로 기능한다고 볼 수 있겠다. 이러한 생각은 현대 국어의 예이긴 하지만 다음의 예를 보면 보다 확실해진다.

  (26) 가. 거짓말 말아라.
      나. 도둑질 말아라.
      다. 도둑 말고는 할 게 없다.

名詞가 그대로 '말다'의 목적어로 쓰이는 例는, 위의 例에서와 같이 現代語에서도 찾아볼 수 있는 것이다. 따라서 이 정도의 예만 가지고도 (25)는 否定 補文素 '-디'가 '-기'가 서로 넘나들었음을 보여 주는 것이 아니라, '빗이기 마롬'이 否定 補文素로서 '-기'가 사용된 것이 아닌 '빗이기(롤 ᄒ디) 마롬'과 같이 '-기'는 단순한 名詞形 어미로서 사용된 것으로 봄이 타당함을 알 수 있다.

4. 맺는 말

언어가 歷史的 변화의 産物이라고 한다면, 우리가 어떤 언어 현상을 파악하려고 할 때 어떤 변화를 거쳐 오늘에 이르렀는가를 치밀하게 추적해 보는 것이 그 언어 현상을 올바로 파악하는 方法 가운데 하나임은 부언을 요하지 않을 정도로 自明한 사실이나, 여기서 암시를 받을 수 있는 것 중의 하나는, 과거에 논의되어 더 이상 검토해 볼 필요를 느끼지 않을 수도 있는 언어 現象을 현재의 잣대로 재조명해 볼 경우 문제를 노출시킨다거나 논의의 限界를 드러낼 수도 있다는 것이다. 따라서 필자의 생각으로, 과거에 논의되었던 것 중 현재의 관점에서 다시 검토되어야 할 필요성이 있는 국어 現象으로서 否定法과 관련하여 제기될 수 있는 몇 가지 문제를 거론할 수 있을 것으로 보인다.

그 결과 體言 否定과 관련된 문제로서, 중세국어 시기의 부정사 '아니'가 名詞的 용법으로 사용되었다고 하는 논의는, 一見하기에는 타당한 것으로 여겨지는 것이었으나 그 논의에서 제시하고 있는 자료를 면밀히 검토해 보면 細部的인 論議 모두가 각각 문제점을 내포하고 있는 것이었으므로, 이 같은 문제점을 극복하지 못하는 한 그 논의의 타당성을 인정받기란 매우 어려워 보인다. 사실상 '아니'를 名詞라고 하는 논의의 출발점은 '이다'의 문제와 맞물려 '이다'를 하나의 독립된 單位로 보기 어렵다는 논의와 매우 밀접하게 관련을 맺고 있으므로 '이다'를 하나의 單語인 독립된 用言으로 인정하면 일관된 설명이 가능해진다는 것이다. 이렇게 본다면 '아니다'에서의 '아니'는 여타의 用言 부정에 사용된 '아니'와 同一하게 처리할 수 있게 되므로, 문법에서의 부담이 한층 덜어지게 되는 장점도 아울러 추구할 수 있겠다.

또한 用言 否定과 관련된 문제로서는, 장형 否定文에 사용되었던 否

定補文素 '-디'가 '-기'의 異形態라고 하는 논의를 검토해 보았는데, 이러한 논의 역시 一見하기에는 타당한 것처럼 보일 수도 있으나, 실상 이들 논의에서 제시하고 있는 자료가 정작 부정문이라고는 할 수 없는 긍정문을 바탕으로 논의를 전개하고 있으므로, 부정 보문소가 넘나들어 쓰였다고 섣불리 결론할 수 없음도 알 수 있었다.

[참고문헌]

고영근(1987), 표준 중세국어 문법론, 탑출판사.
국립국어연구원 편(1996), 국어의 시대별 변천·실태 연구1 -중세국어-, 국립국어연구원.
　　　　　　　　(1997), 국어의 시대별 변천 2 -근대 국어-, 국립국어연구원.
　　　　　　　　(1998), 국어의 시대별 변천 3 -고대 국어-, 국립국어연구원.
　　　　　　　　(1999), 국어의 시대별 변천 4 -개화기 국어-, 국립국어연구원.
권재일(1998), 한국어 문법사, 도서출판 박이정.
남풍현(1976), "국어 부정법의 발달", 문법연구 3.
박정규(1996), 국어 부정문 연구, 도서출판 보고사.
　　　(1998), "繫詞 '이다' 問題의 再考", 어문연구 99호, 한국어문교육연구회.
서정목(1987), 국어 의문문 연구, 탑출판사.
　　　(1994), 국어 통사 구조 연구 I, 서강대학교 출판부.
　　　(1998), 문법의 모형과 핵계층 이론, 태학사.
　　　(2000), 변형과 제약, 태학사.
송석중(1993), 한국어 문법의 재조명 -통사구조와 의미해석-, 지식산업사.
안병희·이광호(1990), 중세국어 문법론, 학연사.
엄정호(1989), "소위 指定詞 構文의 統辭構造", 국어학 18, 국어학회.
이기문(1963), 國語 表記法의 歷史的 硏究, 한국연구총서18, 한국연구원.

_____(1998), 新訂版 國語史 槪說, 태학사.

이승욱(1989), "중세어의 '-(으)ㅁ', '-기' 構成 動名詞의 史的 特性", 二靜 鄭然 粲 先生 回甲紀念 論叢, 탑출판사.

이익섭(1992), 國語 表記法 硏究, 서울大學校 出版部.

이현희(1994), 중세국어 구문 연구, 신구문화사.

채 완(1979), "名詞化素 '-기'에 대하여", 국어학 8, 국어학회.

〈시학과 언어학 제2호(시학과 언어학회, 2001)〉

Ⅲ. 부정 부사 '안(아니)'의 접사적 성격에 대하여

1. 머리말

일반적으로 단형 부정문을[1] 생성하기 위해 대당 긍정문에 반드시 통합되어야 하는 부정사인 '안(아니)'은 품사 분류상 '부사'의 범주에 속하는 것으로 기술된다[2]. 그런데 이러한 기술 방식은 다음의 예에서 확인할 수 있

---

1) 국어의 경우 하나의 긍정문에 대응되는 듯이 보이는 두 가지 형식의 부정문이 존재한다는 사실에 대해서는 특별하게 부언할 필요를 느끼지 않는다. 단지 여기서 중요한 것은 본고에서 다루는 것이 단형 형식의 부정문이라는 것인데, 이러한 우리의 논의는 장형의 형식에도 그대로 적용될 수 있을 것으로 여겨진다.

2) 실제로 '안(아니)' 자체에만 관심이 집중된 논의는 찾아보기 어려운 형편인데, 그나마 변형문법의 도입 이전인 전통문법 시기에는 全無하다고 해도 과언은 아닌 듯싶다. 한편 현대 국어에는 '부사'임이 틀림없는 '안'이 중세국어 시기에는 '명사적 용법'으로도 사용되었다고 하는 보고(안병희(1959))가 있어 주목을 요하는데, 그러나 실제로 이 논의에서 검토되고 있는 대다수의 예를 살펴보면, "이 生이며 生 아니룰 굴히느니"(법화경언해5.3)나 "숨가락과 숨가락 아니에 나믄"(능엄경언해2.61) 또는 "이와 이 아니왜 이시리오"(능엄경언해2.57) 등의 예에서 볼 수 있는 것처럼, '아니'가 '生'이나 '숨가락' 또는 '이' 등의 주어(비록 격조사는 생략되었지만)에 대한 서술어로 기능하고 있음을 알 수 있어, '격조사'가 단순히 선행어인 '아니'와만 통합된 것이 아니라 '조사'가 선행어로서 '명사절'과 통합된 것으로도 볼 수 있게 해 줄 뿐만 아니라, '아니'를 명사라고 한다면 엄정호(1989)의 지적대로 우리는 명사가 논항을 그것도 주격을 요구할 수 있다는 것을 인정해야 하는 부담을

는 것처럼 부정사 '안(아니)'이 후행하는 '서술어'를 수식하는 기능을 가지고 있는 데에 기인한 것이므로, 기술 자체에서 어떤 문제점을 찾기란 어려워 보인다. 다음의 예를 보자.

(1) 가. 영이가 웃었다/<u>안</u>(아니) 웃었다.
　　 나. 하늘이 푸르다/<u>안</u>(아니) 푸르다.
　　 다. 영이가 학생이다/학생이 <u>아니다</u>.
　　 라. 영이가 밥을 먹는다/<u>안</u>(아니) 먹는다.
　　 마. 영이가 철수에게 편지를 보냈다/<u>안</u>(아니) 보냈다.
　　 바. 영이가 철수를 남편으로 삼았다/<u>안</u>(아니) 삼았다.
　　 사. 토끼가 귀가 크다/<u>안</u>(아니) 크다.

위의 예는 국어에서 일반적으로 기본 문형이라고 여겨지는 문장을 대상으로 하여 부정사를 통합시켜 본 것인데, 각각의 예를 보면 부정사인 '안(아니)'은 문장 내에서 후행하는 서술어를 수식하는 기능을 할 뿐만 아니라, 이 부정사가 생략된다고 하더라도 대당 긍정문의 통사적 적격성 여부에는 아무런 영향을 미치지 않을 것으로 여겨지기 때문에, 품사 분류에 있어 '부사'의 범주에 속하는 것으로 처리해 온 기존의 대부분의 관점은 적어도 외견상으로는 별다른 문제를 발견할 수 없는 것처럼 보인다.

그러나 우리는 부정사인 '안(아니)'이 단지 후행하는 서술어를 수식하는 기능을 행한다고 하여 무조건적으로 부사의 범주에 속하는 것으로 처리하는 것이 얼마나 타당한 것이며, 또한 부정사의 생략이 통사적 적격성 여부에 아무런 영향을 미치지 않는다고 하는 논의가 과연 부정문을 부정문으로 파악하는 데 얼마나 올바른 관점을 제공해 줄 수 있는가 하는 문제

고스란히 떠맡게 되므로, 단순히 격조사와의 통합만을 가지고 '아니'를 '명사'라고 속단할 수만은 없는 듯하다.

에 대해 의심을 가진다. 따라서 여기에서는 국어의 부정문을 이루는 데 필수 불가결한 것으로 여겨지는 부정사 '안(아니)'의 문법적 범주에 대해 다시 생각해 보고자 한다.

2. '안(아니)'의 문법적 범주 검토

앞에서 부정사 '안(아니)'의 문법적 범주는 일반적으로 '부사'의 범주에 속하는 것으로 기술되며, 이러한 기술 방식은 적어도 외견상으로는 틀림이 없는 사실인 것으로 보인다고 하였으나, 실제 언어 현상을 살펴보면 부정사 '안(아니)'은 기능상으로 일반적인 다른 부사들과 커다란 차이를 보임을 확인할 수 있다.

가령 다음의 예를 보면 일반적으로 부사라고 알려진 '매우'는 문장 내의 어디에 위치하건 관계없이 문장 내에서의 위치가 비교적 자유롭기 때문에, 해당 문장의 적격성 여부에는 큰 영향을 미치지 않음을 알 수 있다.

　(2) 가. 영이가 동생을 <u>매우</u> 때렸다.
　　　나. 영이가 <u>매우</u> 동생을 때렸다.
　　　다. <u>매우</u> 영이가 동생을 때렸다.
　　　라. 영이가 동생을 때렸다, <u>매우</u>.

위의 예를 보더라도, 일반적 부사인 '매우'는 그 위치가 문두에서부터 문미에 이르기까지 문장 내의 어디에 위치하건 문법성 여부와는 별반 관련이 없음을 알 수 있다[3].

---

3) 여기서 일반적인 부사라고 하였다고 해서 모든 부사들이 그렇다는 것은 아니다. 즉 어떤 부사들은 분포가 매우 제한되어 있을 수도 있는데, 가령 '잘'과 같은 부사가 통합된 "영이가 글을 <u>잘</u> 쓴다."와 같은 경우는 "영이가 잘 글을 쓴다."나 "잘 영

그러나 부정사 '안(아니)'의 경우는 사정이 전혀 다르다. 즉 문장 내에서의 위치가 한정되어 있는 것이다. 다음의 예를 보자.

    (3) 가. 영이가 그 책을 <u>안(아니)</u> 읽었다.
        나. *영이가 <u>안(아니)</u> 그 책을 읽었다.
        다. *<u>안(아니)</u> 영이가 그 책을 읽었다.
        라. *영이가 그 책을 읽었다, <u>안(아니)</u>.

위의 예를 보더라도 품사상으로는 '부사'임에 틀림없는 '안(아니)'이 문장 내에서 허용될 수 있는 위치는 문장 내에서 서술어로 기능하는 용언의 바로 앞 위치에 국한되어 있음을 알 수 있다. 따라서 일단 이러한 예만 놓고 보더라도 부정사 '안(아니)'의 문법적 지위는 일반적인 다른 부사와는 매우 다른 성격의 것임을 암시받기에 충분한 것으로 여겨진다. 한편 다음의 예를 보자.

    (4) 가. 영이가 동생을 <u>매우</u> 때렸니?
        나. '매우'는! '살살' 때렸지.
    (5) 가. 영이가 미국에 <u>아주</u> 갔니?
        나. '아주'는! '잠깐' 갔지.
    (6) 가. 영이가 밥을 <u>안(아니)</u> 먹었니?
        나. '<u>안(아니)</u> 먹기'는! 오히려 더 먹었지.
        다. *'<u>안(아니)</u>'은! '조금' 먹었지.

이가 글을 쓴다." 또는 "영이가 글을 쓴다, 잘."의 경우는 어느 정도 어색한 것이 사실이긴 하다. 그러나 그렇다고 해서 이들의 의미가 "영이가 글을 쓰는 데 어느 정도 소질이 있다"라는 의미가 전혀 나오지 않는 것은 아니기 때문에, 반드시 문장 내에서의 위치가 고정되어 있다고는 할 수 없을 것이다. 따라서 이러한 비교를 통해 보더라도 부정소 '안'과 일반 부사를 동일시할 수는 없을 것임을 알 수 있다.

위의 예를 보면, 일반적으로 부사인 것으로 알려진 '매우'나 '아주'는 (4
가)나 (5가)에서처럼 의문의 대상이 될 수 있어서[4], (4나)나 (5나)와 같은
대답이 어느 정도 자연스러운 것으로 받아들여진다. 그러나 (6가)의 경우
는 사정이 전혀 다르다. 즉 부정사인 '안(아니)'은 근본적으로 '의문'의 대
상이 될 수 없음을 알 수 있을 뿐만 아니라, 반드시 후행 서술어와 함께
'부정 서술어'를 이루어 하나의 '서술 단위'[5]로 행동함을 알 수 있는 것이
다. 이러한 일련의 언어 현상들은 기존의 논의에서 아무런 의심없이 부사
인 것으로 여겨온 '부정 부사'의 성격을 다시 생각하게 하는 계기를 마련
해 주는 것으로 보여 흥미롭다.

3. '-이다' 문제의 비판적 검토

'안(아니)'의 범주 문제와 관련한 기존의 논의는 지금 위에서 살펴 본 것
처럼 '부사'의 범주에 넣어 처리하는 방식 이외에, '아니'를 '명사'의 범주
로 보는 관점(시정곤(1993) 등)도 있어 주목을 끈다[6]. 이러한 관점은 '아니

---

4) 이러한 이유는 일반적으로 '부사'라고 하면 외견상으로도 하나의 문장을 이루는
   데 반드시 있어야 할 필수적인 성분이 아닌 '수의적인 성분'임에 틀림없으나, 일
   단 부사가 문장과 통합 관계를 이루게 되면, '하나의 성분 역할을 하기 때문'일 것
   으로 보인다. 따라서 부사라고 하더라도 전체적으로는 그 문장의 서술어의 서술
   범위 내에 한정될 수 있으므로 '의문의 대상'이 될 수 있는 것으로 여겨진다.

5) 여기서 '서술 단위'란 개념이 기존의 서술어라는 개념과 전혀 다른 것이 아님은
   물론이다. 어떤 종류의 문장이 되었건 그 문장이 온전한 의미를 전달하기 위해서
   는 다른 여러 가지의 문장 성분들이 서술어와 관련되어 의미 해석을 받아야 할
   것이기 때문이다. 이렇게 볼 때, 우리가 여기서 말하는 '서술 단위'란 것은 결국,
   긍정문의 경우에는 기존의 논의에서 서술어로 여겨져 온 것을 그대로 하나의 서
   술 단위로 삼으면 될 것임을 알 수 있으며, 부정문의 경우에는 부정사 '안(아니)'
   이 후행 서술어와 직접 통합된 통합체를 하나의 서술 단위로 삼아야 할 것임을
   어렵지 않게 짐작할 수 있다.

다'에서 '안'을 제외한 '이다'가 선행 명사구에 '격'을 배당하지 못한다든가 또는 선행 명사구와 '이다' 사이에 어떤 요소도 삽입될 수 없다든지 하기 때문에7), '이다'는 기존의 논의들에서처럼 '계사'(김광해(1983))나 '용언 어간' (엄정호(1989)) 또는 '의존적 형용사'(김창섭(1992)))인 것이 아니라, '접사'로서 기능한다고 봄이 타당하다고 하여 논의(고창수(1985, 1992), 시정곤(1993))된 것으로서, 이러한 관점을 따르면 '아니'는 접사와 통합된 요소이므로 '명사'라고 할 수밖에 없다.

  그러나 시정곤(1993)에서 제기된 위의 두 가지 문제가 '이다'를 '접사'로 볼 수밖에 없게 하는지는 다시금 생각해 볼 문제이다. 우선 첫 번째 문제

---

6) 실제로 시정곤(1993)의 논의 이전에도 '아니다'의 '아니'가 명사라는 주장이 없었던 것은 아니다. 그러나 이러한 대부분의 주장은 그 논의의 기반이 극히 취약했던 것으로 여겨지는데, 가령 '이다'를 서술격 조사로 보는 논자들의 경우는 '이다'는 반드시 선행어로서 '명사'와만 통합하므로 '이다'와 통합된 '아니다'의 '아니'가 명사일 수밖에 없다는 논리에 기반을 둔 것이었다. 그러나 이러한 논리는 분명히 잘못된 것이다. 즉 '아니다'에서의 '아니'는 '이다'라는 서술어를 부정 서술어로 만들기 위해서 '이다'와 통합한 것이 분명하기 때문이다. 따라서 '아니다' 자체만 놓고 볼 때 결과는 동일하다고 할지라도 과정은 분명히 다른 것이기 때문에, '아니다'에서의 '아니'가 '이다'와 통합되었으므로 '명사'라는 주장은 절대로 받아들일 수 없다. '아니'를 '명사'라고 보는 논자들은 다음과 같은 의심을 가질 수도 있다. 만일 '아니'를 부사로 본다면 어찌해서 다른 부사들은 부사와 서술어 사이에 다른 요소의 개입을 허용하는데 동일한 부사인 '아니'는 불가능한 것이냐는 질문이 그것인데, 사실상 이러한 질문은 얼마든지 가능하고 또 실제로 이러한 문제는 '아니'를 '명사'로 보려는 논의에 큰 뒷받침을 제공해 준 언어 현상이었다. 그런데 이러한 질문은 오히려 '안'이 후행 서술어와 하나의 서술 단위를 형성한다고 보는 우리의 관점을 한층 강화시켜 줄 것으로 보여 흥미롭다. 보다 자세한 것은 후술될 내용과 박정규(1995)를 참고하기 바란다.
7) 시정곤(1993)에는 이러한 이론 내적인 문제외에도 "왜 '-이(다)'는 구개음화의 환경이 되는가?"의 문제와 "왜 '-이(다)'는 음운론적인 환경에 의해 생략이 가능한가?"의 문제가 더 지적되어 있으나, 이 문제는 단순히 표면적인 언어 현상에 지나지 않는 것으로 생각되어 따로 언급하지 않았다.

에 대해 생각해 보자.

(7) 가. 영이가 학생이다.
    나. 영이가 학생의 아니다.
    다. 영이가 학생 아니다.
    라. 영이 학생 아니다.

위의 예를 보면 (7나)의 경우에는 '학생이'에서 보격 조사인 '-이'가 '학생'과 통합되어 외현적으로 실현되어 있음을 볼 수 있으나 대당 긍정문인 (7가)에서는 아무런 조사도 실현되어 있지 않은 '학생'만이 '이다'와 통합되어 있으므로, '이다'가 정상적인 용언이라면 긍정형을 부정형으로 바꾼다든지 또는 부정형을 긍정형으로 바꾸었다고 해도 이러한 현상이 나타나지 않아야 할 것이다. 그러나 언어 현상은 그렇지를 못하기 때문에, 이러한 논의만을 따른다면 일단은 '이다'가 선행 명사(구)에 아무런 격도 배당하지 못하는 것으로 보이므로 '접사'로서 기능한다고도 생각할 수 있을 듯하다. 그러나 (6나)의 경우 '학생이'에 격조사 '-이'가 통합되었다고 해서 이들이 반드시 '필수적'(obligatory)인 것인가의 문제, 즉 이 예에서 '-이'가 생략된 (7다)의 경우, 이 예가 반드시 비문법적인 것이 되어야 하는가의 문제는 다시금 생각할 필요성이 있는 것으로 보인다. 우리는 (7다)의 문장이 완전히 문법적이라고 생각하고 심지어는 주격 조사까지 생략된 (7라)도 완전히 문법적이라고 생각하는 것이다.

그러므로 우리는 여기서 "명사(구)가 격을 배당받는다고 해서 그 격표지가 반드시 외현적으로 실현되어야 하는가의 문제를 생각할 필요성을 느낀다. 다시 말하면 (7다, 라)의 경우 '영이'나 '학생'에 아무런 격표지도 없다고 하여 이들이 주어나 보어가 아니라고 단정할 확실한 근거가 있는가의 문제를 생각할 필요가 있다는 것이다. 우리가 보기에는 '영이'는 최소한 (7라)의 예문과 관련하여 목적격 조사인 '를'만 실현되지 않는다면 문장의 '주어'로 보는 데 아무런 무리가 없으며, (7다)와 관련해서는 동일하게 '학생'을 '보어'로 간주할 수 있다고 본다.

따라서 격표지의 실현 여부가 해당 명사의 격 배당 여부와 직접적인 관계에 있는 것이라고는 생각하기 어려움을 알 수 있으므로[8], (7가)와 같은 예의 경우는 '학생이다'에서의 '학생'이 격조사가 '내재적으로 실현'(즉 '명사 + Ø')되어 '외현적으로 드러나지 않았을 뿐'이며, (7나)의 경우는 '외현적으로 실현된 것'이라고 결론할 수 있기 때문에, '이다'가 선행 명사구에 격을 배당하지 못하므로 '접사'로 볼 수밖에 없다는 논의는 성립하기 어렵다고 하겠다.

이제 두 번째 문제점, 즉 '이다'는 선행 명사구와의 사이에 어떤 요소도 통합되지 못하므로 '접사'로 볼 수 있다는 논의에 대해 살펴 보자. 이러한 지적도 일단 기술상으로는 별다른 문제점이 없는 것으로 생각할 수 있겠다. 다음의 예에서 볼 수 있듯이 실제 언어 현상이 그렇기 때문이다.

　　　(8) 가. 영이가 학생이다
　　　　　 나. *영이가 학생도이다.
　　　　　 다. *영이가 학생잘이다.

위의 예를 보면 (8가)의 서술어 부분인 '학생이다'의 사이에 (8나)와 같이 보조사인 '도'가 통합된다거나 또는 (8다)와 같이 부사인 '잘'이 통합된

---

8) 여기서 "직접적인 관계에 있지 않다"는 것이 "격표지가 전혀 필요없다"는 뜻이 아님은 부언할 필요를 느끼지 않는다. 왜냐하면 우리는 다음과 같은 경우, 즉 "-___가 _를 먹었다"와 같이 격표지만 나타난 예를 보더라도 밑줄친 부분에 어떤 것들이 통합될 수 있는지를 짐작할 수 있기 때문이다.

다거나 하는 일은 불가능하므로, 최소한 '이다'가 선행 명사구와의 사이에 아무런 요소도 통합시키지 못한다는 지적은 현상적으로는 올바른 것이다. 그러나 그렇다고 이러한 현상이 곧 '이다'가 접사라는 주장을 뒷받침하는 적극적인 증거가 될 수 있는지 검토해 보자. 이를 검토하기 위해서는 '이다'에 부정사가 통합된 형태인 '아니다'의 문제를 먼저 생각해 보면 바람직한 결과를 얻을 수 있을 것으로 여겨진다.

   (9) 가. 영이가 학생이 아니다.
       나. *영이가 학생이 안도이다.
  (10) 가. 영이가 사과를 안 먹는다.
       나. *영이가 사과를 안도 먹는다.
  (11) 가. 영이가 안 예쁘다.
       나. *영이가 안도 예쁘다.

  위의 예는 '이다'에 부정사가 통합된 '아니다'가 통합체 내부에 어떤 요소도 통합시키지 못한다는 것을 검증하기 위한 것으로, 이러한 검증 방법은 (9나)에서처럼 비단 '이다'를 부정한 형식인 '아니다'뿐만 아니라 '동사'가 부정사와 통합된 형태인 '안 먹다'나((10나)), '형용사'가 부정사와 통합된 형태인 '안 예쁘다'의 경우에도((11나)) 그대로 적용될 수 있는 것으로 여겨지기 때문에, 적어도 서술어를 이루는 것으로 여겨지는 세 가지의 언어 형식은 부정의 방식 면에서 동일한 현상을 나타내고 있으므로, 부정사를 제외시킨다고 하더라도 모두 하나의 서술어 범주를 이룰 것임을 쉽게 짐작할 수 있다. 그러나 여기서 '이다'만을 접사의 범주로 간주하면, 어찌해서 동일한 언어 현상을 보이는 다른 범주는 접사가 될 수 없는가의 문제 및 전혀 이질적인 범주의 것이 어찌해서 일반적으로 '용언'의 부정 현상과 동일한 현상을 보일 수 있는가의 문제 등을 유발할 수 있으므로, 오히려 '이다'를 그냥 '계사'로 간주할 때 생길 수 있는 여러 가지 문제점보다 더 심각한 문제를 야기할 수도 있다고 할 수 있다.

결국 '아니'를 명사로 보려는 시정곤(1993)의 관점은 그 논의의 출발이 '이다'를 '접사'로 가정하였기 때문에 '아니'가 '명사'일 수밖에 없는 결과가 도출된 것으로, 만일 '이다'가 접사가 아니라는 것이 밝혀지면 논의의 기반이 성립하기 어렵다는 논리적인 취약점을 안고 있고 또 위에서 지적한 문제점 이외에도 만일 '아니다'에서의 '안'을 명사라고 하면 다른 용언인 동사나 형용사와 통합된 부정사 '안'은 왜 '명사'가 될 수 없는가 하는 문제점도 유발하는데, 우리가 보기에는 이러한 문제점이 쉽게 극복되기는 어려워 보이므로 경험적으로도 받아들일 수 없는 견해라고 할 것이다.

앞에서 '이다'의 범주 설정과 관련된 기존의 논의로서, 위에서 논의한 '접사說' 외에 '계사說'과 '용언 어간說' 및 '의존적 형용사說'이 있다고 하였는데 일단 '이다'가 접사일 가능성은 제외되었으므로, 이제 후자의 세 가지 가능성을 검토해 보자. 그런데 후자의 세 가지 관점은 세부적인 논의에서는 약간의 차이를 보이나, '이다'를 모두 '용언 어간'으로 보고 있다는 공통점을 지니고 있으므로 크게 보아 '계사설'로 간주하여도 무방하리라 여겨진다. 우리는 '이다'가 서술어의 기능을 한다고 보고 있으므로 '계사설'이 보다 타당하리라 생각하는 것이다. '이다'가 완전한 서술어가 아니라는 관점을 뒷받침하는 것으로 논의되는 것 중 "왜 '이다'는 음운론적 환경에 의해 생략이 가능한가?"라는 의문이 있었음은 앞에서 언급한 것이거니와, 이러한 의문이 의미하는 바는 만일 '이다'가 하나의 완전한 서술어라면 어찌 서술어의 어간인 '이-'가 그리 쉽게 생략이 될 수 있겠는가 하는 것이나, 다음과 같은 예는 오히려 이러한 의문이 '이다'를 계사로 볼 수 있다는 관점을 더욱 지지해 주는 것으로 보인다.

(12) 가. 영이가 바보다.

　　　나. 바보인 영이

　　　다. 영이가 바보임이 밝혀졌다.

(12가)를 보면, '이다'의 '이-'는 선행어 음운적 환경에 의해 생략이 가능함이 사실이나 (12나, 다)와 같은 관형 구성이나 내포 구성의 경우는 동일한 음운 환경인데도 '이다'의 '이-'가 생략이 가능한 것이 아닐 뿐만 아니라 오히려 생략하게 되면 거의 비문(가령 "*?바본 영이"나 "*?영이가 바봄이 밝혀졌다" 등)으로 인식될 정도로 필수적인 요소임을 알 수 있는데, 이러한 사실은 '이다'가 접사가 아닌 '서술어'로서 두 개의 명사구 논항을 이어 주는 '계사'의 기능을 수행하는 요소임을 강력하게 암시하는 것이다9).

한편 다음과 같은 예는 '이다'를 하나의 서술어로 볼 수 없게 하는 것으로 생각할 수도 있다.

(13) 가. 영이가 바보(이)다.

　　　나. 영이가 바보가 아니다.

---

9) '이다'를 '서술어'로 간주하는 우리의 논의와 관련하여, 영어학 사전(1990)에서는 '술어'를 '문법적 술어'(grammatical predicate), '논리적 술어'(logical predicate), '심리적 술어'(psychological predicate)로 구분하고 있어 많은 참고가 된다. 여기서 말하는 각각의 술어란, 가령 "John is honest"와 같은 문장을 예로 들면 'is'는 '문법적 술어'에 해당하고 'is honest'는 '논리적 술어'에 해당하며 'honest'는 '심리적 술어'에 해당한다는 것인데, 여기서 실지로 언어학과 관련된 '술어'의 개념은 '문법적 술어'일 것이며 나머지 둘은 어디까지나 '문법적 술어'를 보충해 주는 개념일 것임을 알 수 있다.

　이러한 구분을 국어의 경우에 적용해 보면, "영이가 학생이다"와 같은 '계사문'의 경우 '학생'이 '심리적 술어'에 해당하고 '학생이다' 전체는 '논리적 술어'에 해당할 것이며 '이다'가 '문법적 술어'에 해당할 것인바, 이러한 구분은 '계사'인 '이다'를 서술어로 간주하려는 우리의 관점을 언어 내적으로도 뒷받침하는 것으로 생각할 수 있겠다.

다. [?]영이가 바보<u>이지</u> 않다.

위의 예에서 '계사'가 서술어로 쓰인 문은, (13다)에서 보듯이 장형의 부
정문 형식을 허용하기가 어려운 것으로 보인다. 이러한 현상은 일반적으
로 다른 용언의 경우는 나타나지 않는 것으로서, 만일 '이다'가 다른 용언
과 동일하게 서술어로 기능할 수 있다면 어찌 이러한 현상이 '이다'에만
가능할 수 있겠는가 하는 의문을 유발하는 것이다. 이러한 지적도 현상의
지적 자체로서는 온당하다고 할 것이다. 그러나 (13다)의 예의 경우는 화
자에 따라 직관이 매우 유동적이어서 "절대 불가능하다" 정도의 비문은
아니라는 사실과 함께 '이다'가 통합한 명사가 '보통 명사'일 경우는 '이지
않다' 형식의 부정이 자연스럽다는 사실(가령 "이것은 책이지 않다" 등)이나
접미사 '-적'을 가진 경우의 '못' 부정은 '이지 못하다'로만 쓰일 수 있다는 사실
(가령 "그는 매사에 적극적이지 않다/못 하다" 등)은 '이지 아니하다'의 부정
형식이 '계사'에도 원리적으로 불가능한 것이 아님을 말해 주는 것이 될
것이다(임홍빈 편(1993)). 따라서 적어도 국어의 경우 서술어 범주에는 '동
사'나 '형용사'뿐만 아니라 '계사' 또한 포함되어야 할 것으로 결론할 수 있
겠다[10].

4. '안(아니)'의 접사적 성격

다시 논의의 방향은 '안(아니)'의 범주 설정과 관련하여 결국 '안'은 '부
사'일 것이라는 논의로 되돌아 왔는데, 앞에서 현상적으로는 '부사'임이 틀
림없는 '안'이 분포상의 제약을 보인다고 하였는바, 이제 이 문제에 대해

---

10) 따라서 이하의 논의에서는 '계사' 구문의 장형 부정형식이 그렇게 부자연스러운
   것같지는 않기 때문에 의문 부호인 '?'표시는 하지 않기로 한다.

생각해 보자.

일반적으로 하나의 문장을 구성하는 구성 성분으로 주어와 서술어 이외에도 목적어나 보어 등의 성분이 있음은 부언을 요하지 않는 사실이거니와 만일 부정 부사인 '안(아니)'이 일반적인 부사와 동등한 부사라고 한다면, 앞의 예(2, 3)에서도 살펴보았던 것처럼 부정사인 '안(아니)'은 문장 내에서의 위치가 반드시 서술어의 앞 위치에 고정되지 않아도 아무런 무리가 없어야 할 것이다. 그러나 문장 내에서의 위치가 다른 문장 성분들과 공기할 수 없을 뿐만 아니라 단지 서술어의 바로 앞 위치에 고정되어 있다고 하는 것은, 부정사의 성격이 온전한 의미에서의 부사가 아닌 것만은 틀림없다는 사실을 보여준다고 할 수밖에 없다. 이러한 우리의 생각은 다음과 같은 예에 의해 강화될 수 있는 것으로 여겨진다.

> (14) 가. 그 일은 절대적으로 불가능한 일이다.
>   나. *불그 일은 절대적으로 가능한 일이다.
>   다. *그 불일은 절대적으로 가능한 일이다.
>   라. *그 일은 불절대적으로 가능한 일이다.
>   마. *그 일은 절대적으로 가능한 불일이다.

위의 예를 보면 일반적으로 부정 접사라고 알려진 '불(不)'은 반드시 해당 명사와만 통합되어야 하며, 다른 문장 성분들과 통합될 경우 비문이 초래됨을 알 수 있으므로[11], 부정사인 '안(아니)'이 서술어와만 통합되어야

---

11) 그렇다고 하여 여기서의 우리의 논의가, 부정 접사가 명사어와 통합된 문장을 부정문이라고 하는 것이 아님에 주목할 필요가 있다. 일견하기에는 외견상 부정 접사가 명사어와 통합된 문장도 부정문이라고 하지 못할 이유가 없을 것 같으나, 부정 접사가 명사어와 통합된 문장은 부정 접사의 부정적 의미가 단지 해당 명사에만 영향을 미치게 되기 때문에 전체적으로 보면 긍정 서술어와 관련을 맺게 되므로 부정문이라고 할 수 없다. 우리는 국어에서의 부정문이란 어디까지나 "부정

한다는 사실은 일단 '안(아니)'의 형태 · 통사적 성격이 온전한 부사일 수만은 없다는 사실을 암시받기에 충분한 것으로 여겨진다.

우리는 이러한 분포상의 문제를 해결하기 위해서도 그렇고 또 의미적으로도 부정사 '안'은 후행 긍정 서술어와 통합하여 하나의 '부정 서술어'를 이루는 것으로 보이는 의미상의 문제를 해결하기 위해서도, '부정 부사'인 '안'을 부정 서술어를 산출시키는 일종의 '부정 접사'적 성격을 가졌다고 보는 것이 보다 타당하지 않을까 생각한다. 물론 일반적으로 '접사'라는 것은 형태론적인 개념으로서, 한 단어의 구조를 파악할 때 단독으로 사용되지 못하고 항상 종속적인 요소로 구분되는 형태소를 가리키는 용어이기는 하지만, 단순히 독립 가능성의 유무만을 놓고 본다고 하더라도 부정문의 서술어와 관련하여 '안'이 독립적으로 사용되기란 경험적으로도 불가능한 일이다. 이러한 사실은 다음의 예를 보면 확실하게 드러난다.

(15) 가. 영이가 사과를 먹었어?
　　나. 응, (영이가 사과를) 먹었어.
　　다. 아니, (영이가 사과를) 안 먹었어.
　　라. *아니, 안.
(16) 가. 영이가 사과를 안 먹었어?
　　나. 응, 안 먹었어(그랬어).
　　다. 아니, 먹었어(안 그랬어).

위의 예만 보더라도 부정 부사인 '안'이 홀로 쓰인 (15라)는 일반적으로 부적격한 것으로 받아들여지며, '안'이 후행 서술어와 함께 쓰인 (15다)는

───────────────

부사인 '안(아니)'이 서술어와 통합되고 서술어의 의미가 부정되어 그 부정 서술어의 의미가 전체 문장에 영향을 미치게 되는 문장"만을 부정문의 범주에 속할 수 있는 것으로 간주한다. 보다 자세한 것은 박정규(1995)를 참조하기 바란다.

아무런 문제도 없는 것으로 보아서도 부정사 '안'이 자립적인 요소가 아닌 것은 분명하다고 할 수 있다[12]. 또한 (16나, 다)를 보더라도 '안 먹다'가 '그렇다'로 대치될 수가 있어 하나의 서술 단위를 이루는 것이 확실한 이상, 비록 '안'이 단어를 이루는 데 쓰이는 '접사'의 개념과 동일하지는 않더라도, 최소한 '부정 서술어'를 이루기 위해서는 반드시 통합되어야 하는 필수적인 요소이므로 부정 서술어와 관련된 '접사적 성격의 것'으로 간주하는 것이 보다 타당한 것으로 생각된다.

이러한 우리의 생각은 서술어를 이룰 수 있는 여러 가지의 용언들과 부정사인 '안'과의 통합 관계를 검토해 보면 더욱 잘 드러난다. 다음을 보자.

(17) 가. 웃다 / 안 웃다
     나. 먹다 / 안 먹다
     다. 주다 / 안 주다
     라. 좋다 / 안 좋다
     마. 많다 / 안 많다
     바. 푸르다 / 안 푸르다
     사. 하얗다 / 안 하얗다
(18) 가. 낯설다 / 안 낯설다
     나. 감싸다 / 안 감싸다

---

12) 여기서 다음과 같은 의문이 제기될 수 있다. 즉 (15다)나 (15라)에서 '안'이 의존적인 것은 분명하나, 같은 예에서의 '아니'는 '안'과 동일 기원의 형태인 것이 분명하고 또 '부정'의 의미가 엄연하므로 '안'이 독립적이지 못한 것은 단순히 사용상의 문제에 지나지 않는다고 할 수도 있다는 것이다. 그러나 이러한 지적은 문제를 너무 피상적으로 관찰한 것으로 보이는바, 비록 지적 자체는 온당한 것이라고 할지라도, 위의 예와 관련하여 문두에 쓰인 '아니'는 (15나)의 예에 쓰인 '응'과 연관되는 요소일 뿐만 아니라 '응'과 상대를 이루는 개념으로 쓰인 '아니'의 경우는, 임홍빈 편(1993)에서도 지적되었듯이 "절대로 '안'으로 축약되어 쓰일 수 없다"는 분포상의 제약 때문에라도 '부사'가 아닌 '감탄사'로 처리함이 보다 타당할 것이다.

다. 일어서다 / 안 일어서다

라. 못나다 / 안 못나다

마. 검디검다 / ²안 검디검다

(19) 가. 갓나오다 / 안 갓나오다

나. 올되다 / 안 올되다

다. 덧나다 / 안 덧나다

라. 헛딛다 / 안 헛딛다

마. 빗맞다 / 안 빗맞다

바. 새빨갛다 / 안 새빨갛다

(20) 가. 속이다 / 안 속이다

나. 막히다 / 안 막히다

다. 우습다 / 안 우습다

라. 미덥다 / 안 미덥다

위의 예는 국어에서 서술어를 이룰 수 있는 것으로 여겨지는 것들이 부정사인 '안'과 어떻게 통합될 수 있는가를 알아보기 위한 것으로서, (17)의 예들은 단일 용언들과 부정사와의 통합 여부를 알아보기 위한 것이고, (18)의 예들은 복합 용언과의 통합 여부를 알아보기 위한 것이며, (19, 20)의 예들은 파생 용언들과의 통합 여부를 검증하기 위한 것이다. 그런데 위의 예를 보면 부정사인 '안'은 반드시 서술어와 직접 통합 관계를 맺을 수 있음을 알 수 있다13). 그러나 다음의 예를 보자.

---

13) 그러나 그렇다고 해서 위에서 거론한 예들과 동일한 유형의 예들이 모두 부정사와의 통합을 허용하는 것은 아닌 것으로 보인다(한편 위의 예와 관련해서도 약간의 개인차가 있을 수 있다). 가령 '없다'나 '알다'와 같은 예들은 아무래도 '²안 없다'나 '²안 알다'의 경우가 부자연스럽거나 거의 허용되지 않는 것으로 보이는 것이다. 이러한 예들의 존재는 장형 부정문 형식의 존재와 관련하여 커다란 암시를 제공해 주는 것으로 여겨져 흥미로운데, 이 문제에 대한 보다 자세한 내용에 대해서는 박정규(1995)를 참고하기 바란다.

(21) 가. 학생이다 / ^{???}안 학생이다 / 학생(이) 아니다
　　 나. 공부하다 / ^{??}안 공부하다 / 공부 안 하다
　　 다. 학생답다 / 안 학생답다 / [?]학생 안답다

　위의 예를 보면, (21다)의 '안 학생답다'의 경우를 제외하고는 (21가, 나)
의 '^{???}안 학생이다'나 '^{??}안 공부하다'는 매우 부자연스러움(또는 불가능함)을
알 수 있는데, 우리가 보기에 이러한 현상이 나타나게 된 가장 큰 이유는
아무래도 부정사인 '안'인 후행 서술어인 '학생이다'나 '공부하다'와 직접
통합하기 어려워서인 듯하다. 이러한 사실은 부정사가 후행 서술어의 명
사와 직접 통합하지 않고 '-이다'나 '하다'와 직접 통합 관계를 이루고 있
는 '학생(이) 아니다'나 '공부 안 하다'의 경우에는 아무런 문제점도 생기지
않는 것으로 보아서도 보다 확실하게 알 수 있는 것이다.
　이러한 일련의 사실은 기존의 논의에서 부정 부사인 것으로 여겨져 온
'안(아니)'이 온전한 의미에서의 부사가 아니라 후행 서술어의 어간과 통합
관계를 이루어 부정 서술어의 어간으로서 기능하게 하는 '부정 접사'인 것
이 아닌가 의심하게 하기에 충분한 것으로 여겨진다[14]. 이러한 우리의 생

---

14) 부정사인 '안(아니)'을 우리의 논의에서와 같이 접사로 처리하게 되면, 사전에서
　 는 가령 다음과 같은 설명이 가능할 것이다 : "안(아니): 접사, 용언의 바로 앞에
　 통합되어 해당 용언을 부정 서술어로 쓰이게 하는 부정 접사". 그런데 이렇게 본
　 다면 '안'은 접사 중에서도 '접두사'적 성격의 것에 속한다고 하겠는데, 이러한 우
　 리의 관점은 일반적으로 "접두사란 접미사와는 달리 해당 단어의 품사 범주를 바
　 꾸지 못하고 의미만을 한정하는 구실을 하는 것"으로 여겨지기 때문에, 부정문이
　 란 부정사가 서술어와 통합되긴 하나 대당 긍정문에서의 서술어의 품사 범주에는
　 하등의 영향을 미치지 않고 서술어의 의미 작용만을 바꾸는 것으로 파악하는 우
　 리의 입장을 더욱 지지해 준다고 할 것이다. 한편 우리의 논의와 동일한 맥락에
　 서 살펴본 것은 아니었겠으나, 단형 부정문에 나타나는 부정사가 통사적 단위가
　 아니라 '파생법'으로 처리되어야 한다는 논의로 노용균(1988)도 참고가 된다. 그러
　 나 그 논의에서의 의미적 기반은 매우 취약한 것이었다.

각은 다음과 같은 경우를 보면 보다 확실하게 드러난다. 다음의 예를 보자.

    (22) 가. 영이가 믿음직한 학생이다.
         나. 영이가 우리가 믿는 학생답다.
    (23) 가. *영이가 안 [믿음직한 학생] 이다.
         나. *영이가 안 [우리가 믿는 학생] 답다.
    (24) 가. [영이가 [[e 믿음직한] 학생] 이다]
         나. [영이가 [[우리가 e 믿는] 학생] 답다]

위의 예는 (21가, 다)의 '학생이다'와 '학생답다'에서 '이다'나 '답다'가 '학생'과 직접 통합된 것이 아니라 관형절을 내포문 보문으로 취하고 있는 문장에 통합된 형식으로 바꾸어 본 것인데((24가, 나)), 일견더라도 부정 사인 '안'은 '믿음직한 학생'이나 '우리가 믿는 학생답다'를 직접 부정할 방법이 없는 것으로 보인다. 이러한 일련의 현상도 만일 부정사인 '안'이 온전한 의미에서의 부사라고 한다면 설명하기가 매우 곤란할 것임을 어렵지 않게 짐작할 수 있다[15].

---

15) 이러한 일련의 언어 현상은 국어의 부정문 형식과 관련하여 매우 흥미로운 사실을 제공해 준다. 즉 (22)에서와 같은 문장 형식은 적어도 외견상으로라도 (23)과 같은 형식의 부정문의 생성이 근본적으로 불가능하다는 것이다. 그렇다면 이러한 형식의 긍정문은 부정문으로의 전환이 전혀 불가능한 것일까 하는 의문이 제기된다. 여기서 우리가 주목해야 할 것은 단지 단형 부정문의 생성만이 불가능하다는 것이다. 즉 장형 부정문으로의 전환은 얼마든지 가능성을 열어 놓고 있는 것이다. 이와 같은 사실은 두 가지 형식의 부정문과 관련하여 다음과 같은 추론을 가능하게 해 준다. 국어의 부정문에서 두 가지 부정 형식이 많은 경우에 모두 가능한 경우도 있는 것이 사실이긴 하나, "단형 부정문은 부정사인 '안'이 일반 부사와는 다른 성격을 가진 것이 사실이었으므로, 모든 서술어의 경우에 적용될 수 있는 다른 부정 형식이 필요해진 결과 나타나게 된 부정문의 형식이 바로 장형 부정문일 것이며, 이러한 장형 부정문은 단형에 비해 워낙 생산적이었기 때문에 국어에서 대표적인 부정 형식으로 자리잡았을 것"이라는 추론이 그것이다.

5. '아니다' 부정문의 구조

지금까지 우리는 부정사인 '안(아니)'를 부사로 처리하는 것보다는 접사로 처리하는 것이 보다 타당할 것임을 논의해 왔는데, 우리의 논의가 타당성을 확보할 수 있는 것이었다면, 적어도 '아니다'의 문제와 관련해서는 어느 정도 원리적인 설명이 가능해진다.

일반적으로 '아니다'의 문제와 관련한 기존의 논의로서, '아니'라는 부정사가 계사인 '이다'와 통합되어 있으므로 '아니'를 부사의 범주에 넣어 처리하는 방식과 '아니다'를 형용사로 처리하여 '아니'를 형용사의 어간으로 처리하는 방식이 있음은 이미 앞에서 지적한 바와 같다. 그런데 이러한 처리 방식은 서정목(1993/1994)에서도 지적하고 있듯이, 하나의 '아니'를 부사와 형용사라는 두 주요 범주에 나누어 넣는 셈이므로 결코 바람직한 기술이라고는 볼 수 없다. 하나의 요소를 두 범주에 나누어 넣는 것은 이른바 문법 기술의 잉여성에 속할 뿐만 아니라 국어에서 형용사가 서술어의 기능을 한다는 것은 아무런 문제가 없지만 부사가 서술어의 기능을 한다는 것은 생각하기 어렵기 때문이다. 따라서 서정목(1993/1994)에서는 국어

그런데 이러한 우리의 생각은 중세 국어의 자료를 통해서도 어느 정도 지지될 수 있는 것으로 보인다. 즉 중세 국어의 자료를 검토해 보면, 단형의 형식으로 나타나던 부정문이 장형의 형식으로 비뀐 경우를 볼 수 있는 것이다. 이러한 사실을 통해 강하게 암시를 받을 수 있는 것은 중세 국어 시기에도 장형의 부정 형식이 단형의 그것보다 훨씬 생산성이 강하였을 뿐만 아니라(김문웅(1991)), 두 가지 형식의 부정문이 애초에는 의미 차이를 드러내기 위해 사용된 것이 아닐 것이라는 것이다. 만일 두 가지 형식의 부정문이 의미 차이를 드러내기 위해 사용된 것이라면, 두 가지 형식의 부정문이 넘나드는 현상은 실지로 존재하기 어렵기 때문이다. 그러나 그렇다고 하여 우리의 이러한 지적이 두 가지 형식의 부정문이 어느 경우에서나 동일한 의미를 드러낸다고 하는 것은 아님에 주의할 필요가 있다. 일단 두 가지 형식의 부정문이 모두 존재할 수 있는 경우에는 각각의 문장 형식의 쓰임과 관련하여 어떤 식의 차이라도 드러날 수 있기 때문이다.

의 '아니다' 부정문의 통사 구조를 (25나)와 같이 설정하고 있다.

그렇다면 이럴 경우의 '아니'는 V 부가어(adjunct)로서 V에 첨가된 후 '이
-'와 통합하여 구를 이루는 것으로 파악된다. 그러나 이러한 동사 부사의
통사적 특징을 기술하기 위해서는 다음과 같은 규칙의 설정이 불가피해진
다. 즉 일반적으로 부가어란 V'에 통합되어 다시 V'를 만드는 V' 귀속어이
기 때문에 이와 유사한 규칙의 설정이 필수적인 것이다. 이러한 규칙은
다음과 같이 설정될 수 있다.

(25) 가. 철수가 학생이 아니다.
　　나.

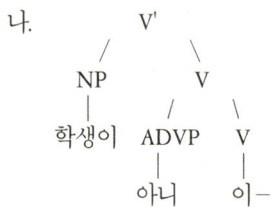

(26) 가.　X' → YP　X'
　　나.　X → YP　X

그러나 이와 같은 규칙의 설정은, 그 논의에서도 지적되고 있듯이 적어
도 언어 보편적인 것이 아니라는 데 그 문제점이 있다. 즉 이러한 규칙은
한국어에서 부정사를 통사 구조에 반영하기 위해 V 부사의 상정이 불가
피하여 설정된 것이라는 것이다. 따라서 서정목(1993/1994)에서 논의되고
있는 부정문의 통사 구조 설정은 기존의 논의보다 한 단계 앞선 것이기는
하지만 일단 국어 부정문의 통사 구조를 언어 특수적인 것으로 보게 할
우려가 있을 뿐만 아니라, 앞에서의 논의에서처럼 부정문의 의미 해석이
대당 긍정문의 의미 해석과 별반 차이가 없는 것임을 고려하면 아무래도
썩 바람직한 것으로 보이지는 않는다.

한편 부정문의 통사 구조를 어떻게 설정할 수 있을 것인가의 문제와 관련한 최근의 논의들 중에는 'NegP'를 설정하려는 논의들이 있어 주목된다 (윤종렬(1990), 유동석(1993) 등). 이러한 논의들은 변형 문법의 이론적 변화와 함께 최근의 '지배-결속 이론'(GB Theory)적 관점에서 'X-바 이론'의 확대로 말미암아 기능소들도 어휘소와 마찬가지로 그대로 하나의 최대 투영을 이루는 것으로 인식하면서 '기능 범주'(functional category)의 역할을 강조하게 된 데 연유한 것으로서, 이러한 관점의 변화는 부정문의 구조를 처리하는 방식에도 큰 변화를 초래하게 되었다. 그 중에서 무엇보다 두드러지게 달라진 점은 '부정사구'도 그대로 하나의 '최대 범주'(maximal category)를 형성하는 'NEGP'를 이루어 절 구조 내에서 AGRP와 TP 사이에 이미 위치하고 있는 것으로 간주한다는 점이다[16]. 이를 관련 구조만 간단

---

16) 'NEGP'의 설정에 대한 논의의 발단은 Pollock(1989)에서 찾아 볼 수 있는데, 그 논의에서는 부정어가 이루는 NEGP가 AGRP보다 상위의 계층을 이루고 있다. NEGP를 설정할 것인가의 문제는 이를 '매개 변항화'할 것이냐의 문제로 귀속된다고 할 수 있는 것으로서, '핵'어인 동사가 부정사를 건너서 움직일 수 있는지 그 여부를 알 수 있게 한다. 가령 다음의 예를 살펴 보자.

(1) 가. John does not like his teacher.
    나. [$_{IP}$ John [$_{I'}$ [do] + I not [$_{VP}$ likes his teacher]]]
(2) 가. *John not likes his teacher.
    나. *[$_{IP}$ John [$_{I'}$ t$_i$ not [$_{VP}$ like + [I]$_i$ his teacher]]]
(3) 가. *John likes not his teacher.
    나. *[$_{IP}$ John [$_{I'}$ [like]$_i$ + I not [$_{VP}$ t$_i$ his teacher]]]]

이들 예는 본동사가 있는 영어의 문장에서 부정소(NEG)의 존재로 인해 'DO-지지'(DO-support)가 적용되어야 함을 보여 주는 것이나, NEG는 (2)에서처럼 I가 V로 하강하든지 (3)에서와 같이 V가 I로 인상되든지에 관계없이 굴절 요소인 I로 하여금 동사에 부착되지 못하게 한다. 이 경우 (3)에서는 영어의 본동사는 어찌되었건 I로 인상될 수 없다는 사실에 의해서라도 설명될 수 있다고 하나, I가 V로 하강하는 (2)의 경우는 왜 배제되어야 하는지 명백하지가 않은 것이다.

이러한 관찰에 근거하여 Pollock(1989)는 형태론적인 관점에서도 'not'(적어도 축

히 그리면 (27)과 같이 나타낼 수 있다.

이러한 관점을 따르는 논의에 의하면, 단형 부정문은 V가 I로 이동할 때 나타나는 구문이며 이러한 이동이 없으면 장형의 부정문이 산출된다고 본다. 윤종렬(1990)에서 NEGP가 주어 일치소(AGRS) 교점(AGRSP)과 시제 교점(TP) 사이에 위치하는 하나의 기저 구조를 설정하고 그로부터 두 종류의 부정문을 V-AGR이 I에 인상됨으로써 생기는 변이형으로 설명하는 것이나, 유동석(1993)에서처럼 국어의 경우 매개변인으로써 NEGP가 TP를 선택한다고 하여, NEGP를 TP보다 상위의 교점으로 설정하여 설명하려는 것은 모두 이러한 경향을 반영한 논의인 것이다.

약되지 않은 형태로서는)은 '시제'(Tense)나 '주어 일치소'(AGRS)와는 달리 동사에 의존적이지 않은 독립된 범주일 뿐만 아니라, 통사론적인 면에서도 not를 I로부터 독립시킬 수 있는 강력한 증거가 된다고 보고, not이 I요소와 동사를 관련시키는 과정(즉 '접사-건너뛰기'(Affix-hopping)와 'I-하강'(I-lowering))을 저지시킬 수 있는 것은 not이 자신의 'X-바 투사'를 가지는 '핵(head) 범주'라는 것을 암시하는 것으로 설명하고 있다.

이러한 사실에 근거하여 Pollock(1989)는 문의 구조를 다음과 같이 상정한다. 이 문제에 대한 보다 자세한 내용은 Pollock(1989)의 논의를 참고하기 바란다. 한편 Chomsky(1992)에서는 기능 범주로서 부정사의 투영을 표시하고 있지 않아 좋은 대조를 이룬다.

(4)

```
                      IP
                    /    \
                SPEC      I'
                        /   \
                       I    NEGP
                           /    \
                       SPEC     NEG'
                               /    \
                             NEG    VP
                              |    /  \
                             not SPEC  V'
                                      / \
                                     V  .........
```

(27)

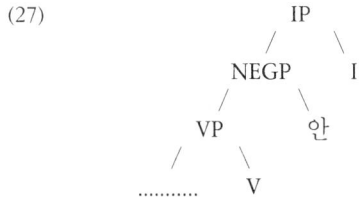

그런데 여기서 문제가 되는 것은 과연 'NEGP'의 본질이 무엇이냐는 것이다. 영어의 경우는 '이동'(movement)이라는 현상이 '可視的'(visible)이기도 하거니와 NEGP를 설정해서 영어에 나타나는 언어 현상을 그런대로 잘 설명할 수 있으면 "NEGP 하나 정도 설정했다고 해서 큰 문제가 생기지 않을 뿐더러 여러 가지 언어 현상을 더 잘 설명할 수 있다"고 할 수도 있을지 모르나, 적어도 우리 국어의 경우 영어의 언어 현상과 많은 차이가 있는 것이 사실이고 보면, 국어의 문장 구조에 어떤 하나의 교점을 설정하는 일이 그리 수월한 문제가 아님도 틀림없는 사실이다. 우리가 국어의 부정문에 NEGP를 설정할 필요가 있는가 하는 문제에 의심을 갖는 것은 다음과 같은 세 가지 이유에 기인한다.

우선 국어의 부정문에서 부정사로서 기능하는 '안(아니)'의 품사 범주가 과연 '부정사'(또는 否定素)일 수 있겠는가 하는 것이다. 이는 달리 말하면 '안(아니)'이 의미의 분류상 '부정사'의 범주에 속하는 것은 의심할 수 없는 사실이나 그렇다고 해서 '부정사'가 그대로 하나의 품사 범주에 속한다고 할 수는 없다는 말이다.

물론 통사 구조란 것이 일단 언어 현상을 반영하는 것이고 또 국어의 부정문의 경우 '안(아니)'이 외현상으로 드러나 있으므로 부정문의 통사 구조에 이를 반영하는 것은 당연하지 않느냐고 할 수도 있겠으나, 부정문이란 것이 '긍정문'과 比較(통사 구조상 공통점이 있으므로)되고 對照(의미상 상보적 반의 관계에 있으므로)되는 개념임을 생각하면, '부정사'란 어디까지나 '안(아니)'이라는 '부사'가 '부정'의 뜻을 가지고 있기 때문에 '부정사'라고 하는 것일 뿐이지, '부정사' 자체가 하나의 문법 기능을 하는 것은 아님을 확실하게 구분할 필요가 있는 것이다. 그러므로 국어의 부정문을 통사 구조로 나타내기 위해서는, '의미'에 의해 설정된 개념에 근거한 NEGP가 아니라 '안(아니)'이 속한 문법적 범주인 'ADVP'를 설정하는 것으로 충분할 것임을 알 수 있겠다[17].

NEGP의 설정과 관련된 또 다른 문제점으로는 NEGP가 항상 통사 구조상 기저 구조에 설정되어 있다는 점을 지적할 수 있을 것이다. 그러나 이렇게 되면 어떤 문장이든지 기저 구조에서는 항상 '부정문'이 생성되고 이 기저 구조에 '부정사'가 나타나지 않을 경우는 '긍정문'이 생성될 것인 바, 이러한 결과는 우리의 직관과도 어긋나는 매우 이상한 결과를 초래하는 것이다.

일반적으로 우리는 긍정문이 '무표적'(unmarked)인 문이고 부정문은 '부정사'가 통합되어 생성되는 '유표적'(marked)인 문으로 생각하는데, NEGP가 기저 구조에 설정될 경우는 무표적인 경우 부정문이 생성될 것이며 긍정문은 NEGP가 실현되지 않을 경우에 생성되는 유표적인 경우가 될 것이기 때문에, 우리의 직관과는 매우 다른 괴리 현상이 나타나는 것이다[18].

그러나 무엇보다 우리가 NEGP를 받아들이지 않는 가장 주된 이유는, 부정문이란 것이 부정문 자체만을 놓고 볼 때는 매우 특이한 존재인 것같

---

17) 물론 우리는 부정소의 처리와 관련해서 'AdvP'도 설정하지 않는다. 이는 어디까지나 기존의 논의들이 'NegP'를 설정하려고 하는 것보다는 차라리 'AdvP'를 설정하는 것이 보다 타당할 것이라는 사실을 지적한 것에 불과하다.

18) 이러한 사실은 김진우(1985)에서의 다음과 같은 지적에 의해서도 어느 정도 지지를 받을 수 있을 것이다. 즉 "어느 언어를 막론하고 긍정형이 기본형이며 여기에 부정 접사를 더해서 부정형을 만들지, 기본형을 부정형으로 삼고 여기에 '긍정 접사'를 붙여서 긍정형을 만드는 언어는 없다"는 것이다(이에 대한 자세한 예는 김진우(1985)를 보라).

이 느껴지지만, 앞에서 긍정문과 대비시켜 본 결과에 의하면, 부정사 '안 (아니)'이 통합된 서술어 부정문의 경우 긍정문과 차이가 있다면 문장의 서술 양식에 차이가 있을 뿐이지 의미 해석적 측면에서나 통사적인 측면 에서나 대당 긍정문과 별반 차이가 없는, 문의 가장 큰 '하위 구분 중의 하나'에 속하는 것으로 간주하기 때문에 통사 구조에 굳이 NEGP를 설정 할 필요를 못 느낀다는 것이다[19]. 그러므로 우리는 국어 부정문의 구조 설정과 관련하여 'NEGP'를 설정하지 않는다[20]. 따라서 지금까지의 우리의 논의에 의하면 (25가)는 (28)과 같은 통사 구조를 가지는 것으로 상정할 수 있을 것이다[21].

---

19) 실지로 우리는 모든 문은 가장 일차적으로 긍정문과 부정문으로 나뉘어진다고 믿는다. 이는 긍정문과 관련되어 여러 가지로 하위 구분될 수 있는 것들이 그대로 부정문의 경우에도 적용될 수 있기 때문이다. 실상 부정문의 구분과 관련된 기존 의 논의를 살펴 보면 어떤 일관된 기준에 의해 구분을 시도한 것은 찾아 보기 어 려운 형편이다.

20) 우리가 NEGP 설정과 관련하여 지적한 문제점 이외에도 Pollock(1989)의 논의를 좇아 국어의 부정사를 다룰 경우, 부딪치는 문제점으로 다음과 같은 이론 내적인 문제점도 지적될 수 있다. 즉 일반적으로 형태론적 요구에 의해 촉발되는 '핵-이 동'은 '부가'에 의해 상위 계층의 핵-요소의 앞쪽에 자리잡게 되지만 유독 '부정사 구'에서만은 이 방향성에 예외가 생긴다는 점('*V-아니/못' : '아니/못-V)이 그것이다 (김지홍(1992). 한편 우리의 논의와 동일한 맥락에서 살펴본 것은 아니겠으나, 한 학성(1993)에서도 국어의 문장 구조에 'NegP'를 설정할 필요가 없다고 논의하고 있어 주목된다.

21) 여기서 따로 논의하지는 않을 것이나, 우리가 보기에 이러한 구조의 설정은 모 든 부정문의 경우에도 그대로 적용될 수 있다고 본다. 앞에서도 논의했듯이 우리 는 부정사인 '안(아니)'을 접사적 성격의 것으로 간주하기 때문이다. 한편 우리의 이러한 통사 구조를 박정규(1995)에서는 다음과 같이 상정한 바 있다.

(1) 영이가 밥을 안 먹었다
(2)

이러한 구조의 설정은 앞에서 지적한 문제였던 '아니다'를 형용사로 처리하려는 관점의 문제를 해결해 준다. 즉 우리가 보기에 '아니다'는 일견하더라도 계사인 '이다'에 부정사인 '아니'가 통합되었을 것인데, 계사의 어간인 '이-'는 발음상 '아니'의 '-이-와 동일하여 화자들의 직관상 언뜻 떠오르지 않을 뿐만 아니라 경우에 따라서는 얼마든지 생략이 가능하였기 때문에 '아니다'의 통합체를 그대로 하나의 용언으로 기능하게 하는 형용사인 것으로 인식하지 않았을까 여겨지게 하는 것이다.

(28)

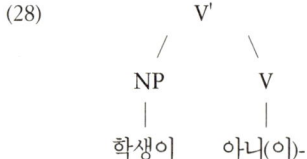

6. 맺음말

지금까지 우리는 두 가지 형식의 부정문 중 단형 부정문을 대상으로 하여, 단형 부정문과 통합되는 부정사 '안(아니)'이 온전한 의미에서의 '부사'라기보다는 접사적 성격을 가진 것임을 밝히는 데 논의를 집중해 왔다. 이러한 논의가 가능할 수 있음은 기존의 부정문 논의와 관련하여 다음과 같은 의문이 제기될 수 있었기 때문인데, 이를 간단히 정리하면 다음과 같다.

일반적으로 부정사 '안(아니)'은 품사 범주상 부사의 범주에 속하는 것으로 기술되고 있으나, 이렇게 본다면 부정사는 '부사어'가 되어 수의적인 요소로 처리될 수밖에 없다. 그러나 일견하더라도 부정문에서 부정사가 수의적인 요소라고 하면 이러한 논의가 어디까지 타당성을 가질 수 있을

지는 다시 생각할 문제일뿐더러 기존의 통사 구조와 관련된 대부분의 논의들이 부정문이 아닌 긍정문을 대상으로 하여 논의되어 온 것임을 감안하면, 부정문이라는 범주도 긍정문과 마찬가지로 동등한 통사 구조가 설정되어야 할 것임을 알 수 있는 것이다.

우리의 논의는 이러한 의문에서 비롯한 것으로서, 기존의 논의에서 아무런 의심없이 부사의 범주에 속하는 것으로 여겨져 온 부정사 '안(아니)'이 실제로는 온전한 의미에서의 부사가 아니라 후행하는 서술어와 직접 통합하여 하나의 서술어로 기능하게 하는 접사적 성격을 가졌음을 여러 가지 언어 현상을 바탕으로 논의하였다.

그러나 논의의 비약과 미숙함으로 말미암아 우리의 논의와 관련하여 많은 문제가 제기될 수밖에 없는 것은 또 다른 문제점으로 남는다.

[참고문헌]

고영근(1992), "형태소란 도대체 무엇인가?", 남사 이관수 박사 환력기념 논총.

고창수(1985), "어간 형성 접미사의 설정에 대하여", 한국어학연구 7.

_____(1992), "국어의 통사적 어형성", 국어학 22.

김광해(1983), "계사론", 난대 이응백 박사 회갑기념 논문집, 보진재.

_____(1993), 국어 어휘론 개설, 집문당.

김문웅(1991), "옛 부정법의 형태에 대하여", 들메 서재극 박사 환갑기념 논총, 계명대 출판부.

김지홍(1992), 국어 부사형어미 구문과 논항구조에 대한 연구, 박사학위 논문(서강대).

김진우(1985), 언어 - 그 이론과 응용 -, 탑출판사.

노용균(1988), "Negative Morphemes in Korean : Evidence for a Derivational Treatment", in *Proceedings of 6th International Conference of Korean Linguistics*.

박정규(1996), 국어 부정문의 의미와 통사 연구, 박사학위 논문(서강대).

박진호(1994), "통사적 결합 관계와 논항 구조", 국어연구 123.

송철의(1992), 국어의 파생어 연구, 국어학 총서18, 태학사.

서정목(1993), "한국어의 구절 구조와 엑스-바 이론", 언어 18-2.

_____(1994), 국어 통사 구조 연구 I , 서강대학교 출판부.

시정곤(1993), 국어의 단어 형성 원리, 박사학위 논문(고려대).

안병희(1959), "中期語의 否定語 '아니'에 對하여", 국어국문학 20.

엄정호(1989), "소위 지정사 구문의 통사 구조", 국어학 18.

영어학 사전(1990), 신아사.

유동석(1993), 국어의 매개변인 문법, 박사학위 논문(서울대).

윤종렬(1990), *Korean Syntax and Generalized X-bar Theory*, 박사학위 논문(The University of Texas).

임홍빈(1987), "국어 부정문의 통사와 의미", 국어생활 10.

_____(1989), "통사적 파생에 대하여", 어학연구 25-1.

_____(1993), 뉘앙스 풀이를 겸한 우리말 사전(編著), 아카데미 하우스.

전상범(1995), 형태론, 한신문화사.

채현식(1994), "국어의 어휘부 등재소에 관한 연구", 국어연구120.

최기용(1993), "한국어 장형 부정문의 구조", 생성문법 연구 3-1.

한학성(1993), "한국어의 AgrP와 NegP", 언어 18-2.

Chomsky, N.(1981), *Lectures on Government and Binding*, Foris Publications.

_____(1992), "A Minimalist Program for Linguistic Theory", MIT Working Paper.

Pollock, J.(1989), "Verb Movement, Universal Grammar and the Structure of IP", *Linguistic Inquiry* 20-3.

Radford, A.(1988), *Transformational Grammar*: A First Course, Cambridge University Press. (서정목·이광호·임홍빈 역(1990), 변형문법 -그 만남의 첫 강좌-, 을유 문화사).

Spencer, A.(1991), *Morphological Theory*, Basil Blackwell. (전상범·김영석·김진형 역(1994), 형태론, 한신문화사).

〈국제어문 제17집(국제어문학연구회, 1996)〉

Ⅳ. 두 가지 언어 형식 존재의 문법적 의의

1. 머리말

하나의 문법 범주를 나타내기 위한 두 가지의 언어 형식이 국어에 존재한다는 것은 언어 현상적인 면에서 볼 때 매우 특이한 경우라고 할 수 있기 때문에[1], 그 동안 학계에서는 이러한 사실과 관련하여 여러 가지 문제가 제기되어 왔다.

이러한 문제들 중 몇 가지를 예로 들면, 가령 두 가지의 언어 형식 중에서 어느 형식의 것이 기본적인 형식인가 하는 문제 및 두 가지의 언어 형식은 같은 의미를 지니는가 그렇지 않으면 다른 의미를 지니는가 하는

---

1) 여기서 말하는 문법 범주란 '사동'과 '피동' 및 '부정'의 문법 범주를 가리키는데 (그런데 '피동'의 범주는 본고에시의 논의가 그대로 적용될 수 있는지 그렇시 않은지의 여부를 아직 확신할 수가 없기 때문에 일단 논의의 대상에서 제외하기로 하나, 우리가 보기에 유독 '피동'의 범주만이 예외일 것으로는 보이지 않는다. 이는 논의를 달리하여 살펴보고자 한다), 각각의 문법 범주에 대해 두 가지의 언어 형식이 국어에 존재한다는 사실은 여러모로 우리들에게 시사하는 바가 크다고 할 것이다. 가령 이러한 사실은 문법 범주라는 것이 각 언어마다 어느 정도는 유사해 보일지 몰라도 세부적인 언어 운용의 방법에 있어서는 전혀 다를 수 있다는 것을 말해 주는 것으로 이해할 수 있을 것이기 때문에, 국어의 제반 현상을 다룰 때는 항상 국어의 특성을 고려하는 연구 태도가 우선되어야 할 것임을 알 수 있겠다.

문제 등을 거론할 수 있을 것으로 보인다2).

그러나 우리가 보기에 정작 이러한 의문에 앞서 국어에서 두 가지 언어 형식의 존재와 관련하여 무엇보다 우선적으로 문제가 제기되고 해결책이 모색되었어야 할 문제, 즉 두 가지의 언어 형식이 존재하는 근본적인 이유는 무엇이며, 각각의 문법 범주에 대해 두 가지 언어 형식이 존재하는 것은 동일한 기제(mechanism)에 의한 것인가 아니면 전혀 다른 기제에 의한 것인가 하는 문제에 대해서는 본격적인 논의가 없는 실정인 것으로 보인다.

그런데 사실상 이는 논의의 본말이 전도되었다고도 할 수 있는 것으로서, 각각의 문법 범주에 대한 논의가 본격적인 궤도를 찾기 위해서는 앞에서 제기되었던 여러 가지 현상에 대한 탐구도 중요할 것이지만, 이보다 앞서 일단 왜 두 가지의 언어 형식이 존재하며 이들을 지배하는 공통된 기제는 무엇인가에 대한 면밀한 검토가 우선되어야 한다고 할 수 있겠다.

따라서 여기서 우리는 두 가지 언어 형식이 존재하는 대표적인 경우인 사동문과 부정문을 대상으로 하여 위에서 제기된 두 문제 중 첫 번째 문제에 대해 집중적으로 검토할 것인데, 논의의 편의상 우선 사동문의 경우, 왜 두 가지 사동 형식을 지니게 되었는가에 대해 먼저 알아보고 난 다음, 부정문의 경우도 사동문의 경우와 사정이 별반 다르지 않다는 것을 살펴봄으로써, 국어에서 어떤 문법 범주에 대해 두 가지의 언어 형식이 존재하는 근본적인 이유는 '어휘적 방식'에 의해 생성되는 단형의 형식이 제약되기 때문이라는 일반화가 가능할 것임을 살펴보려 한다.

---

2) 이럴 경우 각각의 두 가지 형식은, 문장의 길이에 따라 '단형'(short form)과 '장형'(long form)이라고 명명하는 것이 보통이어서, 사동문의 경우에는 각각 '단형 사동문'과 '장형 사동문'이라 하여 구별할 수 있겠고, 부정문의 경우에는 '단형 부정문'과 '장형 부정문'이라 하여 구별할 수 있을 것이다.

2. 사동문의 경우

일반적으로 사동이란[3] '태'(voice)의 하나로 알려진 문법 범주에 속하는 것으로서, 이러한 사동의 의미 관련을 나타내는 문장을 '사동문'(causative sentence)이라 함은 부언할 필요를 느끼지 않으나, 국어에서 전형적인 사동문은 사동 접미사가 통합하여 산출되는 사동사에 의해 생성되는 것으로 인식되어 왔다(이익섭·임홍빈(1983)). 가령 다음을 보자.

> (1) 가. 철수가 밥을 먹었다.
>   나. 철수가 동생에게 밥을 먹였다.

위의 예를 보면, (1가)에서는 행동주인 '철수'가 직접 어떤 행동을 하는 반면, (1나)를 보면 행동주인 '철수'가 다른 인물인 '동생'을 하여금 '밥을 먹는 행위'를 하게 함을 알 수 있는데, 이처럼 행동주, 즉 '사동주'(causer)가 다른 인물, 즉 '피사동주'(causee)로 하여금 어떤 일을 하게 하는, 즉 '피사동 사건'(caused event)을 일으키는 의미적 관계가 문장 구조에 나타나는 문장을 '사동문'이라고 하며, 이 사동문과 짝을 이루는 것처럼 보이는 (1가)와 같은 문장을 '주동문'[4]이라고 한다.

이럴 경우 (1나)의 예가 사동문으로 쓰일 수 있는 이유는 전적으로 대당 주동문의 서술어로 기능하고 있는 '먹다'에 사동 접미사 '-이-'가 통합되었기 때문인데, 이러한 사실로부터도 국어에서 사동문을 생성하는 데는 사동 접미사의 기능이 중요한 역할을 한다는 것을 알 수 있다. 사동문을

---

3) 논자에 따라서는 '사동'이란 용어 대신에 '사역'이란 표현을 쓰기도 하나, 여기서는 일반적으로 사용되는 용어인 '사동'이란 용어를 쓰기로 한다.

4) 그러나 사실상 '주동문'이라는 용어는 학교문법적 술어로서, 별로 잘 쓰이는 용어는 아니다.

산출하기 위한 사동 접미사의 목록과 예는 대략 다음과 같다.

> (2) 가. -이- : 보다 - 보이다, 쓰다 - 쓰이다
>   나. -히- : 잡다 - 잡히다, 눕다 - 눕히다
>   다. -리- : 빨다 - 빨리다, 놀다 - 놀리다
>   라. -기- : 벗다 - 벗기다, 숨다 - 숨기다
>   마. -우- : 서다 - 세우다, 자다 - 재우다
>   바. -구- : 돋다 - 돋구다, 일다 - 일구다
>   사. -추 : 맞다 - 맞추다, 갖다 - 갖추다

여기서 위의 사동사가 서술어로 기능하는 문장들을 일일이 열거할 필요성까지 느끼지는 않지만, 일단 위의 경우만을 놓고 본다고 하더라도 우리가 확실하게 알 수 있는 것은, 각각의 사동 접미사는 동사를 '어기'(base)로 하여 타동사를 산출하는 형태적 절차라는 사실과 국어에서 사동 접미사에 의한 사동사의 생성은 비교적 생산적인 형태론적 과정이라는 사실을 알 수 있다[5]. 이를 다음과 같이 나타낼 수 있겠다.

> (3) 동사 + {-이-, -히-, -리-, -기-, -우-, -구-, -추} → 타동사

---

5) 사동문의 생성에 사동 접미사가 중요한 역할을 하는 것은, 비록 목록에서 약간의 차이를 보이긴 하지만, 중세 국어 시기에도 마찬가지였는데, 현대 국어와 비교해 본다면 생산성 면에서는 그 비중이 오히려 더 컸다고 할 수 있다. 다음에 몇 예를 들어 본다.

    가. 請ᄒ야 宮中에 드르샤 比丘란 노피 안치시고 (월석 8 : 90 - 91)
    나. 四海ᄅᆞᆯ 년글 주리여 ᄀᆞᄅᆞ매 비 업거늘 얼우시고 ᄯᅩ 노기시니 (용가 20)
    다. ᄂᆞ민 주규려커늘 天地之量이실씨 다시 사ᄅᆞ샤 爵祿ᄋᆞᆯ 주시니 (용가 77)
    라. 城 밧긔 닐굽 뎔 일어 즁 살이시고 (월석 : 2 : 77)
    마. 임정사에 가샤 성인 뵈ᅀᆞᆸ시ᄂᆞᆯ ᄀᆞ장 깃거 믈을 길이시니 (월석 8 : 84)

그런데 사동 접미사가 동사의 어기와 통합될 수 있다는 사실은 어찌보면 당연한 일일지도 모른다. 사동문이란 앞에서도 언급했지만, 사동주가 피사동주로 하여금 어떤 일을 하게 하는 사동의 의미 관계가 드러나는 문장이라고 할 때, 피동주로 하여금 어떤 일을 하게 하려면 사동 접미사가 통합되기 이전의 형태도 '동작'을 할 수 있어야 할 것임은 당연한 일이기 때문이다.

그러나 과연 그럴 것인가? 여기서 우리는 사동사의 산출과 관련하여 중요한 사실을 간파할 수 있다. 그것은 사동이란 것이 반드시 '동작' 내지 '행위'에만 관련되는 것은 아니라는 사실이다. 논의의 편의상 (1나)의 예를 다시 가져와 살펴보자.

(4) 철수가 동생에게 밥을 먹였다.

위의 예는 '먹이다'라는 동사에만 주목해서 본다면, 물론 행위에 초점이 맞추어져 있다고 할 수 있는데, 이러한 사실은 다음과 같은 예를 통해 보면 잘 알 수 있다.

(5) 철수가 동생에게 밥을 먹이고 있다.

그러나 (4)의 예는 행위뿐만 아니라 '철수'가 '동생'에게 '밥을 먹인' 결과 그 '밥'에 어떤 변화가 일어난 '상태'까지도 아울러 수반하고 있음을 알수 있다. (4)의 예에 상태의 의미가 수반된다는 사실은 해당 예에 부가어를 통합시킨 다음의 예가 아무런 문제도 없다는 사실에서도 잘 드러난다.

(6) 그 그릇에는 지금 밥이 없는 상태인데, 이는 철수가 동생에게 밥을 먹였기 때문이다.

만일 사동사가 동작 내지 행위와만 관련되는 것이라면, 위의 예는 (5)의 예에 동일한 부가어가 통합된 다음의 예처럼 부적격문이 되어야 할 것인데, 전혀 그렇지 않은 것으로 보아 사동사가 상태와도 관련을 맺는 것임을 알 수 있다.

(7) *그 그릇에는 지금 밥이 없는 상태인데, 이는 철수가 동생에게 밥을 먹이고 있기 때문이다.

따라서 우리가 사동이란 단어에만 얽매인다면, 사동 접미사가 통합될 수 있는 단어의 목록은 동사에 국한될 뿐만 아니라 '동작' 내지 '행위'와만 관련되는 것처럼 느껴지나, 사실상 사동이란 것이 '상태'의 변화 또한 수반하는 것이기 때문에 형용사 또한 사동 접미사와 통합될 수 있음을 알 수 있는 것이다. 다음을 보자.

(8) 가. 김선생은 담을 높였다.
나. 노인이 길을 넓혔다.

위의 예가 사동문인 것은 각각의 예에서 서술어로 기능하고 있는 '높이다'와 '넓히다'에서 사동 접미사 '-이-'와 '-히-'를 제거할 경우, 다음에서 볼 수 있는 것처럼 다시 한 자리 서술어인 '높다'와 '넓다'로 환원된다는 사실로부터 확실하게 알 수 있다.

(9) 가. 담이 높다.
나. 길이 넓다.

따라서 지금까지의 예로 미루어 본다고 하더라도, 국어에서 사동 접미사가 통합하여 사동사로 기능할 수 있는 것은 동사 이외에 형용사, 즉 용언은 상당수가 가능함을 알 수 있을 뿐만 아니라[6], 일단 사동주와 피사동주 그리고 피사동 사건의 세 가지 요소가 갖추어지면 사동문으로 처리하는 것이 온당함을 알 수 있겠다[7].

그러나 여기서 다음과 같은 의문이 제기될 수 있다. 즉 사동 접미사에 의한 사동사의 산출이 어디까지 가능할 것인가의 문제가 제기될 수 있다는 것이다. 이는 달리 말하면, 모든 용언이 사동 접미사의 통합에 의해 사동사로 파생될 수는 없을 것이기 때문에, 그렇다고 사동사로 파생될 수 없는 용언은 근본적으로 사동의 의미 관계를 나타낼 수 없는가하는 의문이 제기될 수 있다는 것이다. 가령 다음을 보면 동사라고 하여 모두 사동사로 파생될 수는 없음을 알 수 있다.

---

6) 국어에서 사동사 생성과 관련하여 사동 접미사가 형용사와 통합한 것을 사동사의 범주에 속하는 것으로 볼 수 없다고 하는 논의가 있어 주목된다(임홍빈·장소원(1995)). 그 논의에서는 "형용사 어간에 '사동 접사'가 연결되어 타동사가 되는 것도 사동사 형성인가?" 하는 의문을 제기하면서 '이는 사동 구성에서 제외시키는 것이 온당할 것'이라고 보고 있는 것이다. 그러나 우리는 이러한 처리 방식을 받아들이지 않는다. 이는 사동사 또한 크게 보면 타동사의 범주에 속하게 되어 결국 '동어 반복의 오류'를 범하고 있는 것으로 여겨질 뿐만 아니라, 이미 언급한 것처럼 사동사란 것이 행위뿐만 아니라 상태의 의미 또한 가지고 있기 때문에, 형용사도 얼마든지 사동 접미사의 통합에 의해 사동사로 파생될 수 있다고 보는 것이 온당한 처리 방식이기 때문이다.

7) 그렇다고 하여 모든 사동문에 사동주, 피사동주, 그리고 피사동 사건의 세 가지 요소가 반드시 나타난다고 할 수는 없겠으나, 이러한 우리의 관점은 '피사동주'가 실제 문장에서 나타날 때 '-에게'로 실현되거나 또는 '-를'로 실현되거나 관계없이 모두 사동문의 범주에 속하는 것으로 처리할 수 있다는 장점이 있다. 사동문이란 것이 물론 사동주의 사동 행위도 중요하겠지만, 그 사동주의 사동 행위를 반영하는 피사동주 또한 중요한 역할을 하는 것으로 봄이 타당할 것이기 때문이다. 따라서 이럴 경우 피사동주의 격실현이 '-에게'가 되었건 '-를'이 되었건, 그것이 사동문의 범주 설정에 별반 영향을 미치지 않음은 당연한 일이라 할 것이다.

(10) 가. 영이가 왔다.

　　나. *내가 영이를 <u>오이었다.</u>

(11) 가. 학생들이 종이 인형을 만들었다.

　　나. *내가 학생들로 하여금 종이 인형을 <u>만들이었다.</u>

　따라서 위의 예만 본다고 하더라도 사동의 의미 관계를 나타낼 경우 사동 접미사에 의해 새로운 사동사를 만드는 것은 근본적으로 한계를 지니고 있음을 알 수 있는데, 이러한 문제는 복합 용언의 경우를 생각해 보면 더욱 심각해짐을 알 수 있다. 다음의 경우를 보자.

(12) 가. 겉늙다, 낯설다, 귀먹다, 앞세우다

　　나. 감싸다, 굶주리다, 날뛰다, 빼앗다

　　다. 뛰어나다, 알아보다, 잡아먹다, 일어서다

　　라. 못나다, 잘나다, 수이보다

　　마. 검디검다, 크디크다, 쓰디쓰다, 맑디맑다

(13) 가. 정답다, 꽃답다, 사내답다

　　나. 향기롭다, 이롭다, 해롭다

　　다. 시원스럽다, 자랑스럽다, 부담스럽다

　　라. 값지다, 멋지다, 얼룩지다

　　마. 깨끗하다, 고요하다, 화려하다, 반듯하다

　　바. 미덥다, 그립다, 놀랍다

　위의 예는 사동사의 생성이 어디까지 가능할 수 있는가를 알아보기 위한 것인데, 이 중 (12)의 예는 합성 용언에 해당되는 것이며, (13)의 예는 파생 용언에 해당되는 것으로서, 이들 각각의 예는 모두 사동의 의미 관계가 상정될 수 있으나 근본적으로 사동 접미사에 의해 사동사가 만들어질 수는 없음을 알 수 있다[8].

우리는 이럴 경우 사동의 의미 관계를 나타내기 위해 새로운 사동 구문이 있어야 할 필요를 느끼게 된다. 즉 어휘적 방식에 의해 사동문이 산출될 수 없다고 하면, 앞에서 논의한 대로 모든 용언에는 사동의 의미 관계가 상정될 수 있기 때문에, 이들 모두에게 적용될 수 있는 다른 방식의 사동문 생성이 필요함을 느끼게 된다는 것이다. 이러한 경우에 적용될 수 있는 새로운 사동문 생성 방식이란 더 이상 어휘적 방식이 적용되는 것이 아니라 어떤 용언이건 간에 모두 사동 의미 관계를 표출할 수 있도록 하게 하는 '통사적 방식'을 적용하는 것이다. 이른바 '-게 하다' 구문의 적용이 그것이다. 이 방식이 얼마나 생산적인지는 앞에서 사동사 형성이 불가능했던 예들뿐만 아니라 사동사의 파생이 가능했던 예들을 대상으로 사동의 의미 관계가 드러날 수 있도록 몇 예를 바꾸어 보면 확실하게 드러난다[9].

---

8) 이는 달리 말하면 사동 접미사에 의한 사동사의 생성 규칙이 적어도 현대 국어에서는 더 이상 '생산성'(productivity)과는 관련이 없는 '죽은 규칙'이기 때문에 그렇다고도 할 수 있겠다. 아무리 모국어 화자라도 어떤 문장에 처음 접하는 용언이 들어 있는 경우라면, 해당 문장을 사동문으로 바꾸려고 할 경우, 그 화자는 그 용언에 어떤 사동 접미사를 통합시켜 단형 사동문을 만들 수 있겠는가 하는 문제로 고민하지는 않을 것이기 때문이다. '생산성'에 대한 자세한 설명으로는 전상범(1995)를 참고하기 바란다.

9) 여기서 다음과 같은 의문이 제기될 수 있다. 즉 어휘적 방식이 아닌 통사적 방식에 의해 산출된 것도 사동문의 범주에 속한냐고 하면 '-세 하다' 이외에 '-게 만들다'나 '-도록 하다' 또는 '-도록 만들다' 역시 사동문으로 처리하는 것이 온당하지 않겠느냐는 의문이 제기될 수 있다는 것이다. 이러한 의문과 관련하여 우리는 이들 구문 역시 사동문으로 처리하는 것이 타당하다고 생각한다. 따라서 여기서 '-게 하다'만을 내세운 것은 어디까지나 잠정적인 처리에 불과하다. 한편 '-게 하다'에 의해 사동문을 산출하는 것을 통사적 방식이라고 함은, '-게 하다'에 의한 사동문 생성은 근본적으로 사동 접미사가 통합되어 새로운 사동사를 산출하는 방식이 아닐 뿐 아니라 '-게 하다'에 의해 산출된 사동문은 '동사구 보문'이 내포된 '복문'으로 처리하는 것이 온당한 것으로 여겨지기 때문이다. 복문으로 처리한다고 하는 것은 서술어가 두 개라는 말과 통하는 것으로서, "철수가 동생에게 밥을 먹게

(14) 가. 보이다 - 보게 하다

　　나. 잡히다 - 잡게 하다

　　다. 빨리다 - 빨게 하다

　　라. 벗기다 - 벗게 하다

　　마. 세우다 - 서게 하다

　　바. 돋구다 - 돋게 하다

　　사. 맞추다 - 맞게 하다

(15) 가. 겉늙다 - 겉늙게 하다

　　나. 감싸다 - 감싸게 하다

　　다. 뛰어나다 - 뛰어나게 하다

　　라. 못나다 - 못나게 하다

　　마. 검디검다 - 검디검게 하다

(16) 가. 정답다 - 정답게 하다

　　나. 향기롭다 - 향기롭게 하다

　　다. 시원스럽다 - 시원스럽게 하다

　　라. 값지다 - 값지게 하다

　　마. 깨끗하다 - 깨끗하게 하다

　　바. 미덥다 - 미덥게 하다

　　위의 예 중에서 (14)의 예는 사동 접미사에 의한 사동사의 파생이 가능
함에도 통사적 방식 또한 적용될 수 있음을 보인 것이며,[10] (15), (16)의

안 했다'나 "철수가 동생에게 밥을 안 먹게 했다"에서 볼 수 있는 것처럼, 장형 사
동문의 각각의 서술어가 모두 부정될 수 있기 때문에 장형의 사동문을 복문으로
처리하는 기존의 논의가 별다른 문제를 일으킬 것 같지는 않아 보인다.

10) 국어에서 두 가지 사동 형식이 존재할 수 있는 것은 바로 이런 경우에 기인하는
데, 이럴 경우 당연히 제기될 수 있는 의문은 과연 두 가지 사동 형식의 의미가
동일한가 아니면 서로 다른 것인가 하는 것이다. 만일 두 형식의 사동문의 의미
가 완전히 동일하다고 하면, 이는 언어 경제적인 면에서 보아도 낭비임에 틀림없
는 것이기 때문에, 하나의 범주에 굳이 두 가지 형식이 있는 까닭은 무언가 다른
의미를 전달하기 위한 문법적 장치를 마련하기 위한 것이 아니었겠느냐는 의문은

예는 사동 접미사에 의한 사동사의 파생은 불가능한 것을 통사적 방식이 적용될 수 있음을 보인 것인데, 이 정도의 예만 놓고 본다고 하더라도 적어도 국어에서 사동의 의미 관계를 드러내지 못할 문장은 없음을 알 수 있겠다.

국어에서 '-게 하다'에 의해 사동문을 산출하는 것이 얼마나 생산적인지는 다음의 예에서 볼 수 있는 것처럼, '이중 사동문'의 산출이 '-게 하다' 형식에 의해 얼마든지 가능하다는 사실에 의해서도 잘 드러난다[11]. 이중 사동문은 어휘적 방식에 의해서는 도저히 표현될 수 없는 불가능한 구문이 될 것이기 때문이다.

(17) 가. *어머니가 나로 하여금 동생에게 밥을 먹<u>이이</u>셨다.
　　　나. 어머니가 나로 하여금 동생에게 밥을 먹이게 하셨다.
　　　다. 어머니가 나로 하여금 동생에게 밥을 먹게 하게 하셨다.

응당 설득력이 있을 수밖에 없다. 그리하여 이 문제와 관련한 대부분의 기존 논의에서는 단형 형식의 사동문은 주어의 '직접 행위'와 '간접 행위'가 모두 가능한 의미를 지니고, 장형 사동문에서는 '간접 행위'만이 가능하다고 하여 구별하고 있음을 볼 수 있는데, 적어도 현상 자체에 대한 설명과 관련하여 이러한 식의 논의는 일견하기에는 대체로 무난한 듯 보인다.

그러나 여기서 확실하게 언급하고 싶은 것은 애초부터 두 가지 의미를 나타내기 위해 단형 사동분이 존재하고 하나의 의미만을 나타내기 위해 징형 사동문이 존재하는 것은 아니라는 사실이다. 만일 의미 해석의 차이를 나타내기 위해 두 가지 사동 형식이 존재한다고 보는 관점이 있다면, 그러한 관점은 어떤 용언은 두 가지 의미 해석을 가져야 하고 어떤 용언은 하나의 의미 해석만을 가져야 한다는 식의 모순적인 논의를 계속 할 수밖에 없을뿐더러, 이미 논의되었다시피 장형의 사동문은 단형 사동문의 대체 형식이 확실하기 때문에 더 이상 논의할 근거가 없다고 할 수 있다.

11) 여기서 따로 언급하지는 않겠지만, 이럴 경우 논항 구조에 변화가 일어나는 것은 당연하다고 할 것이다. 즉 두 번의 사동 관계가 나타나기 때문에 결과적으로는 세 개의 논항이 필요할 것임을 짐작하기란 그리 어려운 일이 아니다.

따라서 지금까지 논의한 바에 따르면, 사동문이란 것은 사동주와 피사동주 및 피사동 사건의 세 가지 요소가 갖추어질 경우 나타나는 의미적 관계가 구문에 반영된 것이라고 할 수 있어서, 이러한 관계는 사동 접미사에 의해 산출되는 단형의 사동문에 전형적으로 나타난다고 할 수 있을지 모르나, 사동이란 것이 '동작' 내지 '행위'뿐만 아니라 '상태'와도 연관될 수 있는 것이기 때문에 앞에서 논의한 대로, 사동이란 모든 용언과 관련될 수 있는 의미 관계이며 사동문이란 사동의 의미 관계가 구문에 반영된 것이라고 한다면, 어떠한 서술어가 쓰인 문장이라고 하더라도 반드시 사동 관계가 성립되어야 한다고 할 수 있겠다.

따라서 이제 우리는 이러한 관계가 사동 접미사에 의해 나타나는 것이 근본적으로 불가능할 경우 단형의 사동문을 대체하는 일종의 대체 형식이 장형의 사동문임을 논의하였을 뿐만 아니라, 일단 국어에서 두 가지의 형식이 존재하는 경우 하나의 형식은 어휘적 방식에 의해 산출되는 것이고 다른 하나의 형식은 통사적 방식이 적용되는 것임을 짐작할 수 있는 논의의 토대를 마련한 셈이 된다.

그러면 이제 지금까지의 우리의 논의가 두 가지 형식이 존재하는 또 다른 경우인 부정문의 경우에도 그대로 적용될 수 있는지 살펴보기로 하자.

3. 부정문의 경우

일반적으로 문장은 그 표현 내용을 중심으로 어떤 사실을 긍정하는가 부정하는가에 따라 '긍정문'과 '부정문'으로 나뉘는 것이 보통이나[12], 국어

---

12) 이렇게 본다면 긍정문과 부정문의 구별이 문장의 내용에 따라 나뉘는 것처럼 보이나, 실제에 있어서는 일반적으로 부정의 요소, 즉 부정사를 가지느냐 안 가지느냐 하는 형식적 기준에 따라 나뉘게 되는데(이러한 요건은 앞에서 언급한 사동

에는 하나의 긍정문에 대응되는 듯이 보이는 두 가지 형식의 부정문이 존재하여, 그 동안 학계에서 이러한 사실과 관련하여 상당히 많은 논란이 있었음은 부언할 필요를 느끼지 않는다. 다음을 통해 이를 확인해 보기로 하자.

> (18) 가. 철수가 학교에 갔다.
>   나. 철수가 학교에 안 갔다.
>   다. 철수가 학교에 가지 않았다.
> (19) 가. 영이가 밥을 먹었다.
>   나. 영이가 밥을 안 먹었다.
>   다. 영이가 밥을 먹지 않았다.
> (20) 가. 영이가 매우 예쁘다.
>   나. 영이가 매우 안 예쁘다.
>   다. 영이가 매우 예쁘지 않다.

위의 예를 보면, 각각의 경우 (18‒20나)나 (18‒20다)의 예에서 볼 수 있는 것처럼, 하나의 긍정문, 즉 (18‒20가)에 각각 대응되는 듯이 보이는 두 유형의 부정문이 존재하여 모두 어떤 사실을 부정함을 알 수 있는 이 외에도 부정사 '안'은 자동사나 타동사와 통합할 수 있을 뿐만 아니라 형

문의 요건과 많은 차이가 있으나, 부정문이란 것이 일난 사동문보다는 범위가 더 넓은 개념이기 때문에, 어찌 보면 기준이 다를 수밖에 없다는 것은 당연하다고 할 수 있겠다), 이러한 형식적 기준은 국어 부정문의 요건을 규정짓는 데 상당한 중요성을 갖는다고 할 수 있다. 그 간의 대부분의 논의에서는 부정문의 형식적 요건으로서 '부정 극성어'(negative polarity)와의 공기 여부를 중요시한 나머지, 외형상 아무런 부정 요소도 발견할 수 없는 문장을 부정문으로 처리해 온 경우가 많았기 때문이다(임홍빈(1987), 오숙화(1994) 등). 이 문제와 관련하여 박정규(1996)에서는 국어 부정문의 형식적 요건을 다음과 같이 규정하고 있다: "국어의 부정문은 부정사 '안'이나 '못' 혹은 부정 서술어 '아니하-'나 '못 하' 또는 '말-'과 같은 요소가 통합된 문장을 말한다."

용사와도 통합하여 두 유형의 부정문을 산출할 수 있음을 확인할 수 있는 것이다.

그런데 이러한 사실과 관련하여 혹자는 다음과 같은 의문을 제기할지도 모른다. 즉 위의 예로만 미루어 본다면, 어찌 되었건 두 가지 형식의 부정문이 존재하는 것이 사실이고 또 부정사는 모든 용언과도 통합할 수 있는 것이 사실인 것처럼 보이기 때문에, "어떤 경우가 되었건 국어에는 하나의 긍정문에 항상 두 가지 부정 형식이 대응한다는 일반화가 가능할 수 있을 것"이라고 짐작할 수도 있다는 것이다. 이러한 생각은 일견하기에는 타당한 것으로도 보이나, 문제는 사정이 그렇게 간단하지만은 않다는 데 있다. 언제나 두 가지 형식이 가능한 것은 아니기 때문이다[13]. 다음을 보자.

> (21) 가. 영이는 겉늙었다.
> 나. ^{??}영이는 <u>안 겉늙었다.</u>
> 다. 영이는 <u>겉늙지 않았다.</u>
> (22) 가. 우리 할머니는 귀먹으셨다.
> 나. ^{??}우리 할머니는 <u>안 귀먹으셨다.</u>
> 다. 우리 할머니는 <u>귀먹지 않으셨다.</u>
> (23) 가. 우리 선조는 굳셌다.
> 나. ^{??}우리 선조는 <u>안 굳셌다.</u>
> 다. 우리 선조는 <u>굳세지 않았다.</u>

---

13) 앞에서 사동문의 경우에도 언급했지만, 이러한 사실은 국어에서 두 가지 언어 형식이 존재하는 경우 일반적으로 제기될 수 있는 의문인, 두 형식의 동의성 내지 이의성과 관련한 논의가 얼마나 그 기반이 취약한 것인가를 단적으로 드러내는 것이다. 왜냐하면 우리가 두 형식의 동의성 내지 이의성 문제를 따질 수 있으려면 어느 경우에나 항상 두 형식이 존재해야 하는데, 어느 경우에나 두 가지 형식이 존재하는 것이 아니므로, 동의성 내지 이의성 문제는 사실상 논의의 근거를 상실한 것이 되고 말기 때문이다.

(24) 가. 무궁화는 보배롭다.

　　나. *무궁화는 <u>안 보배롭다.</u>

　　다. 무궁화는 <u>보배롭지 않다.</u>

(25) 가. 영이는 사랑스럽다.

　　나. *영이는 <u>안 사랑스럽다.</u>

　　다. 영이는 <u>사랑스럽지 않다.</u>

(26) 가. 철수는 사내답다.

　　나. *철수는 <u>안 사내답다.</u>

　　다. 철수는 <u>사내답지 않다.</u>

　위의 예를 보면, 각 예에서 장형 부정 형식의 성립에는 아무런 문제가 없으나 단형 형식의 부정문은 기묘하거나 비문인 것으로 느껴질 정도로 문장의 성립에 이상이 있음을 알 수 있는데, 이러한 사실로부터도 언제나 두 가지 형식의 부정문이 존재하는 것은 아님을 짐작할 수 있다.

　그렇다면 이러한 사실과 관련하여 각각의 예에서 단형 부정문이 성립하지 않는 이유는 무엇인가 하는 의문을 자연스럽게 제기할 수 있을 것으로 여겨진다. 사실상 기존의 대부분의 논의에서와 같이 부정사 '안'을 부사로 처리한다면, (21‑26나)와 같은 경우가 성립하지 못할 이유는 없어야 하기 때문이다. 일반적으로 부사란 것은 다음의 (27)의 예에서 볼 수 있는 것처럼, 후행하는 동사나 형용사, 즉 용언을 수식하는 기능을 하는 것이고 또 부사란 것이 동일한 수식어의 범주에 속하는 관형사처럼 반드시 문장 내에서 위치가 고정되지 않은 것이고 보면, 부사인 부정사가 용언의 바로 앞에 위치하여 후행 용언을 수식하고 있는 (21‑26나)의 경우가 부적격한 것이 되어야 할 이유 및 (28)과 같은 부정 형식 또한 원리적으로 불가능할 이유가 없어야 한다.

(27) 가. <u>매우</u> 나는 영이를 사랑한다.
　　 나. 나는 <u>매우</u> 영이를 사랑한다.
　　 다. 나는 영이를 <u>매우</u> 사랑한다.
　　 라. 나는 영이를 사랑한다, <u>매우.</u>
(28) 가. *<u>안</u> 나는 영이를 사랑한다.
　　 나. *나는 <u>안</u> 영이를 사랑한다.
　　 다. ^{??}나는 영이를 <u>안</u> 사랑한다.
　　 라. *나는 영이를 사랑한다, <u>안.</u>

　그럼에도 불구하고 위의 (21‐26나)의 예에서 단형 부정문이 성립하지 않는다는 것과 (28)에서의 부정 형식이 기묘하거나 불가능하다는 사실은 우리로 하여금 부정사 '안'의 형태·통사적 지위에 대해 다시 생각하게 하는 계기를 마련해 주는 것으로 보여 흥미로운 것이다. 사실상 그 간의 논의에서 부정사 '안'을 단순히 부사로 처리해 온 것은, 언어 현상적인 면에서 볼 때도 문제를 너무 가볍게 처리했다는 느낌을 주기에 충분한 것으로 보인다. 일단 다음의 경우를 생각해 보자.

(29) 가. 철수가 그 장소에 있었다.
　　 나. 철수가 그 장소에 <u>안</u> 있었다.

　위의 예를 보면 우선 (29가)의 문장은 주어와 목적어 그리고 서술어가 문장 성분으로 기능하고 있음을 확인할 수 있는 반면, (29나)의 단형 부정문은 (29가)에서의 문장 성분 이외에도 서술어를 수식해 주고 있는 요소가 하나 더 있음을 알 수 있는데, 이럴 경우 해당 요소는 후행 서술어를 수식해 주고 있기 때문에 당연히 부사어로 처리될 수밖에 없다. 그러나 여기서 부정사 '안'을 부사어로 처리한다면, 이는 일견하기에도 불합리한 처리 방식이 아닐 수 없다. 일반적으로 부사어는 주어나 서술어 등의 주 성분과는 달리 문장의 적격성 여부에 별반 영향을 미치지 않는 부속 성분인 것으로 처리되므로[14], (29나)의 단형 부정문에서 부정사 '안'은 문장의 적격성 여부와는 아무 관련이 없게 되어, 결과적으로는 없어도 된다는 식의 잘못된 설명이 유도될 수 있기 때문이다. 그러므로 이러한 처리 방식을 결코 바람직한 처리 방식이라고는 할 수 없다. (29나)의 문장에서 부정사 '안'이 없다면 그 문장은 부정문이라고 할 수 없는 것이다[15].

이러한 사실과 관련하여 여기서 (29나)의 단형 부정문에서 과연 서술어로 기능하고 있는 것이 무엇일까 하는 문제를 다시 생각할 필요를 느낀다. 다음을 보자.

(29) 가. 철수가 그 장소에 안 있었다.
　　　나. 철수가 그 장소에 없었다.

위의 예는 (30가)의 부정문에서 서술어를 '있었다'로만 처리한다면 어떤 문제가 생기는가를 알아 보기 위한 것인데, 위의 예로 미루어 본다면 어떤 문제가 유발될 것인가를 짐작하기란 그리 어려운 일이 아니다. 만일 (30가)에서 서술어를 '있었다'로만 처리한다면, (30가)와 완전히 동일한 의

---

14) 이러한 처리 방식은 학교 문법을 비롯하여 대다수의 논의에서 취하고 있는 방식이기 때문에 일일이 열거할 필요를 느끼지는 않으나, 비교적 쉽게 접할 수 있는 것으로서는 남기심·고영근(1993)을 참고하기 바란다.

15) 이러한 사실과 관련하여 그 간의 논의에서 별다른 논증 없이 성분의 개념을 따져 온 것은 전면적으로 수정되어야 할 것이라고 감히 단언할 수 있겠다. 기존의 논의에서 성분의 개념을 적용시켜 온 것은 모두 그 대상이 '긍정문'이었기 때문이다. 그러나 긍정문이란 것이 우리가 사용하는 문을 구분하여 일차적으로 나눈 것 중 하나에 속하는 것이라고 한다면, 당연히 긍정문과 동등한 위치에 서는 부정문을 대상으로 할 경우에는 긍정문에 적용되는 기준을 그대로 적용해서는 안 될 것임을 알 수 있는 것이다.

미를 지니는 (30나)의 경우에는 서술어를 어떻게 처리할 것인가의 문제가
생긴다는 것이다. 이는 달리 말하면, 물론 (30나)의 경우 서술어는 '없었다'
가 될 것임은 당연한 것이겠으나, 여기서 제기되는 문제는 과연 (30가)와
(30나)의 '의미적 동치 관계'를 어떻게 구문에 반영할 수 있을 것인가 하는
심각한 문제가 제기된다는 것이다.

따라서 우리가 보기에 이 문제는 단형 부정문에서 부정사 '안'은 더 이
상 부사이자 부사어인 것이 아니라, 후행 서술어와 더불어 부정 서술어를
이루는 데 필요한 '접사'인 것으로 처리하게 되면 무리없이 해결될 수 있
는 것으로 보이는데, 이러한 우리의 생각은 다음과 같은 경우를 보면 형
태·통사적으로도 강력하게 뒷받침을 받을 수 있을 것으로 여겨진다.

(31) 가. *불철수는 가능을 극복했다.
　　　나. 철수는 불가능을 극복했다.
　　　다. *철수는 가능을 불극복했다.
　　　라. *철수는 가능을 극복했다불.

위의 예를 보면, 접사인 '불-'은 '가능'과 통합하여 '불가능'을 목적어로
기능하게 해야만 적격한 형식을 산출하게 되고 목적어 이외의 다른 성분
들과 통합하게 되면 부적격한 형식이 됨을 알 수 있는데, 우리가 보기에
는 이러한 현상과 단형 부정문에서 부정사 '안'의 위치가 고정되는 현상은
완전히 동궤의 언어 현상인 것으로 여겨지는 것이다[16]. 단형 부정문에서

---

16) 그러나 그렇다고 해서 우리의 이러한 지적이, '불-'과 같은 부정 접사가 명사와
　　통합되어 목적어로 기능하는 (31나)와 같은 경우도 부정문으로 처리할 수 있다는
　　것을 말하는 것이 아님과 한 문장 내에서의 서술어의 역할을 다른 문장 성분들과
　　동등하게 볼 수 있음을 말하는 것이 아님은 부언할 필요를 느끼지 않는다. 전자
　　의 문제와 관련해서는 부정문이란 어디까지나 부정사 '안'이 서술어와 통합된 문
　　장에만 한정되는 것이기 때문이며(이 문제에 대한 보다 자세한 설명은 박정규

부정사 '안'은 (28)의 예에서 확인할 수 있는 것처럼, 여러 문장 성분들 중에서 단지 서술어와만 관련을 맺기 때문이다.

부정사 '안'이 접사의 기능을 하는 것으로 보게 되면 다음과 같은 경우를 보다 잘 설명할 수 있다.

(32) 가. 이순신은 [우리 민족의 영웅]답다.
　　　나. *이순신은 안 [우리 민족의 영웅]답다.
　　　다. 이순신은 [우리 민족의 영웅]답지 않다.
(33) 가. 매우 이순신은 우리 민족의 영웅답다.
　　　나. 이순신은 매우 우리 민족의 영웅답다.
　　　다. 이순신은 우리 민족의 영웅답다, 매우.

위의 예를 보면 파생 접사인 '-답다'는 '우리 민족의 영웅'을 어기로 하여 서술어로 기능하고 있음을 알 수 있는데, 만일 부정사 '안'이 온전한 부사라고 한다면, (33)의 경우 별다른 문제가 없음으로 미루어 볼 때, (32가)의 대당 긍정문에서 (32나)의 단형 부정문이 산출되지 못할 이유는 사실상 없어야 함에도 불구하고 현상은 전혀 그렇지 못한 것이다. 이러한 현상은 부정사 '안'이 접사적 성격의 것이므로, 단어 단위 이상과는 통합할 수 없기 때문이라고 설명할 수 있을 듯하다.

한편 부정분의 중의적 의미 해석과 관련해서도 어느 정도 원리적인 설명이 가능해진다. 다음의 경우를 보자.

(1996)을 보라), 후자의 문제와 관련해서는 한 문장 내에서의 서술어의 역할이란 다른 성분들, 가령 주어나 목적어, 보어 같은 것들을 '논항'(argument)으로 취하거나 각 논항들에 '의미역'(theta-role)을 배당하는 역할을 수행하는 것이기 때문이다. 따라서 단지 우리의 이러한 지적은 해당 성분들과의 통합 양상이 동일하다는 것을 지저한 것으로 이해하면 될 것이다.

(34) 철수가 그 책을 <u>안 읽었다.</u>
(35) 가. 그 책을 안 읽은 것은 철수가 아니다.
　　 나. 철수가 읽은 것은 그 책이 아니다.
　　 다. 철수가 그 책에 대해 한 일은 읽은 것이 아니다.

(35)는 (34)의 부정문에서 부정사의 부정이 미치는 범위에 따라 다양한
의미 해석이 유발될 수 있음을 보인 것인데, 이러한 현상을 설명하기 위
해 대부분의 기존 논의에서는 변형 문법의 방법론을 원용하여, 부정사를
논리적 '연산자'(operator)의 기능을 하는 것으로 보아 '논리 형식부'(Logical
Form : LF)에서의 '이동'(movement)과 같은 현상으로 설명할 수 있는 것으로
처리해 왔다.

그런데 이러한 처리 방식은 적어도 이동과 같은 통사적 현상이 '가시
적'(visible)으로 나타날 수 있는 영어의 현상을 설명하는 데는 어느 정도
타당성을 가질지도 모른다. 그러나 문제는 이동이란 통사적 현상을 상정
하기 어려운 국어의 경우, 부정문뿐만 아니라 긍정문도 동일하게 여러 가
지 의미 해석이 유발된다는 데 있다. 다음을 보면 이러한 현상이 비단 부
정문에만 일어나는 것은 아님을 알 수 있다.

(36) 철수가 그 책을 <u>읽었다.</u>
(37) 가. 그 책을 읽은 것은 철수이다.
　　 나. 철수가 읽은 것은 그 책이다.
　　 다. 철수가 그 책에 대해 한 일은 읽은 것이다.

따라서 여기서 우리는 (34)의 부정문이 (35)에서처럼 여러 의미 해석을
가지는 현상을 설명하기 위해서는 부정문에만 관련되는 방식을 적용할 것
이 아니라 (36)의 긍정문이 여러 의미 해석을 가질 수 있는 이유를 설명하

는 데 관련되는 방식을 부정문의 경우에도 그대로 적용해야 할 것임을 알 수 있다[17].

(36)의 긍정문이 (37)에서처럼 여러 의미 해석을 가지는 이유는 대략 다음과 같이 설명할 수 있다. 즉 (36)에서 서술어로 기능하고 있는 '읽다'는 두 개의 논항을 요구하는(즉, '하위 범주화'하는) 두 자리 서술어로서, '행동주'(agent)와 '대상'(theme)의 의미역 관계를 각각 '주어'와 '목적어'로 실현시키는 동사인데, 서술어란 것이 서술어 이외의 다른 문장 성분들을 서술어와 관계시켜 주는 기능을 하는 것이라고 본다면[18], (37가)의 의미 해석은 서술어의 서술 범위에 주어인 '철수'가 속했기 때문에 생길 수 있는 의미 해석이 될 것이고, (37나)의 의미 해석은 목적어인 '그 책'이 서술어의 서술 범위에 속했기 때문에 유발될 수 있는 의미 해석이 될 것이며, (37다)의 의미 해석은 '읽다'라는 서술어 자체의 의미 해석이 반영된 것으로 볼 수 있다는 것이다.

그렇다면 우리가 보기에 이러한 설명 방식은 당연히 (34)의 부정문에도 그대로 적용될 수 있을 것이기 때문에, 부정사 '안'을 온전한 부사로 보기

---

17) 이렇게 본다면 기존의 논의에서 부정문이 여러 의미 해석을 가질 수 있다고 논의한 것은 논의의 방향을 잘못 잡은 듯이 보인다. 사실상은 부정문에 '양화사'가 통합될 경우에만 중의적 의미 해석이 유발되는 것으로 봄이 타당하기 때문이다. 가령, "철수가 두 개의 사과를 안 먹었다/먹지 않았다"와 같은 경우, 양화 표현인 '두 개'와 관련하여 중의적인 해석이 가능한 것이다. 따라서 우리가 보기에, 이러한 경우 양화 표현이 통합되지 않은 부정문이 여러 의미 해석을 나타내는 경우는 전혀 다른 현상인 것으로 여겨지는데, 그렇다면 (34)의 부정문이 (35)와 같은 여러 의미 해석을 가지는 것은, '통사적인 현상'이 아니라 어디까지나 '화용적인 현상'으로 처리하는 것이 타당할 것이다. '강세'(stress)와 같은 현상을 순수하게 통사적인 것이라고 하기는 어렵기 때문이다.

18) 이러한 관점은 물론 전통 문법적 관점을 따른 것이나, 크게 문제를 일으킬 것으로는 보이지 않는다. 이는 현상을 보는 관점이 바뀐다고 해서 설명 방식 자체가 근본적으로 바뀌는 것은 아니기 때문이다.

어렵게 할 뿐만 아니라 후행 서술어와 통합하여 '부정 서술어'로 기능하게
하는 접사인 것으로 처리함이 타당할 것임을 입증하는 것이라고 하겠다.

지금까지 부정문을 대상으로 하여, 두 가지 형식의 부정문이 존재하는
것은 단형의 형식이 제약되기 때문임을 논의하였는데, 만일 부정의 형식
이 단형의 부정문만 존재한다고 하면 부정사의 접사적 속성으로 인해 단
형의 부정문이 산출되지 못하는 것은 부정문 자체의 성립이 불가능하게
되기 때문에, 이러한 어휘적 방식의 문제점을 해결하기 위한 '대체 부정
형식'이, 통사적 방식이 적용된 장형의 부정문임을 알 수 있겠다[19].

4. 맺음말

하나의 문법 범주를 나타내기 위한 두 가지의 언어 형식이 국어에 존재
한다는 것은 언어 현상적인 면에서 볼 때 매우 특이한 경우라고 할 수 있
기 때문에, 그 동안 학계에서는 이러한 사실과 관련하여 여러 가지 문제
가 제기되어 왔으나, 정작 국어에서 두 가지 언어 형식의 존재와 관련하
여 무엇보다 우선적으로 문제가 제기되고 해결책이 모색되었어야 할 문
제, 즉 두 가지의 언어 형식이 존재하는 근본적인 이유는 무엇이며, 각각
의 문법 범주에 대해 두 가지 언어 형식이 존재하는 것은 동일한 기제

---

19) 그러나 그렇다고 장형의 부정문이 단형의 부정문을 대체하기 위한 것이라는 우
리의 이러한 지적이, 앞에서 언급한 사동문의 경우와 동일하다고 해서 장형 부정
문의 문장 구조까지 장형의 사동문과 같다는 것을 의미하는 것이 아님은 주의를
요한다. 물론 기존의 논의에서는 장형의 부정문의 문장 구조도 장형 사동문과 마
찬가지로 동사구 보문이 내포된 복문으로 처리하고 있지만, 장형 사동문의 경우
는 각각의 서술어가 온전한 서술 기능을 하고 있는 데 반해, 장형 부정문에서는
그렇지 못하기 때문에 결코 같은 것으로 처리할 수는 없다는 것이 우리의 생각이
다. 이 문제와 관련한 보다 자세한 논의는 박정규(1996)을 참고하기 바란다.

(mechanism)에 의한 것인가 아니면 전혀 다른 기제에 의한 것인가 하는 문제에 대해서는 본격적인 논의가 없는 실정이었다.

따라서 여기서 우리는 두 가지 언어 형식이 존재하는 대표적인 경우인 사동문과 부정문을 대상으로 하여 위에서 제기된 두 문제 중 첫 번째 문제에 대해 집중적으로 검토해 보았는데, 그 결과 사동문에 있어서 두 가지 사동 형식이 존재하는 것은 사동 접미사와의 통합이 근본적으로 불가능한 용언들의 경우, 사동의 의미 관계를 드러내기 위해 통사적 방식을 적용한 것이 장형의 사동문임을 알 수 있었는데, 두 형식의 사동문이 일종의 대체 형식이란 우리의 논의는 부정문의 경우에도 그대로 적용될 수 있는 것이어서, 부정문 또한 부정사 '안'의 접사적 성격으로 말미암아 근본적으로 단형 부정문의 생성이 불가능한 경우, 이를 대체하기 위한 형식이 장형의 부정문이라는 사실을 알 수 있었다.

그러므로 지금까지의 우리의 논의가 온당한 것이었다면, 이제 우리는 국어에서 두 가지 언어 형식이 존재하는 것은, 그 두 가지 형식이 존재해야만 해당 문법 범주가 온전하게 드러날 수 있기 때문이라는 사실을 확인하게 된 셈이다.

참고문헌

고영근·남기심 공편(1983), 국어의 통사·의미론, 탑출판사.
고정의(1990), 「사동법」, 국어연구 어디까지 왔나, 동아출판사.
김창섭(1994), 국어의 단어 형성과 단어 구조, 박사학위 논문(서울대).
남기심·고영근(1993), 표준 국어문법론 -개정판-, 탑출판사.
류성기(1992), 「사동사 사동법의 변화와 사동사 소멸」, 국어학 22집, 국어학회.

_____(1992), 「사동사 설정에 따른 제약과 사동사 범주」, 국어국문학 108집, 국어국
　　　문학회.

박양규(1978), 「사동과 피동」, 국어학 7집, 국어학회.

_____(1990), 「피동법」, 국어연구 어디까지 왔나, 동아출판사.

박정규(1996), 국어 부정문 연구, 도서출판 보고사.

_____(1997), 「국어 용언의 하위 구분에 대한 일고찰」, 서강어문 13집, 서강어문학회.

_____(1998), 「계사 '이다' 문제의 재고」, 어문연구 99호, 한국어문교육연구회.

박진호(1994), 「통사적 결합 관계와 논항 구조」, 국어연구 123, 국어연구회.

서울대학교 사범대학 국어교육연구소 편, 고등학교 문법.

서정수(1994), 국어 문법, 뿌리깊은 나무.

성균관대학교 대동문화연구소 편, 고등학교 문법.

손호민(1978), 「긴 형과 짧은 형」, 어학연구 14-2, 서울대학교 어학연구소.

송복승(1995), 국어 사동문과 피동문의 논항 구조, 박사학위 논문(서강대).

송철의(1992), 국어의 파생어 형성 연구, 국어학총서 18, 태학사.

우인혜(1997), 우리말 피동 연구, 한국문화사.

우형식(1996), 국어 타동구문 연구, 박이정.

이익섭·임홍빈(1983), 국어 문법론, 학연사.

임홍빈(1983), 「국어 피동화의 통사와 의미」, 『국어의 통사의미론』 (고영근·남기심
　　　편(1983), 탑출판사)에 수록.

_____(1987), 「국어 부정문의 통사와 의미」, 국어생활 10, 국어연구소.

_____(1989), 「통사적 파생에 대하여」, 어학연구 22-1, 서울대 어학연구소.

임홍빈·장소원(1995), 국어문법론 I, 한국방송대학교 출판부.

전상범(1995), 형태론, 한신문화사.

Allwood, J., Anderson, L. G. and Dahl, O.(1971), Logic in Linguistics, Cambridge
　　　University Press.

Katamba, F.(1993), Morphology, The Macmillan Press Ltd.

Lyons, J.(1968), Introduction to Theoretical Linguistics, London & New York,
　　　Cambridge University Press.

_____(1981), Language and Linguistics, Cambridge, New York & Melbourne,
　　　Cambridge University Press.

_____(1995), Linguistic Semantics, Cambridge, New York & Melbourne,

Cambridge University Press.

Oesterle, J. A.(1952), Logic The Art of Defining and Reasoning, N. J., Prentice Hall Inc.

Radford, A.(1997), Syntax ‐ A Minimalist Introduction ‐, Cambridge University Press.

Scalise, S.(1984), Generative Morphology, Foris Publications.

Spencer, A.(1991), Morphological Theory, Basil Blackwell.

〈순천향어문논집 제5집(순천향어문연구회, 1998)〉

V. 계사 '이다' 문제의 재고

1. 머리말

이른바 계사 '이다'와 관련된 기존의 여러 논의들을 살펴 보면, 이제는 더 이상 새로운 관점이 제기될 것으로는 여겨지지 않을 정도로, 음운론적인 논의에서부터 시작하여 형태·통사적인 논의 및 의미론적인 논의에 이르기까지 다양한 주장이 제기되어 왔음을 알 수 있다[1].

---

1) 사실상 '이다'의 처리 방식과 관련한 기존의 논의는, 어느 정도 그 타당성을 인정받고 있는 것만 본다고 하더라도, 그 간 오랫동안 서로 대립되어 온 두 가지 관점인 '서술격 조사설'과 '지정사설'을 들 수 있는 이외에도 최근에 거론된 것으로서 '통사적 접사설'과 '형용사설'을 들 수 있을 것이다. 그런데 이들 중 '지정사설'과 '형용사설'은 논의의 세목에서는 달랐을지 모르지만, 결국은 '이다'를 용언으로 처리하려는 관점이기 때문에 크게 보아 '용언설'이라고도 할 수 있겠다. 따라서 이렇게 본다면 여기서의 우리의 논의는 결국 '이다'에 대한 여러 가지 관점 중 '용언'설이 국어의 언어 현상을 설명하는 데 보다 근접한 관점임을 적극적으로 논의하는 것이 될 것이다(용어상의 문제는 나중에 다시 논의할 것이지만, '계사'보다는 '지정사'라는 용어가 '이다'의 의미 특성을 보다 잘 드러내는 것으로 여겨진다). 한편 따로 특별하게 언급하지는 않겠지만, 이승욱(1985/1997)에서의 논의를 이어받아 '이다'는 체언 상당어를 용언형으로 바꾸어 주는 것으로 기능하는 '用言化素'라는 논의(최정순(1991)도 주목할 만하다. 기존의 연구 성과에 대한 논의 및 비판에 대해서는 엄정호(1989), 김민수(1994), 이광정(1994), 임홍빈·장소원(1995) 등을 참고하기 바란다.

그런데 우리가 보기에 이러한 일련의 논의들은, 현상을 보고자 하는 관점은 완전히 달랐을지 모르지만 각각의 논의를 좀더 면밀하게 파악해 보면, 계사 '이다'는 문장 내에서 온전하게 서술어를 이루는 다른 범주의 단어인 '동사'나 '형용사'와는 달리 독립적인 요소가 될 수 없는 것처럼 여겨지기 때문에, 어디까지나 의존적인 성격의 것으로 간주하여야 한다는 주장과 이러한 주장과는 달리 독립된 단어로 간주하여 하나의 서술어 범주로 인정하여야 한다는 주장으로 집약된다고 할 수 있다[2].

따라서 여기서 우리는 다음과 같은 사실을 간파할 수 있다. 즉, 이러한 관점의 차이는 계사 구문이 서술어를 가지고 있느냐 가지고 있지 않느냐 하는 문제에서 유발된 것이 아니라, 계사 구문에서 서술어의 범위를 어디까지 정하는 것이 보다 타당할 수 있을 것인가 하는 문제에서 유발된 것이라는 것이다.

따라서 우리는 이러한 사실로부터 다음과 같은 암시를 받을 수 있을 것으로 보인다. 즉 계사 구문의 형태·통사론적 논의는, 기존의 논의에서 제

---

2) 이럴 경우 앞에서 언급한 세 가지 관점은, 서술어를 어디까지 인정할 것인가의 문제와 관련하여 다시 두 가지로 대별할 수 있겠다. 즉 '서술격 조사설'과 '접사설'은 '이다'의 의존적인 성격에 주목한 논의이므로 전자의 관점에 속하는 것으로 볼 수 있을 것이며, '지정사설'과 '형용사설'은 '이다'를 독립적인 용언으로 파악하여 문장 내에서 서술어로 기능할 수 있다는 성격에 주목한 논의이므로 후자의 관점에 속하는 것으로 볼 수 있을 것이다. 그런데 한편으로 외현적인 현상에만 주목할 경우, 이들을 절충하여 'NP+이다'의 통합체가 하나의 서술어로 기능한다고 하는 논의가 있는 것이 사실이고 보면(남기심·고영근(1985)), '이다'의 서술어적 성격과 관련한 기존의 논의는 사실상 세 가지의 관점이 있는 것이라고도 할 수 있겠다. 그러나 'NP+이다'의 통합체를 하나의 서술어로 간주하려는 관점은, 엄밀하게 말한다면, '이다' 자체를 하나의 독립된 서술어로 볼 수 없다는 논의이기 때문에, 첫번째 관점에 속하는 것으로 보아도 별반 무리가 없을 듯한데, 첫번째 관점 및 'NP+이다'의 통합체를 서술어로 볼 수 있다고 하는 관점의 문제에 대해서는 논의를 하는 중에 언급하기로 한다.

기되었던 여러 가지 현상에 대한 탐구도 중요할 것이지만, 그보다 선행되어야 할 것으로서 우선 국어에서 서술어란 과연 무엇이며, 또 어떤 역할을 수행하는 것인가 하는 문제를 면밀하게 탐색한 후, 이러한 논의가 계사 구문에 어떻게 반영되어야 할 것인가의 문제를 살펴 보게 될 때, 어느 정도 합리적인 해결을 기대할 수 있지 않겠느냐는 암시를 받기에 충분한 것으로 여겨지는 것이다.

그런데 우리의 이러한 생각은, 부정문과 관련한 여러 통사적 언어 현상에 의해서 보다 효과적으로 설명될 수 있을 뿐만 아니라, 더 나아가서는 국어의 기본 문형 설정 문제에도 적지 않은 도움을 줄 수 있을 것으로 기대되므로 흥미롭다.

2. '이다'의 서술어적 성격

일반적으로 '서술어' 또는 '풀이말'이란 주어에 대하여 설명하는 말을 이르는 것으로서, 곧 주어의 행위나 상태, 성질 등을 기술하는 것이라고 할 수 있는데[3], 보통은 하나의 문장을 이루는 여러 성분들인 주어나 목적

---

3) 서술어를 이렇게 해석하는 것은 물론 전통 문법적인 관점을 따른 것이다. 그러나 뒤에서 다시 논의할 것이지만 우리는 서술어를 어느 정도 다른 관점에서 살펴보아야 한다고 믿는다. 한편 이렇게만 본다면, 주어나 목적어, 보어, 서술어와 같은 문장의 주요 성분들이 모두 동일한 비중을 차지하는 것으로도 인식될 수 있겠으나, 실지로 서술어를 다른 성분들과 동일선상에 놓고 비교하는 것은 무리라고 할 수 있겠다. 국어에서 서술어가 차지하는 중요성에 대해서는 장황하게 언급할 필요성을 느끼지 않으나, 단지 여기서 특별하게 언급하고 싶은 것은, 국어 문법에서 서술어의 중요성을 인식하게 된 것이 변형 문법에 기인한 통사론의 영향 때문만은 아니라는 사실이다. 가령 이승욱(1973)에서 "국어의 기본적인 문형은 '서술어문'이기 때문에, 이른바 '주어 생략'이라든가 '무주어문' 혹은 '불완전문' 등으로 처리되어온 문형은, 오히려 국어의 경우 본질적인 기본문형으로 처리되어야 하며,

어 또는 보어와 더불어 주성분으로 분류된다. 그렇다면 이럴 경우 우리의 관심사는, 국어에서 서술어로서 쓰일 수 있는 것으로서는 과연 어떤 것들이 가능할 수 있을 것인가와 같은 문제에 쏠리게 된다. 이러한 의문을 해결하기 위해 우선 다음의 예를 살펴보기로 하자.

    (1) 가. 순이가 <u>웃었다.</u>
        나. 하늘이 <u>푸르다.</u>
        다. 그 소녀가 밥을 <u>먹는다.</u>
        라. 순이가 철수에게 편지를 <u>보냈다.</u>

위의 예는 일반적으로 국어에서 '용언'이 서술어로 쓰인 경우의 기본 문형으로 상정되는 것으로서[4], 이 예만 본다고 하더라도 일단 국어에서는 (1가, 다, 라)에서처럼 '웃다'나 '먹다', '보내다'와 같은 '동사'가 서술어로 쓰일 수 있을 뿐만 아니라, (1나)의 '푸르다'와 같은 '형용사'도 서술어로

'서술어'는 그 구성의 내부에 '경어법'을 비롯하여 '태'라든가 '서법' 등의 기구를 가지고 있어, 화자, 청자 그리고 주어의 관계가 문법화되어 있으므로 더욱 서술어가 주어를 통솔할 수 있는 능력을 인지하게 되는 것"이라고 보고 있는 것이나, 이보다 이전의 논의인 유재헌(1947)에서도 "월의 뼈대가 되는 임자씨와 풀이씨가 가장 중요한 것이요, 특히 풀이씨는 어법적 임무가 크고 실제적 사용률이 많아서, 다른 여러가지의 씨(품사) 가운데의 수위될만한 구실(직능)과 힘(세력)과 값(가치)를 가지고 있음은 부인하지 못할 객관적 사실입니다."라고 논의한 것은 국어에서 서술어의 중요성을 인식한 것이 이미 오래되었음을 단적으로 보여주고 있는 것이다.
4) 국어의 기본 문형을 결정하는 데 있어서는 '성분'에 의한 방법 이외에 '자릿수'의 개념이 핵심적 역할을 할 수 있다는 것은 부언할 필요를 느끼지 않는다. 그러나 적어도 현재 우리의 논의에 있어서는 자릿수의 개념에 크게 구애를 받지 않아도 무방할 것 같다. 왜냐하면 지금 우리는 서술어로 쓰일 수 있는 단어의 '품사 범주'가 무엇인가를 따지고 있기 때문이다. 이렇게 볼 때, '웃다'와 같은 한자리 서술어나 '먹다'와 같은 두 자리 서술어는 모두 같은 '동사'의 범주에 속하게 된다. 이렇게 본다면 지정사 '이다'는 두 자리 서술어로 보는 것이 타당할 것인데, 자세한 것은 후술될 것이다.

쓰일 수 있음을 알 수 있으며, 또한 국어에서 모든 문장은 하나 이상의 서술어를 가져야 한다는 일반화가 가능함도 알 수 있다.

그러나 여기서 문장의 서술어로서 쓰일 수 있는 것이 과연 '동사'나 '형용사'와 같은 '용언'에만 국한되는 것인지는 의심을 품지 않을 수 없다. 즉 동사나 형용사란 것이 여러 '품사' 가운데 하나임이 틀림없다고 한다면, 이들 이외의 다른 품사 범주에 속하는 것도 얼마든지 서술어로 쓰일 수 있을 것이라는 논리가 얼마든지 가능하기 때문이다. 그러므로 보기에 따라서는 다음에서 볼 수 있듯이, 체언의 범주에 속하는 '명사' 또한 얼마든지 문장의 서술어로서 기능할 수 있는 것처럼 보인다.

(2) 가. 우리의 소원은 통일.
　　나. 철수는 <u>운동선수</u>

위의 각각의 예를 보면, 주어는 일반적으로 '우리의 소원'과 '철수'로 상정되기 때문에 이러한 주어를 설명해 주는 것은 외견상으로도 '통일'과 '운동 선수'라는 것을 알 수 있으므로, 이러한 사실만을 놓고 본다면 일견하기에는 '명사'의 범주에 속하는 단어들도 얼마든지 문장의 서술어로 기능할 수 있는 것으로 여겨지는 것이다[5].

---

5) 그러면 여기서 서술어로 기능할 가능성이 있는 것으로서, 명사 이외의 다른 것은 없을 것인가 하는 문제가 제기될 수 있겠는데, 명사 이외의 다른 것이라고 하면 대명사 범주뿐만 아니라 수사, 조사, 관형사, 부사, 감탄사의 범주에 속하는 단어가 해당될 것이다. 그러나 대명사나 수사는 명사와 동일하게 체언의 범주에 속하므로 외견상 서술어로 기능할 수 있는 것으로도 보이나(가령, "우리의 선택은 그것"이나 "사과의 갯수가 하나"에서와 같이), 관형사나 부사는 체언이나 용언을 수식하는 수식언으로 기능하고 감탄사는 독립언으로 기능하는 것이기 때문에, 이들은 도무지 서술어로 기능할 가능성이 없음을 알 수 있겠으며, 조사 또한 명사와 통합하여 해당 명사를 서술어와 연결시켜 주는 관계언으로 기능하는 것이고 보면, 조사 자체가 서술어로 기능한다고는 볼 수 없음을 알 수 있다. 따라서 '이

그러나 여기서 우리는 과연 명사가 동사나 형용사와 동일하게 서술어로 기능할 수 있을 것인가 하는 문제를 알아 보기 위해, 명사가 문장 내에서 하는 역할은 무엇인가 하는 문제를 간단하게나마 생각할 필요를 느낀다.

우선 명사가 용언과 다르다고 하는 것은 '활용'(conjugation)적인 면만 보아도 확연하게 드러나는 사실이다. 다음의 예를 보자.

(3) 가. 영이가 학교에 <u>가</u>{았/ㄴ/겠}{다/니/라/자/고/며…}
나. 철수는 <u>운동선수</u> *{았/ㄴ/겠}*{다/니/라/자/고/며…}

위의 예를 보면, (3가)에서는 서술어로 쓰인 '가다'가 시제를 나타내는 선어말 어미나 여러 종류의 어말 어미와 두루 통합되어 쓰일 수 있음을

다'를 서술격 조사로 처리하는 학교문법에서도 '이다' 자체를 서술어로 간주하는 것이 아니라 'NP+이다'의 통합체를 서술어로 처리하고 있는데, 이러한 관점은 얼핏 보기에는 별다른 문제가 없어 보이기도 한다. 왜냐하면 우리가 '성분'의 개념을 사용할 때는, 가령 "영이 사과를 먹었다"와 같은 경우를 보더라도, '영이'에 '-가'가 통합되지 않았다고 해서 '영이'가 주어가 아니라고 할 수 없는 것처럼, 해당 성분에 반드시 조사가 통합되어야만 하는 것이 아닐 뿐만 아니라 주어라고 할 경우에도 단어 단위가 아니라 단어보다 더 큰 구나 절 또한 얼마든지 가능한 것이므로, 'NP+이다'의 통합체를 서술어라고 하는 것은 아무런 문제가 없다는 식의 논리가 얼마든지 가능하기 때문이다. 그런데 이런 관점은 다음과 같은 식의 설명이 불가피한 결과를 초래하는 처리 방식이라고 할 수 있다. 즉, 국어에서는 동사나 형용사와 같은 용언의 범주에 속하는 단어뿐만 아니라 용언과 전혀 다른 범주인 체언 및 관계언에 속하는 단어 및 이들의 복합체도 얼마든지 서로 넘나들면서 서술어로 쓰일 수 있다는 식의 설명이 불가피하다는 것이다. 그러나 이러한 설명은 가령 다른 성분인 주어나 목적어와 같은 경우와 비교해 보더라도, 주어나 목적어의 성분으로는 '명사' 내지는 '명사 상당어'만이 가능할 수 있다는 식의 설명과는 완전히 다른 처리 방식이기 때문에, 우선 일관성의 측면에서 본다고 하더라도 국어의 문법을 아주 예측불가능한 것으로 만들었다는 비난을 피할 수 없을 것으로 여겨진다.

알 수 있으나, (3나)에서는 전혀 사정이 달라짐을 볼 수 있는 것이다. 그런데 만일 (3나)에서의 서술어가 '운동 선수'임에 틀림없다고 하면, (3가)에서의 서술어인 '가다'와 (3나)에서의 서술어인 '운동 선수' 사이에는 이러한 비대칭 현상이 나타나지 말아야 할 것임을 알 수 있다[6].

한편 앞에서 들었던 (1)의 예를 다시 보면, '순이'나 '하늘', '소녀', '밥', '편지'와 같은 명사는 각각 후행하는 조사인 '-이/-가'나 '-을/-를' 또는 '-에게'와 통합하여, 각각의 예에서 서술어인 '웃다'나 '푸르다', '먹는다', '보내다'와 같은 용언들과 여러가지 문법적 관계를 맺게 됨을 알 수 있는데, 이처럼 명사, 즉 체언이 여러 조사와 통합하여 문법적 관계를 나타내는 현상을 '곡용'(declension)이라고 함은 부언할 필요를 느끼지 않으나, 여기서 우리는 문장 내에서 명사들은 어디까지나 서술어의 '논항'(argument)으로서[7] 기능하고 있음을 확실하게 알 수 있는 것이다.

---

6) 이러한 현상은 실제로 '이다'를 서술격 조사로 간주하려는 관점이 지니고 있는 문제점을 여실히 드러내 주는 것이다. 이는 무엇보다도 '이-'가 용언어미를 취하기 때문인데, 조사란 것이 음운론적으로는 의존성을 지니지만 선행어와 통합할 경우, 형태론적으로나 통사론적으로 자립적인 구성을 이룬다는 것을 생각하면, '이다'가 용언어미를 취한다는 사실은 '이다'를 조사로 처리할 수 없게 할 뿐만 아니라(남윤진(1996), 임홍빈·장소원(1998)), 만일 '이다'가 서술격 조사로 처리하게 되면 어찌해서 유독 서술격 조사만이 활용을 하며 다른 격조사들은 활용하지 못하는가에 대해 설명할 수 없게 된다. 따라서 여기서 지적하고 싶은 것은, '이다'를 서술격 조사로 처리하려는 것이 애초에는 체계의 문제를 고려한 처리 방식이었으나, 결과적으로는 더 큰 체계를 허물어뜨리는 결과를 초래하였다는 사실이다.

7) 사실상 '논항'이란 변형문법적 개념으로서, 엄밀히 말한다면 동사나 전치사의 하위범주 구문 속에 들어가서 의미역을 배당받을 수 있는 '명사(구)'를 일컫는 것이긴 하나, 전치사란 영어의 경우에 상정되는 것이기 때문에, 국어에서 논항 구조를 따질 때는 어떤 용언이 서술어로 선택되었고 또 그 서술어와 관련하여 몇 개의 논항이 선택되었는가에 따라 각각 '한 자리 서술어'(예컨대 '웃다'나 '푸르다' 등)나 '두 자리 서술어'(예컨대 '가다'나 '먹다' 등)나 또는 '세 자리 서술어'(예컨대 '주다'나 '삼다' 등) 정도로 구분될 수 있을 것이다.

그런데 명사들이 서술어의 논항으로서 기능한다고 하는 것이 (2)의 경우라고 해서 예외일 것으로는 보이지 않는다. 앞에서 언급한 것처럼, (2)의 예는 의미상으로 별반 문제가 없고 또 실제로도 얼마든지 쓰일 수 있는 문장이라고 생각할 수도 있으나, 해당 예에서 '통일'이나 '운동 선수'는 서술어로 기능하는 것이 아니라 어디까지나 '논항'으로서 기능하고 있기 때문이다. 그러므로 이들 예가 완전하게 문법적으로 쓰일 수 있으려면 명사가 아닌 무언가 다른 요소의 도움이 절대적으로 필요하다는 사실을 알게 된다. 즉 (2)의 예가 문법적으로 아무런 문제가 없는 문장으로 쓰일 수 있으려면, 일단 명사가 아닌 것으로서 명사와 통합된 '통합체'(즉 '명사+?')를 '의미'적으로나마 서술어처럼 기능하게 해 주는 실제적인 '문법적 서술어'의 도움이 절대적으로 필요하다는 것이다. 이러한 기능을 담당하는 것으로서 '이다'를 들 수 있겠다. (2)의 예에 '이다'를 보충하면 다음과 같다[8].

> (4) 가. 우리의 소원은 <u>통일이다.</u>
>   나. 철수는 <u>운동선수(이)다</u>[9].

---

8) 앞에서 우리는 국어의 기본 문형에 대해 언급했는데, 이렇게 본다면 국어의 기본 문형으로서는 '이다'가 서술어로 쓰인 지정사 구문도 기본 문형으로 설정되어야 함을 알게 된다. '이다'는 일단 외견상으로만 본다 하더라도 동사나 형용사와는 분포가 전혀 다르기 때문이다. 우리가 동사나 형용사가 각기 서술어로 쓰인 문장을 기본 문형으로 설정한 주된 이유는 분포가 다르기 때문이었는데, 그렇다면 지정사 구문도 하나의 기본 문형으로 설정되어야 할 것임을 어렵지 않게 짐작할 수 있다. 뒤에서 다시 언급할 것이다.

9) 여기서 '이다'의 '이-'가 생략 가능한 것과 관련하여 다음과 같은 의문이 생길 수도 있다. 즉 만일 '이다'가 동사나 형용사와 같이 완전한 서술어라면, 동사나 형용사의 어간이 생략되었을 경우에는 비문법적인 결과가 초래되므로, '이다'의 어간인 '이-'도 생략될 경우 마찬가지로 비문법적 결과가 유발되어야 할 것이나, 현상은 전혀 그렇지 않기 때문에 '이다'는 서술어로 간주할 수 없다는 논의가 얼마

따라서 '이다'가 통합된 위의 예에서 서술어로 기능하는 것이 '통일'이나 '운동 선수'와 같은 명사가 아니라 '이다'가 서술어로 기능하는 것임은, 각각의 예에 (3가)에서의 언어 현상이 그대로 적용될 수 있다는 사실을 통해서도 알 수 있다. 다음을 보자.

> (5) 가. 우리의 소원은 통일이{었/겠}{다/니/라/자/고/며…}
> 나. 철수은 운동 선수이{었/겠}{다/니/라/자/고/며…}

이러한 일련의 사실은 일단 명사는 동사나 형용사와 같은 용언이 서술어로 쓰일 수 있는 것과는 언어 현상적인 면에서도 많은 차이가 있음을 암시해 줄 뿐만 아니라, '이다'가 하나의 용언으로서 서술어로서 기능하는 것임을 보다 확실하게 드러내 주는 것이라 할 만하다[10].

든지 가능하다는 것이다. 그러나, 해당 예가 내포문으로 쓰일 경우에는 '이다'의 '이-'가 생략되면 해당 예는 거의 비문으로 느껴질 정도로(가령, "[?]운동선순 철수"나 "[?]철수가 운동선숨이 밝혀졌다" 등), '이-'가 필수적인 요소임을 알 수 있을 뿐만 아니라, 외견상으로 '이-'가 드러나지 않았음에도 앞 단어의 끝 음절이 평성일 경우, 그것이 상성으로 변동한다는 중세국어의 자료로 미루어 본다고 하더라도(양정석(1986)), 이러한 주장은 현상을 너무 피상적으로 관찰한 결과 음운적 현상만을 중시한 데서 빚어진 것임을 알 수 있다. '이-'의 삭제와 생략에 대한 보다 자세한 논의로 이승재(1994)를 참고하기 바란다.

10) 이러한 우리의 논의와 관련하여 다음과 같은 의문이 제기될 수도 있다. 즉 명사가 서술어로 기능할 수 없는 것이 사실이라고 하더라도, 명사가 파생접사와 통합하여 품사 범주를 바꾸게 되면 서술어로 쓰일 수 있는 것 또한 사실이므로, 그렇다면 '이다'가 통사적 파생접사로 알려진 '-답다'(아직까지 통사적 파생접사의 목록에 어떤 것들이 있는지는 논자에 따라 의견이 다양한 실정임에도, 대체적으로 '-답다'에 대해서는 이견이 없는 듯하므로, 여기서는 '-답다'의 경우만을 생각해보기로 한다) 등과 언어 현상적인 면에서 유사성을 보일 경우(가령, "그 분은 [진리를 추구하는 학재답다/이다"에서와 같이), '이다'를 통사적 파생접사로 처리할 수 있지 않느냐는 의문이 제기될 수도 있다는 것이다(고창수(1985, 1992), 시정곤(1993), 김창섭(1994, 1996)). 이러한 의문은 일견하기에도 논리적으로는 매우 타당성이 있

'이다'가 서술어라고 하는 우리의 생각은 다음과 같은 경우를 보면 더욱 강화될 수 있을 것으로 여겨진다. 즉 만일 명사가 서술어라고 하는 견해가 온당한 것이라면, 이들의 예가 '내포문'으로 쓰인 경우라고 하더라도 아무런 문제가 없어야 할 것임을 어렵지 않게 짐작할 수 있다는 것이다. 그러나 실제 언어 현상은 전혀 그렇지 못하기 때문에, 이러한 사실로부터도 명사가 서술어로 쓰일 수 있으리라는 예측은 일단 많은 무리가 있다고 결론할 수 있는데, 이러한 우리의 지적은 다음과 같은 예가 비문법적인 사실로 미루어 보면 온당한 것임을 알 수 있다.

(6) 가. *나는 [우리의 소원은 통일]을 말했다
    나. *[철수는 운동선수]가 밝혀졌다.

그런데 이러한 현상은 다음의 경우와는 완전히 상반되는 것이다. 즉 동사나 형용사가 서술어로 쓰인 경우에는 얼마든지 성분절로 기능하는 내포절로서 안길 수 있기 때문이다. 다음의 경우를 보자.

(7) 가. 철수가 영이가 갔음을 알았다.
    나. 영이가 예쁘기가 천사와 같다.
    다. 철수가 영이가 간 곳을 보았다.

는 것으로 여겨질 수도 있다. 그러나 '이다'가 파생접사라면, "그 분은 [진리를 추구하는 학재가 아니다 / *그 분은 [진리를 추구하는 학재 안답다"나 "그들은 [진리를 추구하는 학재들이다 / *그들은 [진리를 추구하는 학재들답다"에서 볼 수 있는 것처럼, 부정사 '안'이나 '들', '만'과 같은 요소가 단어 사이를 뚫고 들어오는 현상을 설명하기 어려울 뿐만 아니라('아니다' 부정 형식의 문제는 뒤에서 논의할 것이다), 파생접사란 다소의 차이를 보이더라도 굴절접사보다는 훨씬 생산력이 약한 것이 그 본질임에도, '이다'를 접사로 인정할 경우에는 굴절접사보다도 생산력이 강한 파생접사라는 기형아를 국어 속에 두어야 하는데, 이러한 처리 방식이 결코 바람직한 것으로는 보이지 않는다(김정남(1991), 남윤진(1996)).

라. 철수가 <u>영이가 가게</u> 하였다.

위의 예를 보면, (7가)에서 '가다'라는 동사가 명사형 어미 '-(으)ㅁ'과 통합하였다고 하더라도 '갔음' 자체는 어디까지나 동사로서 기능하여, 그대로 목적어 내포절의 서술어로 기능하고 있음을 알 수 있으며, (7나)에서는 '예쁘다'라는 형용사가 명사형 어미 '-기'와 통합하였다고 하더라도 '예쁘기' 자체가 형용사로서 그대로 주어 내포절의 서술어로서 기능하고 있음을 알 수 있는 것이다. 이러한 현상은 (7다)나 (7라)와 같이 내포절이 관형절이나 부사절로 기능하는 경우에도 그대로 적용된다. 따라서 동사나 형용사와 같은 용언이 서술어로 쓰일 수 있다고 하는 지적은 아무런 문제도 찾아 볼 수 없는 온당한 견해임을 알 수 있다.

그러므로 여기서 우리는 명사가 서술어로 쓰인 것과 같은 예는 외견상으로는(특히 의미적으로는) 주어와 서술어를 온전하게 갖춘 것처럼 보이기는 하지만, 명사는 결코 동사나 형용사와 완전히 동등한 의미에서 서술어로 쓰일 수는 없다고 결론할 수 있겠다. 즉 명사가 얼핏 보기에 서술어처럼 쓰이는 것은 어디까지나 '의미적인 문제'에 지나지 않을 뿐, '형태적인 면'이나 '통사적인 면'에 있어서는 결코 용언과 동등하게 서술어로 기능할 수 없음을 알 수 있는 것이다.

이러한 사실로부터도 (6)의 예가 적격하게 쓰일 수 있으려면, 아무런 서술어도 갖추지 않은 내포문을 온전하게 서술어가 갖추어진 것으로 바꾸어야 할 것임을 알 수 있는데, (6)의 내포문에 '이다'를 보충한다면 다음에서 볼 수 있는 것처럼, 문법적인 면에서도 아무런 문제가 없는 완벽한 문장이 될 것임은 미루어 짐작하기 어렵지 않다.

(8) 가. 나는 [<u>우리의 소원은 통일임</u>]을 말했다.

나. [철수는 운동선수임]이 밝혀졌다.

따라서 이러한 예만 미루어 보더라도, '이다'를 서술어로 기능하는 용언으로 처리하려는 우리의 생각은 타당한 것임을 알 수 있겠으며, 또한 국어에서 서술어로 기능하는 것은 전적으로 활용을 할 수 있는 용언에 의해서만이 가능할 것임도 어느 정도 짐작하게 된 셈이다[11].

3. '이다'의 논항 구조

지금까지 '이다'가 비록 '의미'적으로는 선행 명사에 의존적이지만, 문법적인 면에서는 동사나 형용사와 마찬가지로 용언으로서 서술어의 역할을 수행하는 것임을 알아 보았는데, 이러한 우리의 생각은 '이다'의 부정 형식인 '아니다'와의 논항 구조를 비교하여 보면 보다 확실해진다.

일반적으로 '아니다'는 부정사인 '안'이 지정사인 '이다'와 직접 통합하여 산출된 단형 부정의 형식임은 부언할 필요를 느끼지 않으나[12], 이러한

---

11) '이다'를 하나의 '서술어'로 간주하는 우리의 논의와 관련하여, '서술어'를 '문법적 서술어'(grammatical predicate), '논리적 서술어'(logical predicate), '심리적 서술어'(psychological predicate) 등으로 구분하고 있는 논의가 있어 주목된다(영어학 사전(1990)). 여기서 말하는 각각의 '서술어'란, 가령 "John is honest"와 같은 문장을 예로 들면, 'is'는 '문법적 서술어'에 해당하고, 'is honest'는 '논리적 서술어'에 해당하며, 'honest'는 '심리적 서술어'에 해당한다는 것으로서, 여기서 실지로 언어학과 관련된 '서술어'의 개념은 '문법적 서술어'일 것이며, 나머지 둘은 어디까지나 '문법적 서술어'를 보충해 주는 개념일 것임을 알 수 있는데, 이러한 구분은 그대로 국어의 '지정사 구문'에도 적용될 수 있을 것으로 보인다.

12) 국어의 경우 하나의 긍정문에 대응되는 듯이 보이는 두 가지 형식의 부정문, 즉 단형 부정문과 장형 부정문의 존재 및 이와 관련하여 제기된 여러 문제가 그 간 학계에서 큰 논란거리가 되어왔음은 이미 잘 알려진 사실이다. 그러나 역사적으로 볼 때 단형 부정문은 장형의 부정문보다 더 고대형인 것으로 믿어질 뿐만 아

통합 방식이 다른 경우와 완전히 동질적인 것임은 다음의 경우를 보면 확실하게 드러날 수 있다.

> (9) 가. 영이가 학생<u>이다</u> / 학생이 <u>아니다.</u>
> 나. 순이가 <u>웃었다</u> / <u>안 웃었다.</u>
> 다. 하늘이 <u>푸르다</u> / <u>안 푸르다.</u>
> 라. 그 소녀가 밥을 <u>먹는다</u> / <u>안 먹는다.</u>
> 마. 순이가 철수에게 편지를 <u>보냈다</u> / <u>안 보냈다.</u>

위의 예는 각각의 긍정문에 부정사인 '안'을 서술어와 통합시켜 '단형 부정문'으로 만들어 본 것인데, 일단 이 정도의 예만 놓고 본다고 하더라도 (9가)의 경우는 (9나 - 마)의 경우와 하등의 차이가 없는 동궤의 언어 현상을 드러내고 있음을 알 수 있는 것이다. 따라서 우리는 여기서, 만일 어떤 용언에 부정사가 통합하여 부정문을 산출하였을 때 해당 부정문에 어떤 언어 현상이 나타난다고 하면, 이러한 언어 현상은 그대로 (9가)와 같은 '아니다' 형식의 부정문에도 그대로 적용되어야 할 것임을 미루어 짐작하기 어렵지 않다.

(9)에서의 긍정문을 대당 부정문과 비교해 볼 때, 두드러지게 나타나는 언어 현상 중의 하나로서 논항 구조와 관련된, 소위 '자릿수'의 문제를 들 수 있다. 논의의 편의상 (9나 - 마)의 예를 다시 가져와 살펴 보자.

> (10) 가. [순이]가 <u>웃었다</u> / <u>안 웃었다.</u>
> 나. [하늘]이 <u>푸르다</u> / <u>안 푸르다.</u>

니라, 분포적으로도 단형 부정문은 부정사 '안'이 서술어의 바로 앞에 통합되어야만 하므로 적용의 범위가 매우 한정되게 되는데, 이러한 형식상의 제약을 극복하기 위한 부정 형식이 장형 형식의 부정문이라는 논의에 대해서는 박정규(1996)을 참고하기 바란다.

다. [그 소녀]가 [밥]을 <u>먹는다</u> / <u>안 먹는다.</u>
라. [순이]가 [철수]에게 [편지]를 <u>보냈다</u> / <u>안 보냈다.</u>

위의 예는 문장의 성격이 긍정문에서 부정문으로 바뀌었다고 해도 논항 구조에는 아무런 영향이 없음을 알아 보기 위한 것인데[13], 이러한 현상을 일단 (10가)의 예를 보면 확연하게 알 수 있다. 즉 (10가)의 경우에는 긍정문의 서술어인 '웃었다'에 부정사 '안'이 통합되어 '안 웃었다'와 같이 부정문으로 바뀌었다고 해도, 논항 구조에는 아무런 변화도 초래하지 않음을 알 수 있는 것이다. 이를 다음과 같이 나타낼 수 있겠다.

(11) 가. 웃다 : [논항1, _____]
나. 안 웃다 : [논항1, _____]

그런데 이러한 현상은 (10나 - 라)의 경우에도 그대로 적용될 수 있다. 다음을 보자.

(12) 가. 푸르다 : [논항1, _____ }
나. 안 푸르다 : [논항1, _____]
(13) 가. 먹다 : [논항1, 논항2, _____]
나. 안 먹다 : [논항1, 논항2, _____]
(14) 가. 보내다 : [논항1, 논항2, 논항3, _____]
나. 안 보내다 : [논항1, 논항2, 논항3, _____]

그러므로 우리는 이러한 언어 현상이 '이다'가 쓰인 경우라고 하더라도, '아니다'의 논항 구조로 미루어 볼 때, '아니다'의 논항 구조가 그대로 '이

---

13) 논항 구조에 아무런 영향을 미치지 않는 것은 장형 부정문도 마찬가지이나, 여기서는 단형의 부정문만을 생각하기로 한다.

다'에도 적용되어야 할 것임을 쉽사리 짐작할 수 있다. '아니다'의 논항 구
조는 다음과 같다.

>   (15) 가. 철수가 학생이 <u>아니다.</u>
>   나. 아니다 : [논항1,   논항2,   _____]

그러나 만일 여기서 기존의 논의에서와 같이 '명사+이다'의 통합체를
하나의 서술어로 간주하면, 부정문의 생성과 관련하여 서술어로 쓰이는
다른 용언들의 경우와는 달리, '명사+이다'의 서술어는 부정사와 통합되었
을 경우 논항이 하나 추가된다고 하는 식의 설명을 해야 하는데, 이러한
문법적 기술은 결코 바람직하다고 볼 수 없는 것이다(엄정호(1989))[14]. 그런
데 이러한 비대칭 현상은 '이다'를 하나의 용언으로서 서술어의 역할을 하
는 것으로 간주하면 아무런 문제점이 없을 것임은 부언할 필요를 느끼지
않는다.

>   (16) 이다 : [논항1,   논항2,   _____][15]

그러므로 이러한 언어 현상을 바탕으로 하면, 적어도 국어에서 서술어
를 이룰 수 있는 것으로는 동사나 형용사와 같은 용언 이외에도 자립성은
없으나 명사에 통합되어 쓰이는 '이다'도 훌륭한 서술어의 기능을 수행할

---

14) 이러한 우리의 지적은 상당한 타당성을 획득할 수 있는 것으로 보인다. 왜냐하
   면 부정문이란 것은 어디까지나, 대당 긍정문의 서술어에 부정사 '안'이 통합되어
   대당 긍정 서술어의 서술 작용에 영향을 미치는 것이지, 논항 구조의 변화를 초
   래하는 절차가 아닌 것으로 상정할 수 있기 때문이다(박정규(1996)).

15) 이럴 경우 두 개의 논항 간에는 '類'와 '種'의 의미 관계와 같은 '선택 제약이 작
   용하는 것으로 보이나(이승욱(1985), 남기심(1986)), 이승욱(1985)에서의 지적대로
   이러한 구별이 통사상 그다지 큰 중요성을 갖는 것은 아니다.

수 있다고 결론할 수 있겠다.

한편 이러한 우리의 논의와 관련하여 다음과 같은 의문이 생길 수 있을
지도 모른다. 즉 '이다'를 하나의 용언으로서 서술어로 간주한다고 하면,
'아니다'의 경우에는 '논항2'에 격조사(이른바 보격 조사)가 통합되어 나타나
기 때문에 이러한 현상이 그대로 '이다'에도 적용되어야 할 것인데, 다음
에서 볼 수 있듯이 '이다'의 경우에는 어찌해서 격조사가 통합되면 거의
비문으로 인식될 수 있을 정도의 현상이 생기는가 하는 의문이 그것이
다16).

> (17) 가. *철수가 <u>바보가</u> 이다.
> 나. *영이가 <u>학생의</u> 이다.

이러한 지적은 일견하기에는 타당한 것으로 보인다. 사실상 (17)과 같은
경우는 쓰일 수가 없기 때문이다. 따라서 단순히 이러한 현상에만 근거한
다면, '이다'를 서술어로 볼 수 있다고 하는 우리의 논의가 많은 무리가

---

16) 사실상 이러한 현상은 동사나 형용사가 서술어로 쓰이는 경우에는 찾아보기 어
려운 것이므로, '이다'가 선행 요소에 전혀 격을 배당할 수 없는 것처럼 보이는 외
현적인 현상에만 주목한다면, 고창수(1985, 1992)나 시정곤(1993)에서와 같이 '이다'
는 통사적 접사로 기능하고 있는 것이라고 할 수 있을지도 모른다. 그러나 이러
한 처리 방식은 일련의 파생접사와 통합된 어기(base)가 서술어로 기능하는 경우
를 제외하면, 어디까지나 명사는 문장 내에서 논항으로 기능한다고 하는 앞에서
의 우리의 논의에 따를 경우, 일단은 그 논리적 기반이 흔들린다는 취약점을 안
고 있는 이외에도, '이다'를 접사라고 한다면 '이다'의 단형부정 형식인 '아니다'가
'안+이다'의 통합체가 분명한 이상, 부정사 '안'이 자동적으로 명사로 처리될 것인
데(왜냐하면 '이다'가 접사이므로 그 선행 요소는 당연히 명사가 될 것이기 때문
이다), 이는 매우 기묘한 결과를 초래하게 될 뿐만 아니라 논리적으로도 '안'을 명
사라고 한다면 동사나 형용사와 통합된 '안'은 왜 명사가 될 수 없는가 하는 문제
도 유발하기 때문에 쉽사리 받아들일 수 없는 견해라고 할 것이다. 이 문제와 관
련한 보다 자세한 논의는 박정규(1996)을 참고하기 바란다.

있는 것이라고 할 수 있을지도 모른다.

그러나 우리가 보기에는 이러한 언어 현상이 과연 '아니다'의 경우에서 '논항2'에 반드시 격조사가 나타난다고 하는 논의와 동일한 평행선 상에 놓고 생각해 볼 수 있는 문제인지에 대해 의심을 가진다. 다음의 경우를 보면, '아니다'의 경우 반드시 '논항2'에 격조사가 통합되어야 하는지 의심을 가지게 하는 것이다.

> (18) 가. 영이가 학생이 아니다.
> 　　 나. 영이가 <u>학생</u> 아니다.
> 　　 다. <u>영이 학생</u> 아니다.

우리의 직관으로는 아무도 (18나)의 경우, '논항2'인 '학생'에 아무런 조사가 통합되지 않았다고 해서 해당 예를 부적격한 것으로 판단하지 않을 뿐만 아니라, 심지어 '논항1'의 주격조사까지 생략된 (18다)의 경우조차도 아무 문제가 없다고 생각하는 것이다. 이러한 우리의 생각은 다음과 같은 경우를 보면 보다 확연해진다.

> (19) 가. 너(는) 어디(에) 가니?
> 　　 나. 나(는) 학교(에) 간다

위의 예는 일반적인 대화에서 흔히 쓰이는 것인데, 이러한 경우에는 조사가 통합되는 경우가 오히려 어색하게 느껴지는 것이다. 따라서 여기서 우리는 어떤 서술어가 논항을 지배(govern)하여 격(case)을 배당한다고 할 때, 그 격이 외현적으로 반드시 실현되어야만 하는가의 문제에 대해 다시 생각할 필요를 느낀다. 이는 다시 말하면, 격이라고 하는 것은 서술어와 관련하여 어떤 논항이 주어로서 기능하고 있을 때 해당 논항에 배당되는 것이 '주격'이며, 논항이 목적어로 기능하고 있을 때 해당 논항에 배당되는 것이 '목적격'이라는 것이지, 그 격이 반드시 외현상 드러날 필요는 없다는 것이다[17]. 격이 반드시 외현적으로 드러나는 것이 아니라는 우리의 생각은 다음의 경우를 보면 보다 확실해진다.

    (20) 가. 철수는 바보 같다.
        나. *철수는 바보와 같다.

일반적으로 '같다'는 보어로서 'N+와/과'를 요구하는데, '추측'의 의미를 지니게 되면 (20나)의 예와 같이 오히려 '와'가 통합하게 될 경우 비문으로 인식되는 것이다[18].

---

17) 그렇다고 해서 우리의 이러한 지적이, 국어에서 격조사가 필요없다거나 또는 격조사의 문법적 역할을 경시할 수도 있다는 것을 뜻하는 것이 아님은 부언을 요하지 않는다. 왜냐하면 다음과 같은 경우, 즉 "__가 __를 먹었다"와 같이 격조사가 나타난 예만 보더라도 밑줄친 부분에 어떤 것들이 통합될 수 있는지를 쉽게 짐작할 수 있을 뿐만 아니라, 경우에 따라서는 격표지가 생략되었을 경우 해당 문장은 비문으로 여겨질 만큼 반드시 있어야 할 경우도 있기 때문이다. 그러나 그렇다고 하더라도 '격'이란 것이 격표지 자체가 가지는 것이 아니라 어디까지나 격표지가 실현된 '논항'인 '명사' 내지는 '명사구'에 배당되는 것이고 보면, 격표지가 생략되었다고 해서 해당 논항이 아무런 격도 가지지 않는다고는 볼 수 없을 것이며 또 격이란 것이 각 언어에서 어떠한 형식으로 실현되든 상관없이 모든 언어에 보편적으로 있는 '심층격'(deep case)으로도 이해할 수 있을 것이기 때문에, 우리의 이러한 지적에 큰 무리가 있는 것으로는 여겨지지 않는다.

18) 여기서 우리는, '추측'의 의미를 지닌 '같다'를 "영이는 영수와 성격이 같다"에서의 '같다'와 동일한 것으로 취급할 수 있을 것인지에 대해 의심을 가지나, 사실상 이 문제는 우리의 당면 관심사가 아니다. 잠정적인 제안에 지나지 않는 것이지만, '추측'의 의미를 지닌 '같다'는 형태적으로 거의 접사화된 것으로 봄이 타당할 듯도 하다. 한편 격표지 실현과 관련하여, 기존의 논의에서는 유독 '이다'만이 선행 체언에 격표지 실현을 요구하지 않는다고 보아왔으나(김광해(1983), 고창수(1992) 등), 이러한 지적은 잘못된 것임을 알 수 있겠다.

그러므로 이러한 우리의 지적이 타당하다면 '이다'와 관련해서도 '이다'
는 '논항2'에 외현적으로는 드러나지 않는 내재적으로 실현되는 격을 배당
한다고 보면(즉 '명사＋∅'), 별다른 문제가 생기지 않음을 알 수 있겠다.

4. '이다'와 '아니다'의 비교

'이다'가 하나의 서술어라는 우리의 생각은, '이다'의 부정 형식이 왜 '아
니다'인가[19] 하는 문제와 결부시켜 보면 보다 확실해진다. 다음의 예를 보
자.

> (21) 가. 철수가 <u>학생이다.</u>
> 나. *²철수가 <u>안 학생이다.</u>
> 다. 철수가 학생이 아니다.

만일 기존의 논의에 따라 명사 내지 '명사＋이다'의 통합체가 하나의 서
술어라면, 원칙적으로 (21나)의 예가 성립하지 못할 이유는 없어야 한다.
앞에서 지적한 바와 같이 단형 부정문의 경우 부정사인 '안'은[20] 서술어의

---

19) '아니다'의 처리 방법과 관련하여, '아니다'는 '안＋이다'에서 기원된 것이 확실하
　　다고 해도, 이미 하나의 단어처럼 굳어진 것으로 보일 뿐만 아니라 또 실지로도
　　외견상 하나의 서술어로 기능하고 있는 것처럼 보이기 때문에, 기존의 학교 문법
　　에서와 같이 '형용사'로 처리하는 관점이 어느 정도는 타당성을 획득할 수 있을지
　　모른다. 그러나 이러한 논리에만 근거하면 부정사가 품사 범주을 바꾸는 것이 아
　　닌 한, '아니다'가 부정사 '안'과 지정사 '이다'가 통합된 것이 확실하기 때문에 '이
　　다' 또한 형용사라는 주장이 얼마든지 가능할 것이므로, 결코 바람직한 처리 방식
　　이라고는 할 수 없을 것이다. '이다'를 형용사로 볼 수 없는 이유는 뒤에서 다시
　　논의할 것이다.
20) 현대 국어에서 부정사인 '안'이 부사의 범주에 속한다고 하는 것은 지금까지 자
　　명한 사실로 인정을 받아왔으나, 부정사 '안'의 형태·통사적 성격으로 미루어 볼

바로 앞에 통합하여야 하기 때문이다. 그럼에도 불구하고 (21나)의 예가
성립하지 못하는 것은 일단 명사 내지 '명사+이다'의 통합체가 하나의 서
술어가 아니라는 사실을 암시하기에 충분한 것으로 여겨진다.

　이러한 사실은 '이다'의 선행 요소를 면밀하게 검토해 보면, 더욱 확실
하게 드러날 수 있는데, 일반적으로 '이다'가 선행 요소로서 명사 이상의
단위와 통합한다고 함은 앞에서 언급한 바와 같다[21]. 다음의 예를 보자.

　　(22) 가. 철수가 [믿음직한 학생]이다.
　　　　　나. 영이가 [내가 어제 만난 학생]이다.

　위의 예를 보면, '이다'의 선행 요소는 단순히 명사가 아니라 '명사구'

때 '안'은 단순히 부사의 역할을 수행하는 것이 아니라, 후행 긍정 서술어의 어간
과 더불어 부정 서술어를 이루기 위한 접사적 성격의 것임을 심도있게 논의한 것
으로 박정규(1996)을 참고하기 바란다. 한편 부정사인 '안'이 중세 국어 시기에는
'아니'의 형태로서 '명사적 용법'으로도 사용되었다고 하는 보고가 있어(안병희
(1959)) 주목을 요하나, 실지로 이 논의에서 검토되고 있는 대다수의 예를 면밀히
살펴 보면, "이 生이며 生 아니룰 굴히느니"(법화경언해, 5.3)나 "숨가락과 숨가락
아니예 나몬"(능엄경언해, 2.61) 또는 "이와 이 아니왜 이시리오"(능엄경언해, 2.57)
등의 예에서 볼 수 있는 것처럼, 비록 격조사는 생략되었지만 '아니'가 '生'이나
'숨가락' 또는 '이' 등의 주어에 대한 서술어로 기능하고 있음을 알 수 있기 때문에
(이 경우 '이다'의 '이'는 음운 환경상 생략된 것으로 보인다.), '격조사'가 단순히
선행어인 '아니'와만 통합된 것이 아니라 '조사'가 선행어로서 '명사절'과 통합된
것으로도 볼 수 있게 해 줄 뿐만 아니라, '아니'를 명사라고 한다면 엄정호(1989)
에서 지적한 대로, 우리는 명사가 논항을 그것도 주격을 요구할 수 있다는 것을
인정해야 하는 부담을 고스란히 떠맡게 되므로, 단순히 격조사와의 통합만을 가
지고 '아니'를 '명사'라고 속단할 수만은 없는 듯하다.

21) 이러한 지적은 사실상 어폐가 있다. '이다'에 선행하는 요소는 실제로 일부의 부
　　사(심지어는 격조사에 의해 표현된 문장 성분으로서의 일부 부사어)와 '-적'형의
　　한자어 구성에 이르기까지 실로 다양하기 때문이다. 그러나 '이다'에 여러가지 요
　　소가 선행한다고 하여도 이들은 어디까지나 '체언상당어구(NP)'에 해당하는 것이
　　기 때문에(최정순(1991)), '명사(구)'라고 하여도 큰 무리는 없을 것으로 여겨진다.

내지는 '명사절'도 얼마든지 가능함을 확인할 수 있는데, 명사 내지 '명사+이다'의 통합체를 서술어로 간주하는 관점에서는 위의 예에서의 서술어도 일관성을 유지하여, 각각 '믿음직한 학생'이나 '내가 어제 만난 학생'을 서술어로 간주하거나 또는 '믿음직한 학생이다'와 '내가 어제 만난 학생이다' 전체를 서술어로 간주하여야 할 것이며, 또 이들을 서술어로 간주한다면 해당 서술어의 바로 앞에 부정사인 '안'을 통합시켜서, 다음과 같은 부정 형식이 얼마든지 가능하다고 해야 할 것이다.

(23) 가. *철수가 [안 [믿음직한 학생]]이다
     나. *영이가 [안 [내가 어제 만난 학생]]이다
(24) 가. *철수가 [안 [믿음직한 학생이다]]
     나. *영이가 [안 [내가 어제 만난 학생이다]]

그러나 사실상 위와 같은 부정 형식은 불가능하다. 이들 예의 올바른 부정 형식은 다음과 같을 것이다.

(25) 가. 철수가 믿음직한 학생이 <u>아니다.</u>
     나. 영이가 내가 어제 만난 학생이 <u>아니다.</u>

따라서 '이다'의 선행 요소로서 어떤 단위가 통합되든지 관계없이 항상 '아니다'의 부정 형식이 가능하다고 하는 것은, 더 이상 명사 내지 '명사+이다'의 통합체를 하나의 서술어로서 간주하는 것이 불가능함을 입증하는 증거라고 하겠다[22].

---

22) 앞에서도 지적했지만 실상 이 문제는 '이다'를 접사로 간주할 수 없다는 우리의 주장을 강력하게 입증하는 증거라고 하겠다. 그런데도 군이 '이다'를 접사로 본다고 하면, 그럴 경우 어떤 접사는 부정사와 통합할 수 있고 어떤 접사는 부정사와 통합할 수 없다고 하는 식의 설명이 뒤따라야 할 것인데, 우리가 보기에 이런 식

'이다'가 서술어라는 우리의 생각은, '이다'가 단순히 명사와만 통합되었을 경우에는 장형 부정의 방식이 그다지 생산적인 것이 아니라는 사실에 의해서도 간접적으로 지지를 받을 수 있을 것으로 보인다. 다음의 예를 살펴 보자.

(26) 가. 영이가 학생<u>이다.</u>
　　　나. 영이가 학생이 <u>아니다.</u>
　　　다. ^{??}영이가 학생<u>이지 않다.</u>

위의 예를 보면, '이다'의 부정 형식 중 장형 부정 방식을 취한 (26다)는 사실상 받아들이기 어려운 것으로 여겨지는데, 이러한 면은 다른 용언이 서술어로 쓰인 경우 장형 형식의 부정문이 모두 허용되는 것과는 자못 다른 면을 보여 주는 것이다. 다음을 보면 이러한 차이를 확연하게 알 수 있다.

(27) 가. 순이가 <u>웃었다</u> / 웃지 않았다.
　　　나. 하늘이 <u>푸르다</u> / 푸르지 않다.
　　　다. 그 소녀가 밥을 <u>먹는다</u> / 먹지 않는다.
　　　라. 순이가 철수에게 편지를 <u>보냈다</u> / 보내지 않았다.

우리는 이러한 현상을 다음과 같이 설명할 수 있을 것이다. 즉 '이다'의 부정 방식은 '이다'가 통합한 명사가 '보통 명사'일 경우는 '-이지 않다' 형식의 부정이 자연스럽다는 사실이나(가령, "이것은 책이지 않다" 등) 또는 접미사 '-적'을 가진 경우의 '못' 부정은 '-이지 못하다'로만 쓰일 수 있다는

의 설명은 국어 형태론의 전반적인 기반을 흔들어 놓을 수도 있을 만큼 심각한 결과를 초래할 것으로 여겨진다.

사실(가령 "그는 매사에 적극적이지 않다/못 하다" 등)로 미루어 보더라도, '-이지 아니하다'의 부정 형식이 원리적으로 불가능한 것은 아니었으나(임홍빈 편(1993)), '이다'의 부정 형식은 '이다'에 부정사 '안'이 통합된 '아니다' 형식이 확고하게 자리를 잡았기 때문인 것으로 설명할 수 있을 듯하다.

따라서 '이다'의 부정 형식이 '아니다' 형식으로 고정되었다는 것은, '이다'가 확실하게 하나의 용언으로서 서술어로 기능하기 때문에 가능하였으리라는 생각이 타당함을 한층 강화시켜 주는 것이라고 하겠다.

5. '이다'의 자립적 성격

지금까지의 논의만으로도 그 동안 여러가지 관점에서 검토되어온 '이다'가 서술어를 이룰 수 있는 다른 범주의 것, 즉 동사나 형용사와 마찬가지로 하나의 용언으로서 서술어로 기능하는 것임을 알 수 있겠는데, 지금까지의 우리의 논의와 관련하여 다음과 같은 의문이 생길 수도 있다. 즉 서술어를 이루는 것 중, 동사나 형용사는 얼마든지 자립적으로 사용될 수 있으므로 하나의 서술어로 간주하는 것이 별반 무리가 없으나, '이다'는 전혀 그렇지 못하기 때문에 하나의 용언으로서 서술어로 간주하기에는 많은 무리가 따르지 않느냐는 의문이 그것이다. 사실상 이 문제는 그 동안 '이다'를 온전한 서술어로서 간주할 수 없다는 관점을 지지하는 강력한 근거를 제공하는 것으로서 여겨져 온 것으로 보인다.

그런데 만일 자립성 여부가 독립 품사 설정의 기준이 될 수 있다고 한다면, 사실상 우리는 이미 국어 문법에서 이러한 기준이 적용되지 않는 실례를 찾아 볼 수가 있다. 즉 전혀 자립적이지 못한데도 하나의 품사로 간주하는 실례가 있다는 것이다. '조사'의 경우가 바로 그것이다. 조사는 전혀 자립적일 수가 없는데도 하나의 품사로서 처리하고 있는 것이다[23]. 이러한 처리 방식은 각종 '어미'류와 비교해 보면 더욱 두드러진다. 어미 또한 전혀 자립적이지 못한 것은 조사의 경우와 별반 차이가 없기 때문이다.

그러나 사실상 '이다'가 자립적일 수 없다는 것도, 다음과 같은 예를 보면 별반 설득력이 없다고 할 수 있다.

> (28) 가. 그 문제는 '<u>이다/아니다</u>'라고 섣불리 판단할 문제가 아니다.
> 나. 그렇게 '<u>이다</u>'라고 단정적으로 얘기하지는 말아라.

위의 예를 보면, '이다'가 '그렇다'의 의미를 가질 경우에는 얼마든지 자립적으로도 쓰일 수 있기 때문에, 우리는 여기서 '이다'가 언제나 비자립적인 것만은 아니라는 사실과 함께 하나의 용언으로서 완전한 서술어로 처리되어야 함도 알 수 있는 것이다.

또한 경우에 따라서는 '이다'의 어휘적 의미의 미약성으로 말미암아 '이다'의 독립성을 의심할 수도 있다. 그러나 어휘적 의미가 뚜렷하지 못한 것은 다음의 예에서 볼 수 있는 것처럼, '하다'의 경우도 마찬가지이다(임홍빈·장소원(1995)).

> (29) 가. 그가 예쁘기는 하다.
> 나. 그가 놀기는 한다.

위의 예에서의 '하다'는 사실상 어떤 뚜렷한 어휘적 의미를 가진다고 하기 어려울 뿐만 아니라 품사조차 확정되어 있지 않은데도, (29가)의 '하다'

---

23) 물론 국어에서 조사를 하나의 품사로 처리하고 있는 것은 무엇보다도 조사가 생략되는 현상에 근거한다. 굴절어미가 있을 자리에 있지 않고 생략되는 현상이란 있기 어렵기 때문이다(이익섭·임홍빈(1983)).

는 형용사이며 (29나)의 '하다'는 동사인 것이다. 따라서 이러한 사실로부터도 어휘적 의미의 강약은 결정적 중요성을 가지지 못함을 알 수 있겠다.

한편 이상의 논의를 바탕으로 해서 '이다'를 하나의 용언으로서 서술어로 간주할 충분한 이유가 있다고 하더라도, '이다'를 동사나 형용사와 다른 범주의 것으로 보아서 또 다른 서술어 범주를 설정할 것이 아니라, '이다'가 동사나 형용사 중 어느 하나와 유사한 성질을 가졌다고 하면, 둘 중 어느 하나의 범주에 귀속시키는 것이 보다 타당한 처리 방법이 아니겠냐는 의문이 제기될 수도 있다[24]. 그런데 '이다'가 동사나 형용사 중 어느 하나의 범주에 귀속될 수 있다면, 서술어의 목록을 따로 설정하지 않아도 되는 경제적 효과를 얻을 수 있을 것이므로, 만일 가능성이 충분하다면 이러한 주장은 상당한 설득력을 가질 수 있을 것으로도 보인다.

그러나 우리는 어디까지나 '이다'의 분포를 중요시해야 한다고 생각한다. 즉 '이다'는 일반적인 경우, 분포상 자립적이지 못하고 명사와 통합하여 명사구 통합체를 '의미적 서술어'로 기능하게 하는 특성을 가지고 있으므로, 이런 특성은 동사나 형용사의 특성과는 다른 면이 있는 것이다. 이러한 특성을 무시하면서까지 '이다'를 동사나 형용사 중 어느 하나의 범주로 묶으려는 시도는 아무래도 무리일 것으로 여겨진다. 이는 우리가 동사

---

24) 이러한 일련의 논의를 이광정(1994), 이준희(1996), 임홍빈·장소원(1998) 등에서 찾아 볼 수 있다. 가령 임홍빈·장소원(1998)에서는, '이다'가 활용상 특이한 형태를 띠는 일도 있고 특이한 체언에 대하여 '-느-'가 쓰이는 일도 있으며 또 특이한 구성에서는 어미가 제약되는 일도 있으나, 일반적으로 '이다'는 형용사의 활용과 일치한다고 하여 형용사로 처리하고 있는 것이다. 그러나 이러한 처리 방식은 우선 논리적으로도 받아들이기 어렵다. 왜냐하면 '이다'의 활용이 '일반적으로' 형용사의 활용과 일치한다고 해서 그것이 '이다'를 그대로 형용사로 처리할 수 있다는 것을 의미하지는 않기 때문이다. 즉 전적으로 형용사의 활용과 일치하면 모르되, 그렇지 않다고 하면 '이다'는 형용사와는 분명히 다른 성격의 것으로 구분되어야 한다는 것이 우리의 생각이다. 자세한 것은 후술될 것이다.

와 형용사를, 주체를 풀이하는 기능에 근거하여 같은 용언의 범주로 묶으면서도 다른 품사 범주로 간주하는 이유와 마찬가지이다. 다음의 경우를 보면, 동사와 형용사가 다른 성격을 보여 주고 있음을 알 수 있다.

> (30) 가. 영이가 밥을 <u>먹고 있다.</u>
> 나. *영이가 <u>예쁘고 있다.</u>

위의 (30나)가 성립하지 않는 이유는 자명하다. 일반적으로 형용사란 "사물의 성질이나 상태를 나타내는 말"(남기심·고영근(1985))이므로 '동작상'을 나타내는 '-고 있다'와 공기할 수 없는데도, (30나)는 형용사와 '-고 있다'가 공기하고 있기 때문인 것이다. 따라서 '-고 있다'가 "사물의 움직임을 과정적으로 표시하는 품사"인 동사와 공기한 (30가)의 예는 아무런 문제도 없음이 당연하다. 이러한 차이에도 불구하고 동사와 형용사가 "주체를 풀이하는 기능"을 가지고 있기는 마찬가지라는 사실에만 근거하여, 이 둘을 하나의 품사 범주로 묶으려는 시도는 문제점을 내포할 수밖에 없음을 미루어 짐작하기란 어렵지 않다.

'이다'가 독립적인 품사로 설정되어야 하는 또 다른 근거는 '이다'의 활용형이, 다음에서 볼 수 있는 것처럼, 동사나 형용사와는 자못 다르다는 사실에서 찾을 수 있겠다(허웅(1995)).

> (31) 가. 사람이로다 / -로구나 / -어든 / -라야 / -라도 / -어니와…
> 나. *먹로다 / *-로구나 / *-어든 / *-라야 / *-라도 / *-어니와…
> 다. *예쁘로다 / *-로구나 / *-어든 / *-라야 / *-라도 / *-어니와…

그런데 이러한 사실은 우리가 앞에서 동사와 형용사를 구분하는 기준으로 형태·기능적인 면이 가장 큰 역할을 한다고 언급하였던 것과 상통하는 바가 있다. 따라서 '이다'에 통합되는 어미가 따로 존재한다는 것은 지정사 또한 독립적인 것으로 설정되어야 함을 입증하는 강력한 증거라고 할 것이다.

6. 지정사로서의 '이다'

지금까지의 우리의 논의가 타당한 것이었다면, 이제 '이다'를 어떤 용어로 부르는 것이 온당할 것인가 하는 문제만이 남은 셈이다. 이 문제와 관련하여 우리는 '이다'에 어떤 새로운 용어를 주는 것과 같은 일은 하지 않으려 한다. 우리가 보기에는 기존의 용어 중 지금까지 암묵적으로 사용해 온 '지정사'란 용어가 '이다'의 성격을 어느 정도 잘 드러내 주는 것으로 여겨지기 때문이다.

물론 이 용어 이외에도 '계사'라고 하는 용어가 있는 것이 사실이긴 하지만[25], 계사란 용어를 잘 음미해 보면 이 용어가 반드시 '이다'를 가리키는 경우에만 쓰여야 할 논리성 내지는 당위성을 찾아보기란 매우 어렵게 느껴진다.

사실상 '이다'가 계사라고 명명된 것은 순전히 논리학적 개념을 원용한 것이었다. 논리학에서 사용되는 계사란 용어는, "한 명제 내에서 한 질료(matter)와 다른 질료를 형식적으로 연결시켜 주는 항목을 가리키는 것"으로서, 이럴 경우 계사의 역할은 「A = B」의 형식을 가지는 범주명제에서는 동사가 담당하며, 「if A, then B」와 같은 형식을 가지는 복합명제에서는 접속사가 담당하게 된다. 따라서 논리학에서는 'be, if, then, and ……' 등의

---

25) 논자에 따라서는 '계사'란 용어 대신에 '연계사' 내지는 '연결사'와 같은 용어를 사용하기도 한다.

논리적 계산 부호에 해당하는 것을 모두 '계사'라고 부른다.

그러나 논리학적 개념이 모두 언어적 개념과 그대로 일치하는 것은 아니어서, 계사라고 하는 것은 표면적 존재가 아니라 기저적 존재에 불과하며 영어에서 계사로 처리하고 있는 'be'를 국어로 옮길 경우에는, '이다' 이외에도 이른바 존재 동사라고 불리는 '있다'도 '계사'에 해당될 뿐만 아니라26), '되다, 맞다, 틀림없다, 나가다(치)' 등의 동사들이 '계사류'라는 이름 아래 묶일 수 있기 때문에 문제를 일으킬 수 있다(김광해(1983/1995)).

한편 앞에서의 우리의 논의에 따라, 서술어의 역할이 논항들의 관계를 맺어 주는 것이라고 한다면, '이다' 또한 서술어의 역할을 하기는 마찬가지이고 또 이러한 역할을 하는 것은 서술어로 쓰일 수 있는 다른 어휘 항목, 즉 동사나 형용사도 마찬가지이기 때문에 굳이 '이다'만을 계사라고 명명할 근거가 없어지게 된다. 이는 달리 말하면, '계사'란 용어는, 가령 '영이가 학생이다'와 같은 문장에서 '영이=학생'의 관계를 맺어주는 역할을 '이다'가 수행하기 때문에, 두 개의 명사를 '이어 준다'라는 의미로서 계사란 용어를 받아 들일 경우, 선행 명사구를 이어 주는 역할은 단순히 '이다' 이외에도 동사나 형용사가 서술어로 사용될 경우도 마찬가지이기 때문에, 그다지 적절한 것으로 보이지는 않는다는 것이다.

따라서 우리는 '이다'의 명칭으로서 '지정사'란 용어가 가장 적절하다고 생각한다. 이미 앞에서 들었던 여러 예의 경우를 통해서도 알 수 있었지만, 가령 "저것이 칠판이다"라는 문장의 경우, '저것'이라는 주어의 내용을

---

26) 김광해(1983/1995)에서는 다음과 같은 예를 들고 있다.

영어	국어
That man is John.	그는 학생이다.
John is a Catholic.	그 학생은 기독교 신자이다.
There are lions in Africa.	책상에 책이 있다.
The book is John's.	그는 책이 있다.

서술하는 기능을 '이다'가 갖도록 지정하는 의미가 강하게 느껴지기 때문이다(남기심·고영근(1985))[27]. 이럴 경우, 지정사란 용어는 어디까지나 '의미'에 의해 구분된 명칭이 되겠는데, 이러한 명칭은 동사나 형용사란 용어의 명명 방법과도 일치하므로 일관성을 유지할 수 있겠다. 동사나 형용사란 용어도 어디까지나 '의미'에 의해 구분된 명칭이기 때문이다.

7. 맺음말

그 동안 국어 문법에서 '이다'의 처리 방식에 이견을 보여 온 것은, '명사+이다' 구성에서 서술어의 범위를 어디까지 설정할 수 있을 것인가에 대한 이견 때문에 빚어진 것으로 파악할 수 있으므로, '이다' 문제를 해결하기 위한 선결 과제는 무엇보다도 먼저 국어에서 서술어란 무엇이며, 또 어떤 역할을 하는 것인가 하는 문제를 면밀하게 검토하면 해결의 실마리를 잡을 수 있는 것이었다.

일반적으로 서술어란 '주어에 대하여 설명하는 말'을 이르는 것이긴 하나, 이러한 기능을 하는 것이 동사나 형용사와 같은 품사 범주에만 국한될 수는 없는 것이 사실이고 보면, 명사 또한 얼마든지 서술어로 기능할 수 있다고도 생각할 수 있겠으나, 일반적으로 '명사'는 어디까지나 문장 내에서 '논항'의 역할을 수행하는 것일뿐, 명사가 '문법적 서술어'로 기능한다는 것은 불가능하다고 결론할 수 있었다. 그러므로 이러한 논항들의

---

27) 그런데 "그는 매사에 성실이다"와 같은 경우를 보면, '이다'가 지정하는 기능을 하고 있다고 하기는 어려운 듯하다(남기심·고영근(1985)). 그러나 우리가 보기에는 사실상 이러한 예문은 의미상 통하기 어려운 것으로 보일 뿐만 아니라, 설사 용인 가능한 것이라고 하더라도 지정의 기능이 '약화'된 것이지 전혀 없는 것으로는 느껴지지 않기 때문에, '이다'를 지정사로 간주하는 것이 별반 문제를 일으킬 것으로는 보이지 않는다.

관계를 맺어주는 서술어가 반드시 있어야 할 것임은 당연하다고 할 수 있는바, 비록 외견상 비자립적인 것으로 여겨진다고 하더라도 '이다'는 어디까지나 온전한 서술어의 역할을 하는 것임을 알 수 있었다.

그런데 이러한 우리의 생각은 '이다'를 '아니다'와 비교해 본 결과, 부정 형식의 측면에서나 또 '아니다'와의 논항 구조적 측면에서나 대체로 온당한 것임을 확인할 수 있었는데, 그 명칭도 '계사'란 용어보다는 '지정사'란 용어가 대체로 타당할 것임을 아울러 논의하였다. 따라서 이러한 우리의 논의가 타당한 것이었다면, 이제 우리는 국어에서는 서술어로 기능하는 것은 오로지 동사, 형용사 그리고 지정사의 셋을 포함하는 용언의 범주에 속하는 것만이 가능할 수 있다고 봄으로써 보다 일관성 있는 설명을 추구할 수 있게 된 셈이다.

[참고문헌]

고영근 편(1985), 국어학 연구사-흐름과 동향-, 학연사.
고창수(1985), "어간형성 접미사의 설정에 대하여", 석사학위 논문(고려대).
_____(1992), "국어의 통사적 어형성", 국어학 제22집, 국어학회.
구본관(1998), "접미사의 사전적 처리", 새국어생활 제8권 제1호(봄), 국립국어연구원.
김광해(1983), "계사론", 난대 이응백 박사 회갑기념논총, 보진재.
_____(1995), 어휘연구의 실제와 응용, 집문당.
김문웅(1985), "구결의 'ᄒᆞ다'와 '이다' - 능엄경언해를 중심으로 -", 소당 천시권 박사 화갑기념논총, 형설출판사.
김민수(1994), "'이다' 처리의 논쟁사", 주시경학보 13집, 주시경연구소.
김완진(1970), "사이부동 단상", 국어국문학 49, 50 합병호.
김정남(1991), "동사와 문장구조의 관련성에 관한 연구", 국어연구제102호(서울대).
김인균(1995), "국어 파생어에 대한 형태·통사론적 연구", 한국어연구 제32호(서강대)
김주원(1994), "알타이제어의 계사", 주시경학보 13집, 주시경연구소.

김창섭(1994), 국어의 단어형성과 단어구조, 박사학위 논문(서울대).

_____(1996), "국어 파생어의 통사론적 문제들", 이기문 교수 정년퇴임기념 논문집, 신구문화사.

_____(1998), "접두사의 사전적 처리", 새국어생활 제8권 제1호(봄), 국립국어연구원.

남기심(1986), "'-이다' 구문의 통사론적 분석", 한불연구 제7집, 연세대 한불연구소.

_____(1996), 국어문법의 탐구 I -국어 통사론의 문제-, 태학사.

남기심·고영근(1985), 표준 국어문법론, 탑출판사.

남윤진(1996), "현대국어 조사 기술의 몇 문제", 이기문 교수 정년퇴임기념 논문집, 신구문화사.

박정규(1996), 국어 부정문 연구, 보고사.

_____(1997), "국어 용언의 하위 구분에 대한 일고찰", 서강어문 제13집, 서강어문학회.

서정목(1987), 국어 의문문 연구, 탑출판사.

_____(1994), 국어 통사구조 연구 I , 서강대학교 출판부.

서정수(1994), 국어 문법, 뿌리 깊은 나무.

송복승(1995), 국어의 논항구조 연구, 보고사.

송석중(1993), 한국어 문법의 새 조명 - 통사 구조 의미 해석 -, 지식산업사.

시정곤(1993), 국어의 단어형성 원리, 박사학위 논문(고려대).

안병희(1959), "중기어의 부정어 '아니'에 대하여", 국어국문학20, 국어국문학회.

안병희·이광호(1990), 중세국어 문법론, 학연사.

양정석(1986), "'-이다'의 의미와 통사", 연세어문학 19, 연세대 국어국문학과.

엄정호(1989), "소위 지정사 구문의 통사구조", 국어학 18, 국어학회.

영어학사전(1990), 신아사.

유복상(1990), 한국어 문법이론, 일조각.

유재현(1947), 국어 풀이씨 가름(국어용언분류), 역대 한국문법 대계, 탑출판사.

이광정(1994), "'이다' 연구의 사적 고찰", 주시경학보 13집, 주시경연구소.

이승욱(1973), 국어문법체계의 사적 연구, 일조각.

_____(1985), "체언의 용언화에 대하여", 어문연구 13-2·3, 일조각.

_____(1996), 국어 형태사 연구, 태학사.

이승재(1994), "'-이'의 삭제와 생략", 주시경학보 13집, 주시경연구소.

이영헌(1995), 기초 형식 의미론, 한신문화사.

이익섭·임홍빈(1983), 국어문법론, 학연사.

이익환(1995), 의미론 개론-수정·증보판-, 한신문화사.

이준희(1996), "'-이다'의 형용사적 특성", 한국학논집 제29집, 한양대 한국학연구소.

이현희(1994), "계사 '(-)이-'에 대한 통시적 고찰", 주시경학보 13집, 주시경연구소.

이희승(1959), "체언의 활용에 대하여", 국어국문학 20. 국어 국문학회.

이희자(1994), "'-이다'와 '발화문'", 주시경학보 13집, 주시경연구소.

임홍빈(1987), "국어의 명사구 확장규칙에 대하여", 국어학 제16집, 국어학회.

_____(1989), "통사적 파생에 대하여", 어학연구 25-1, 서울대어학연구소.

_____(1993), 뉘앙스 풀이를 겸한 우리말 사전(편저), 아카데미하우스.

임홍빈·장소원(1998), 국어문법론Ⅰ, 한국방송대학교 출판부.

전상범(1995), 형태론, 한신문화사.

최정순(1991), "국어의 "NP+'-이-' 구성"과 '-이-'의 형태/통사론적 특성", 석정 이승욱선
         생 회갑기념 논총, 서강대학교 국어국문학과.

최현배(1935/1961), 우리말본, 정음문화사.

_____(1956), "잡음씨의 세움", 한글 120, 한글학회.

허 웅(1995), 20세기 우리말의 형태론, 샘문화사.

Katamba, F.(1993), *Morphology*, The Macmillan Press Ltd.

Lyons, J. (1968), *Introduction to Theoretical Linguistics*, London & New York,
         Cambridge University Press.

_____(1981), *Language and Linguistics*, Cambridge, New York & Melbourne,
         Cambridge University Press.

_____(1995), *Linguistic Semantics*, Cambridge, New York & Melbourne,
         Cambridge University Press.

Oesterle, J. A.(1952), *Logic The Art of Defining and Reasoning*, N. J., Prentice Hall
         Inc.

Scalise, S.(1984), *Generative Morphology*, Foris Publications.

Spencer, A.(1991), *Morphological Theory*, Basil Blackwell.

〈어문연구 제26권 제3호 - 통권99호(한국어문교육연구회, 1998)〉

VI. 국어 용언의 하위 구분에 대한 일고찰

1. 머리말

하나의 문장이 여러 가지 이질적인 성격의 단어들로 이루어진다는 것은 부언을 요하지 않는 사실이나, 일반적으로 문법을 기술하는 데 있어서는 이들 단어들을 개별적으로 다루기보다 문법적 성질에 따라 비슷한 성격을 가진 것끼리 한데 묶어 가르고 또 그것들을 필요에 따라 더 크고 작은 범주로 분류하여 다루게 마련이다.

이럴 경우 문법적 성질의 기준을 어떻게 설정하느냐에 따라 여러 가지의 분류가 가능할 것임도 장황하게 언급할 필요를 느끼지 않지만, 그 동안 국어의 여러 가지 문법적 현상을 설명함에 있어 '품사'(parts of speech)라는 개념이 매우 유용한 문법적 기준이었음을 거론하는 데 이의를 세기할 사람은 아무도 없을 것이다[1]. 그러나 정작 국어에서 몇 개의 품사를 설정하는 것이 타당할 것인가 하는 문제에 대해서는, 특히 용언의 하위

---

1) 품사라는 용어는 원래 그리스 어에서 '문장 또는 구 등의 부분들(morētou logou : parts of sentence or phrase)'을 뜻하던 것이었는데, 영국·프랑스·독일 등지에서 'parts of speech'(영국), 'parties de discours'(프랑스), 'Rede-teile'(독일) 등과 같이 잘못 번역된 것이, 19세기 말 일본에서 '품사'라고 명명되어 우리나라에 그대로 차용된 것이라 한다.

구분과 관련하여 논자에 따라 의견이 분분한 실정인데, 그 동안 학계에서 꾸준하게 논란거리가 되어 온 것으로서, '지정사'와 '존재사' 설정의 문제를 들 수 있다[2].

물론 언어란 것이 고정된 것이 아니고 또 관점에 따라서는 현상을 해석해 내는 방법이 얼마든지 다를 수 있는 것이기 때문에, 품사의 설정 또한 다를 수 있다는 것이 하등 이상할 이유는 없겠지만, 여기서 제기되는 현안 문제가 "지정사와 존재사라는 독립적인 품사를 설정함으로써, 국어의 현상을 설명하는 데 얼마나 도움이 될 수 있겠는가?" 하는 것이고 보면[3], 이들을 독립적인 품사로 설정하는 것이 과연 얼마나 타당한 것인지의 여부를 면밀하게 검토하는 것도 국어 문법의 연구에 있어서 매우 의미있는 작업이 될 것으로 여겨진다.

그런데 이러한 작업을 효과적으로 수행하기 위해서는, 우선은 지정사와 존재사란 무엇이며, 이들 범주에 속하는 단어가 어떤 특성을 가지고 있기에 하나의 품사로서 인정되어야 하는가 하는 문제를 세밀하게 검토할 필요성이 있겠는데, 설령 지정사와 존재사를 설정할 만한 나름대로의 충분한 근거가 있다고 하더라도 이들이 기본적으로는 동사와 형용사와 함께

---

2) 사실상 이러한 문제와 관련하여 우리의 논의를 결론부터 말한다면, 지정사는 따로 설정할 만한 충분한 이유가 있으나 존재사를 따로 설정하기는 어렵다는 것이 우리의 입장이다. 실제로 이 존재사란 외견상으로만 본다면, 형용사와 동사의 양면성을 보여 어느 범주에도 소속시키기 어려운 특성을 보이는 것이 사실이기도 하지만, 존재사란 것이 동사와 형용사 그리고 지정사를 가르는 기준 중 그 어느 기준도 적용되지 않으면 모르되, 양자에 모두 적용되는 특성을 가졌다는 것이 존재사를 독립시켜야 된다는 논리를 적극적으로 입증하는 것으로 보이지 않기 때문이다. 자세한 것은 후술될 것이다.

3) 용언을 어떻게 하위 구분하느냐의 문제는, 가령 국어의 기본 문형 설정과 관련하여 매우 중요한 암시를 제공할 것으로 여겨진다. 국어의 기본 문형을 설정하는 데 있어 핵심적 역할을 하는 것은 서술어로서, 서술어의 유형을 결정하는 것은 결국 용언이기 때문이다.

용언에 속하여 서술어로 기능하는 것이고 보면, 이 문제는 결국 용언이란 무엇이고 또 기존의 논의에서는 용언의 하위 범주로서 왜 동사와 형용사만을 인정해 왔으며, 만일 동사와 형용사 이외의 다른 것을 용언의 하위 범주로서 설정할 수 있다면 어떤 것이 인정될 수 있겠는가 하는 문제와 맞물려 논의되어야 할 성질의 것임을 알 수 있겠다.

따라서 우선은 기존의 논의에서 용언을 하위 구분하는 기준으로 어떤 것들을 적용해 왔는지 살펴볼 필요성이 있겠다.

2. 용언의 갈래 및 구분 기준

용언이란 문장의 서술 기능을 떠맡는 단어 범주를 일컫는데, 문장이 주어와 서술어라는 두 가지 필수 기능 성분으로 이루어진다고 할 때, 그 기능의 하나인 서술어의 핵심 요소가 바로 용언이다[4]. 그런데 이 용언은 서

---

4) 우리의 이러한 지적과 관련하여 혹자는 다음과 같은 의심을 가질 수도 있다. 즉 동사와 형용사가 문장 내에서 서술어로 기능한다고 하는 것은 별다른 문제가 없다고 하더라도, 가령 "철수는 바보스럽다"와 같은 예에서는 '명사 + 접사'의 구조를 지닌 '바보스럽다'가 서술어로 기능하고 있기 때문에, '명사' 또한 서술어로 기능할 수 있지 않느냐는 의심을 가질 수도 있다는 것이다. 그러나 우리는 '바보스럽다'가 '명사 + 접사'의 구조를 지닌 것이라고 해도 '바보스럽-' 전체를 파생형용사로 처리하지, '명사'와 '접사'를 따로 구분하여 처리하지는 않으므로, 여기서의 우리의 지적은 아무런 문제도 발생시키지 않는다. 한편 일반적으로 '서술어'란 주어에 대하여 설명하는 말을 이르는 것으로서, 곧 주어의 행위나 상태, 성질 등을 기술하는 것이라고 할 수 있다. 서술어를 이렇게 해석하는 것은 물론 전통 문법적인 관점을 따른 것이다. 그러나 변형 문법의 영향으로 서술어를 해석하는 관점도 어느 정도는 달라졌다고 할 수 있는데, 그렇다고 해도 후자의 관점이 전자의 관점과 근본적으로 다른 것은 아니라고 여겨진다. 국어에서 서술어가 차지하는 중요성에 대해서는 장황하게 언급할 필요성을 느끼지 않으나, 단지 여기서 특별하게 언급하고 싶은 것은, 국어 문법에서 서술어의 중요성을 인식하게 된 것이 변형 문법에 기인한 통사론의 영향 때문만은 아니라는 사실이다. 이미 유재헌(1947)에서 서

술어의 구실을 하면서, 어떤 어미를 취하느냐에 따라 다른 역할을 하기도
하는데, 이렇게 어미에 의해 여러 가지 문법적 의미가 표시되는 현상을
'활용'(conjugation)이라고 함은 장황하게 언급할 필요를 느끼지 않으나, 용
언은 그 활용하는 모습과 나타내는 의미의 차이에 의해 '동사'와 '형용사'
로 구분되는 것이 일반적이다. 즉 용언의 어간에 통합될 수 있는 어미가
어느 경우에나 항상 동일한 것은 아니고 경우에 따라서는 통합될 수 없는
경우도 있는데, 이러한 어간은 따로 유형화될 수 있는 것이다.

이러한 사실은, 예컨대 동일하게 어미 변화를 하는 것으로 여겨지는 단
어인 '먹다'와 '작다'의 경우를 비교해 보면 잘 알 수 있는데, 두 단어 모두
활용을 하는 것은 마찬가지이나 명령형이나 청유형의 형성 및 여러 가지
어미와의 통합에서 차이를 보인다.

  (1) 가. 먹다 : 먹어라, 먹자
      나. 작다 : *작아라, *작자
  (2) 가. 먹다 : 먹는다, 먹은 사람
      나. 작다 : 작다 / *작는다, 작은 사람 / *작는 사람

위의 예를 보면 '먹다'의 경우에는 '시킴'의 의미를 지니는 '-어라'나, '권

"월의 뼈대가 되는 임자씨와 풀이씨가 가장 중요한 것이요, 특히 풀이씨는 어법적
임무가 크고 실제적 사용율이 많아서, 다른 여러 가지의 씨 가운데의 수위될만한
구실과 힘과 값을 가지고 있음은 부인하지 못할 객관적 사실입니다."라고 논의한
것이나, 이승욱(1973)에서 "국어의 기본적인 문형은 '서술어문'이기 때문에, 이른바
'주어 생략'이라든가 '무주어문' 혹은 '불완전문' 등으로 처리되어온 문형은, 오히려
국어의 경우 본질적인 기본문형으로 처리되어야 하며, '서술어'는 그 구성의 내부
에 '경어법'을 비롯하여 '태'라든가 '서법' 등의 기구를 가지고 있어, 화자, 청자 그
리고 주어의 관계가 문법화되어 있으므로 더욱 서술어가 주어를 통솔할 수 있는
능력을 인지하게 되는 것"이라고 보고 있는 것은, 국어에서 서술어의 중요성을 인
식한 것이 이미 오래되었음을 단적으로 보여주고 있는 것이라 할 것이다.

유'의 의미를 지니는 '-자'와 같은 활용형이 통합할 수 있는 데 반하여, '작다'의 경우에는 이러한 형태가 통합할 수 없어 명령형이나 청유형의 형성에서 차이를 보인다든지, 또는 '먹다'의 경우에는 '-는다/-ㄴ다' 및 '-는'의 형식을 취할 수 있는 데 반하여, '작다'의 경우에는 '-다'와 '-은/-ㄴ'의 형식만을 취할 수 있어 차이를 드러냄을 알 수 있는 것이다. 따라서 여기서 동일하게 용언의 범주에 속하는 것이라고 하더라도 용언은 다시 두 가지의 다른 하위 범주, 즉 동사와 형용사로 갈라낼 수 있는 근거를 얻게 된다.

한편 이렇게 형태·기능적인 면에서 차이를 보이는 두 단어는 의미적인 면에서도 차이를 드러내는 것이 일반적이다. 즉 '먹다'와 같이 명령형이나 청유형의 형성이 가능한 단어들과 그렇지 못한 단어들은 의미적인 면에서도 차이를 보이는 것이다. 이럴 경우 전자의 부류에 속하는 단어들은 '사람이나 사물의 움직임이나 작용'을 나타내는 의미가 강하게 느껴지며, 후자의 부류에 속하는 단어들은 '사람이나 사물의 성질이나 상태'를 나타내는 의미가 강하게 느껴지는 것이 보통이다[5].

지금까지 용언이란 무엇이며, 용언이 동사와 형용사로 나뉘어지는 기준에 대하여 간략하게나마 살펴보았는데, 일단 이 정도의 논의만 가지고도 우리는 어떤 단어를 용언의 한 하위 범주로 설정할 수 있으려면, 그 단어에는 위에서 제시된 두 가지 기준 중 첫번째 기준, 즉 형태·기능적인 면에서 이질적인 현상이 나타나야만 가능할 것임을 짐작할 수 있겠다. 따라

---

5) 위에서 지적한 대로 형태 면이나 기능적인 면에서 차이를 보이는 단어는 의미적인 면에서도 차이를 보이기 때문에, 품사를 가르는 기준으로 '의미'(meaning) 또한 중요한 역할을 하는 것은 사실이다. 그러나 단어에 따라서는 이러한 의미에 의해서는 그 구별이 어려운 단어도 있는데, '있다, 없다' 등이 그러한 단어이다. 따라서 품사를 단어들이 문장 안에서 일으키는 문법적인 행위의 양상에 따라 나누는 '형식류'(form class)라는 점에서 본다면, 의미에 의한 기준은 어디까지나 형식과 기능을 보조하는 것이라야 할 것임은 짐작하기 어렵지 않은 일이다(이익섭·임홍빈(1983)).

서 이제 이하의 논의에서는 지정사와 존재사란 무엇이고 이들이 과연 독
립된 품사로 설정될 수 있는지의 여부를 알아보는 데 논의를 집중하기로
하자.

3. 지정사와 존재사의 특성 검토

3.1. 일반적으로 지정사란 주어의 내용을 서술하면서 지정, 즉 가리키는
의미를 나타내는 범주로서 '이다'가 여기에 해당되는데[6], 다음의 경우에서
볼 수 있는 것처럼, 대개의 경우에 '이다'는 자립적으로는 쓰이기 어렵고
선행 요소로서 명사(구)와 통합하여 쓰이는 의존적인 성격을 지니고 있
다[7].

---

6) '이다'를 지정사(또는 잡음씨)라고 명명한 것은 최현배(1935/1961)의 논의가 시초
  이나, 이 용어는 이후에도 허웅(1996)에 이르기까지 비교적 많은 논의에서 받아들
  여진 것이다. 그런데 우리가 보기에는, 동사나 형용사란 용어의 명칭이 의미에 의
  해 명명된 용어인 것처럼, 지정사란 용어도 가령 "이것이 책이다"와 같은 경우를
  보면, '사물을 가리키는 의미'가 강하게 내포되어 있는 것으로 느껴지는 것이 사
  실이기 때문에, 의미적으로 보더라도 대체로 무난한 것으로 여겨진다. 그러나 논
  자에 따라서는 지정사라는 용어 대신에 'copula'의 번역어인 '계사'라는 용어를 쓰
  기도 하나, 계사라는 용어는 일단 논리학의 관점에서 보더라도 논리적 계산 부호
  에 해당하는 것이 모두 계사에 해당되기 때문에 문제를 일으킬 뿐만 아니라, 영
  어에서 계사로 처리하고 있는 'be'를 국어로 옮길 경우에는, '이다' 이외에도 '있다'
  나 '맞다, 되다, 틀림없다, 나가다…' 등의 동사류들이 모두 '계사류'라는 이름 아래
  묶일 수 있는 문제점을 안고 있어 문제를 일으킨다(김광해(1983)). 그러나 '계사'가
  되었건 '지정사'가 되었건 이 두 용어는 단순히 용어상에서만 차이가 날 뿐, '이다'
  를 서술어 역할을 하는 용언으로 간주한다는 점에서는 결국 동일한 처리 방식이
  라고 할 수 있겠다. 한편 우리가 여기서 지정사를 '이다'라고 하는 것은 어디까지
  나 편의상 그렇게 처리하는 것일 뿐, 엄밀히 말한다면 '이다'의 어간인 '이-'만을
  가리키는 용어로 이해하는 것이 보다 적절할 것이다.
7) 여기서 '이다'의 선행 요소가 명사(구)라고 한 것은 사실상 약간의 어폐가 있다.
  나중에 다시 논의할 것처럼, '이다'는 경우에 따라 선행 요소로서 '부사어'나 '한자

(3) 가. 철수가 학생<u>이다</u>.

　　나. 그것이 우리의 책<u>이다</u>.

　　다. 그가 우리가 믿는 학자<u>이다</u>.

'이다'가 의존적인 성격의 것임은, 위의 각 예에서 선행 명사(구)를 제거했을 경우, 아래의 예에서 볼 수 있는 것처럼 해당 예가 비문이 된다는 사실에서 잘 알 수 있다.

(4) 가. *철수가 이다.

　　나. *그것이 이다.

　　다. *그가 이다.

그런데 이러한 현상은 동사나 형용사에서는 찾아보기 어려운 것이다. 동사나 형용사는 다음의 예에서 볼 수 있듯이 자립적으로도 쓰일 수 있기 때문이다.

(5) 가. 네가 사과를 먹었니?

　　나. 그래, 먹었다.

(6) 가. 영이가 가장 예쁘니?

　　나. 그래, 예쁘다.

그러므로 이러한 현상만을 놓고 본다면, '이다'가 온전한 서술어의 기능을 하지 못하는 것이 사실인 것처럼 보이기 때문에, '이다'를 서술어의 역할을 하는 용언 중의 하나로서 지정사로 처리하는 것보다는 최근에 적극

어+1-적)' 구성을 허용하기 때문이다. 따라서 우리의 이러한 지적은 대체적인 경향이 그렇다는 것으로 이해하면 될 것이다('이다'의 선행 요소가 '체언에 상당하는 요소'임을 보다 적극적으로 논의한 것으로 최정순(1991)을 참고하기 바란다).

적으로 그 가능성이 검토되고 있는 '통사적 접사'(고창수(1985, 1992), 시정곤(1993), 김창섭(1994, 1996) 등)로 처리하는 방식이 더 타당해 보일지도 모른다[8].

실제로 다음과 같은 현상을 보면, '이다'를 통사적 접사로 처리하는 것이 외견상으로는 타당한 것으로 여겨지게 한다. '이다'의 분포가 통사적 접사로 알려진 '-답다'의 경우와 동일하기 때문이다. 다음을 보면 이러한 사실이 확연히 드러난다.

(7) 가. 영이는 [학생]답다.
나. 영이는 [우리의 딸]답다.
다. 영이는 [우리가 믿는 학생]답다.
(8) 가. 영이는 [학생]이다.
나. 영이는 [우리의 딸]이다.
다. 영이는 [우리가 믿는 학생]이다.

따라서 이와 같은 현상만 놓고 본다면, '이다'를 통사적 접사로 처리하려는 관점은 상당히 설득력을 가질 수 있을 것으로 보인다[9]. 그러나 우리

---

8) 사실상 '이다'의 처리와 관련된 기존의 논의는 위에서 지적한 두 가지 관점 이외에도, '서술격 조사'나 '체언의 활용어미'로 보려는 관점도 있고 '매개모음'이나 '체언의 동사화소' 또는 '접중사'로 보려는 관점도 있기 때문에(이광정(1994)), 세부적으로 보자면 음운론적인 논의에서부터 의미론적 논의에 이르기까지 꽤 많은 논의가 있어온 셈이다. 그러나 논의가 많았다고 해서 지금까지 모두 타당한 것으로 받아들여지는 것은 아니기 때문에, 우리는 현재 비교적 타당한 것으로 여겨지는 '통사적 접사설'과 '서술격 조사설'에 대해 살펴 볼 것이나, 서술격 조사로 처리하는 관점의 문제점에 대해서는 뒤에서 다시 논의하기로 하고 여기서는 우선 통사적 접사로 처리하는 관점의 문제점만을 살펴보기로 한다.

9) 물론 논리적으로는 이와 반대의 경우도 상정할 수 있을 것이다. 즉 '이다'를 접사로 볼 것이 아니라, '-답다'를 접사로 간주하지 않는 방식도 가능하다는 것이다. 그러나 이는 어디까지나 논리적으로나 그렇다는 것이지, 현실적으로는 '-답다'를

가 보기에 이러한 관점은 다음과 같은 심각한 문제점을 갖는다. 즉 파생 접사란 것은 다소의 차이를 보이더라도 굴절접사보다 생산력이 약한 것이 그 본질이기 때문에, 만일 '이다'를 접사로 인정할 경우에는 굴절접사보다도 훨씬 생산력이 강한 파생접사라는 기형아를 국어 속에 두어야 하는 결과를 초래하게 된다는 것이다(김정남(1991), 남윤진(1996)). 한편 다음의 경우도 '이다'를 섣불리 '-답다'와 동일한 것으로 볼 수 없게 한다.

    (9) 가. *영이는 학생 <u>안</u> 답다.
        나. *영이는 우리의 딸 <u>안</u> 답다.
        다. *영이는 우리가 믿는 학생 <u>안</u> 답다.
    (10) 가. 영이는 학생이 <u>아니다</u>.
        나. 영이는 우리의 딸이 <u>아니다</u>.
        다. 영이는 우리가 믿는 학생이 <u>아니다</u>.

위의 예는 우리가 '이다'와 '-답다'를 동일한 것으로 처리할 수 있으려면, '이다'와 '-답다'가 어느 경우에나 동일한 현상을 보여야 할 것이나 현상은 전혀 그렇지 못하다는 것을 확인하기 위한 것으로서, 위의 현상에만 근거하더라도 우리는 '이다'를 접사로 처리할 수 없음을 알게 된다. 즉 '이다'를 접사로 처리한다면, 이는 '이다'가 선행 명사(구)와 더불어 하나의 단어를 이루는 것으로 간주한다는 것인데, 그렇다면 (9)에서의 현상에서 볼 수 있듯이 하나의 단어 사이에는 아무런 요소도 개입할 수 없어야 할 것이나 (10)의 예에서는 부정 부사인 '안'이 통합될 수 있기 때문이다[10]. 또한 다

접사가 아닌 것으로 처리할 가능성은 도무지 없다고 해야 할 것이다.
10) '아니다'가 '안+이다'로 분석되는 '이다'의 단형부정 형식인 것은 부언을 요하지 않는 사실이며, 부정사인 '안'이 부사의 범주에 속한다고 하는 것도 자명한 사실임에도, 부정사인 '안'이 중세국어 시기에는 '명사적 용법'으로도 사용되었다는 보고(안병희(1959))가 있어 주목을 요한다. 그러나 이 논의에서 검토되고 있는 대다

음과 같은 현상도 '이다'와 '-답다'를 동일한 것으로는 볼 수 없게 한다.

    (11) 가. 내가 간 것은 [너를 위해서]였다.
         나. 그는 항상 [호전적]이다.
    (12) 가. *내가 간 것은 [너를 위해서]답다.
         나. *그는 항상 [호전적]답다.

위의 예를 보면 (11가, 나)의 경우 '이다'는 선행 요소로서 '부사어'나 '한자어+(적)' 구성을 허용할 수 있는 데 반하여 '-답다'의 경우에는 전혀 그렇지 못하기 때문에, '이다'와 '-답다'가 어느 경우에나 항상 동일한 분포를 보이는 것이 아님을 알 수 있는 것이다.

지금까지 '이다'가 선행 명사에 의존적인 특성을 보이긴 하나 그렇다고 하여 통사적 접사로 처리할 수 없음을 간단하게나마 살펴보았는데, 일단 이 정도의 논의만 가지고도 '이다'를 접사로 간주하려는 처리방식은 체계상의 측면에서나 조어론적 측면에서 보더라도 상당한 문제점을 내포하고 있기 때문에, 쉽사리 받아들일 수 없는 견해임을 알 수 있겠다.

3.2. 한편 '존재사'란 사물의 '있음'과 '없음'을 나타내는 범주로서 '있다'

수의 예를 면밀히 검토해 보면, "이 生이며 生 아니롤 굴히ᄂᆞ니"(법화경언해 5.3)나 "숟가락과 숟가락 아니예 나뭇"(능엄경언해 2.61) 또는 "이와 이 아니왜 이시리오"(능엄경언해 2.57) 등의 예에서 볼 수 있는 것처럼, 비록 격조사는 생략되었지만 '아니'가 '生'이나 '숟가락' 또는 '이' 등의 주어에 대한 서술어로 기능하고 있음을 알 수 있기 때문에(이 경우 '이다'의 '이-'는 음운 환경상 생략된 것으로 보인다), '격조사'가 단순히 선행어인 '아니'와만 통합된 것이 아니라, '조사'가 선행어로서 '명사절'과 통합된 것으로도 볼 수 있게 해 줄 뿐만 아니라, '아니'를 명사라고 한다면 엄정호(1989)에서의 지적대로, 우리는 명사가 논항을 그것도 주격을 요구할 수 있다는 것을 인정해야 하는 부담을 고스란히 떠맡게 되므로, 단순히 격조사와의 통합만을 가지고 '아니'를 '명사'라고 속단할 수만은 없는 듯하다.

가 존재사의 전형적인 경우인데, 존재나 소유 상태를 나타낸다는 점에서 본다면 아래의 예에서 볼 수 있는 것처럼, 형용사의 범주에 속하는 것으로 처리하는 것이 타당한 것으로도 보인다[11].

 (13) 가. 그 사람은 늘 집에 <u>있다</u>.
   나. 그에게는 많은 책이 <u>있다</u>.

그러나 다음의 경우를 보면 사정은 자못 달라지게 된다.

 (14) 가. 너는 거기 <u>있어라</u>.
   나. 우리는 여기에 <u>있자</u>.
   다. 저기 <u>있는</u> 사람이 내 아내이다.
   라. 나는 오늘 집에 <u>있겠다</u>.

위의 예를 보면, '있다'가 (14가)의 예에서와 같이 명령형으로 기능한다든지 또는 (14나)에서와 같이 청유형으로 기능한다든지 아니면 (14다)에서와 같이 진행의 의미를 지니는 관형형이나 (14라)에서와 같이 의도의 의미를 지니는 '-겠-'과 어울릴 수 있음을 알 수 있는데, 존재사에 이런 현상이 나타난다는 것은 존재사가 여느 동사와 마찬가지로 동사적 특성을 가지고 있음을 보이는 것으로 이해할 수 있다.

 따라서 일단 이 정도의 예만 가지고도, '있다'는 존재나 소유 상태라는 형용사적 특성 이외에도 동사적 특성을 가지고 있어 양자적 성격을 지녔다고 할 수 있겠는데, '있다'의 동사적 성격은 다음과 같은 경우를 보면

---

11) 실제로 존재사를 품사 범주로 인정하지 않는 관점(최현배(1935), 허웅(1996) 외 현행 학교문법이 여기에 속함)에서는 존재사를 형용사의 범주에 속하는 것으로 처리한다.

더욱 두드러진다고 할 수 있다.

(15) 그 아이는 요즘 잘 있다.

일반적으로 동태 부사로 알려진 '잘'은 동사와만 공기하는 것으로 알려져 있는데, 이러한 지적은 (16나)와 같은 예가 불가능한 것으로 보면 온당한 것임을 알 수 있다.

(16) 가. 영이가 철수를 잘 때린다.
　　 나. *영이가 잘 예쁘다.

따라서 적어도 외견상으로만 본다면, '있다'를 섣불리 형용사나 동사의 범주에 소속시키는 것이 어려울 수도 있으며, 한 걸음 더 나아가 존재사를 하나의 품사로 설정할 수도 있다는 논리가 가능할 수도 있음을 짐작하게 해 준다.

그런데 존재사를 하나의 품사로 설정해야 한다고 보는 관점에서는 '있다' 이외에도 '있다'의 존대형인 '계시다' 또한 존재사의 범주에 드는 단어로 본다. '계시다'는 존재 대상이 존대 인물을 나타낼 경우 '있다'를 대신해서 쓰일 수 있는 형태이며, 동태 부사어인 '잘'과도 공기할 수 있기 때문이다.

(17) 가. 선생님께서 교실에 <u>계신다</u>.
　　 나. 객지에 <u>계시</u>는 아버님께 편지를 올렸다.
　　 다. 김선생님도 잘 <u>계십니다</u>.

그러나 '있다'의 어휘적 부정 형태인 '없다'는 동일하게 존재사의 범주에 속하는 것으로 처리할 수 있을지 여부가 불투명하다고 한다. 다음의 (20가)를 보면 명령형으로는 쓰일 수 없기 때문이다.

    (18) 가. 그 사람은 지금 집에 <u>없을</u> 것이다.
        나. 그 친구는 집에 있지 않겠지.
    (19) 가. 그 학생은 그 책이 <u>없다</u>.
        나. 그 소년은 그 책이 있지 않다.
    (20) 가. *너는 여기에 <u>없어라</u>.
        나. 너는 여기에 있지 말아라.

그러므로 이상의 논의를 통해 보면 존재사를 하나의 품사로 설정해야 한다고 보는 관점에서는, 존재사 '있다'가 형용사적 특성 이외에도 동사적 특성을 가질 수 있기 때문에 섣불리 형용사나 동사의 범주에 소속시키는 것이 어렵다는 것을 논의의 주된 근거로 삼고 있으며, 또한 존재사의 목록으로는 다음의 2가지 형태를 거론하고 있음을 알 수 있다.

    (21) 가. 있다　　<일반 형태>
        나. 계시다　<존대 형태>

지금까지 지정사와 존재사의 특성에 대해 간략하게 알아 보았으므로, 이제 이하의 논의에서는 지정사와 존재사를 독립적인 품사로 설정하는 것이 타당할 것인지의 여부에 대해 논의하기로 하자.

4. 지정사 설정의 타당성에 대하여

앞에서는 '이다'가 선행 요소에 의존적이라고 해서 통사적 접사로 처리

할 수 없음을 확인하였는데, 그렇다면 이제 여기에서는 '이다'가 용언의 범주에 속하는 것으로서 하나의 품사로 간주되어야 함을 논의하기로 하자. 그런데 '이다'를 용언의 범주에 속하는 것으로 처리하기 위해서는, 무엇보다도 '이다'가 서술어로 기능하는 것임을 입증해야 하기 때문에, 우선 이 문제에 대해 생각해 보기로 한다.

일단 '이다'가 하나의 서술어로 기능하는 것임은, 무엇보다도 '이다'를 서술어로 간주하지 않을 경우, 도대체 서술어로 기능하는 것은 무엇이겠는가 하는 문제를 생각해 보면 어느 정도는 쉽게 이해할 수 있는 문제인 것으로 여겨진다. 모든 문장에는 반드시 서술어를 상정할 수 있기 때문이다[12]. 그럴 경우 '이다'를 서술어로 인정하지 않는다면, '이다'를 제외한 나머지 명사(구)가 서술어로 기능한다는 것인데, 우리가 보기에 이러한 관점은 논의의 기반이 성립할 수 있을지조차 의심스럽다.

우선 명사가 용언과 다르다고 하는 것은 '활용'(conjugation)적인 면만 보아도 확연하게 드러나는 사실이다. 다음의 예를 보자.

> (22) 가. 영이가 학교에 가{았/ㄴ/겠}{다/니/라/자/고/며…}
> 나. 철수는 학생 *{았/ㄴ/겠}*{다/니/라/자/고/며…}

위의 예를 보면, (22가)에서는 서술어로 쓰인 '가다'가 시제를 나타내는 선어말 어미나 여러 종류의 어말 어미와 두루 통합되어 쓰일 수 있음을 알 수 있으나, (22나)에서는 전혀 사정이 달라짐을 볼 수 있는 것이다. 그런데 만일 (22나)에서의 서술어가 '학생'임에 틀림없다고 하면, (22가)에서의 서술어인 '가다'와 (22나)에서의 서술어인 '운동 선수' 사이에는 이러한

---

12) 물론 우리의 이러한 지적은 약간의 어폐가 있다. 문맥에 따라서는 서술어도 생략되는 경우가 있기 때문이다. 따라서 여기서의 우리의 지적은 어디까지나 화용적인 상황을 배제한 문법적 개념으로 이해하면 될 것이다.

비대칭 현상이 나타나지 말아야 할 것임을 알 수 있다[13]. 이 문제와 관련하여 여기서 우리는 명사가 문장 내에서 하는 역할은 과연 무엇인지 잠시나마 살펴볼 필요를 느낀다. 다음의 예를 살펴보자.

> (23) 가. 순이가 웃었다.
> 　　나. 하늘이 푸르다.
> 　　다. 그 소녀가 밥을 먹는다.
> 　　라. 순이가 철수에게 편지를 보냈다.

---

13) 이러한 현상은 실제로 '이다'를 서술격 조사로 간주하려는 관점이 지니고 있는 문제점을 여실히 드러내 주는 것이다. 이는 무엇보다도 '이-'가 용언어미를 취하기 때문인데, 조사란 것이 음운론적으로는 의존성을 지니지만 선행어와 통합할 경우, 형태론적으로나 통사론적으로 자립적인 구성을 이룬다는 것을 생각하면, '이다'가 용언어미를 취한다는 사실은 '이다'를 조사로 처리할 수 없게 할 뿐만 아니라(남윤진(1996)), 만일 '이다'가 서술격 조사로 처리하게 되면 어찌해서 유독 서술격 조사만이 활용을 하며 다른 격조사들은 활용하지 못하는가에 대해 설명할 수 없게 된다. 따라서 여기서 지적하고 싶은 것은, '이다'를 서술격 조사로 처리하려는 것이 애초에는 체계의 문제를 고려한 처리방식이었으나, 결과적으로는 더 큰 체계를 허물어뜨리는 결과를 초래하였다는 사실이다. 가령 '이다'를 서술격 조사로 처리하는 관점에서는 다음과 같은 논리를 내세울 수도 있을 것이다. 즉 문장 내에서 명사는 주어나 목적어 등과 같은 성분으로 기능할 수도 있고 또 이럴 경우 해당 명사 뒤에 통합된 조사는 주격 조사나 목적격 조사로 처리하는 것이 당연한 것처럼, 명사가 성분 중의 하나인 서술어로 기능하는 것도 당연하며 그래서 서술어로 쓰인 명사 뒤에 '이다'가 통합될 경우, '이다'는 당연히 서술격 조사가 된다는 식의 논리를 내세울 수도 있다는 것이다. 그런데 이러한 처리 방식은 얼핏 보면 '체계'의 문제를 상당히 고려한 것으로도 생각할 수 있겠으나, 자세히 보면 논리적으로 오류를 범하고 있다. 왜냐하면 서술어란 명사들이 논항으로 기능하였을 때 논항들 간의 관계를 맺어주는 역할을 하는 것이지, 명사 자체가 서술어로 쓰일 수 있다는 보장은 어디서도 찾아볼 수 없기 때문이다. 따라서 '이다'를 서술격 조사로 처리하는 관점은 결국 한국어란 언어를 "전혀 다른 범주에 속하는 단어들이 모두 서술어로 기능할 수도 있는 아주 이상하고도 불규칙한 언어"로 전락시켰기 때문에, 결과적으로 볼 때 더 큰 체계를 어그러지게 하였다는 비판을 면하기 이려올 것이다.

위의 예는 일반적으로 국어에서 동사나 형용사가 서술어로 쓰인 경우의 기본 문형으로 상정되는 것으로서, 일단 이 정도의 예만 놓고 본다고 하더라도 각각의 예에서 '순이'나 '하늘, '소녀', '밥', '편지'와 같은 명사는, 각각 후행하는 조사인 '-이/-가'나 또는 '-에게'와 통합하여, 해당 문장의 서술어인 '웃다'나 '푸르다', '먹는다', '보내다'와 같은 용언들과 여러 가지 문법적 관계를 맺게 됨을 알 수 있는데, 이처럼 명사, 즉 체언이 여러 조사와 통합하여 문법적 관계를 나타내는 현상을 '곡용'(declension)이라고 함은 부언할 필요가 없겠으나, 여기서 우리는 문장 내에서 명사들은 서술어의 '논항'(argument)으로서[14] 기능하고 있음을 확실하게 알 수 있는 것이다. 그런데 우리의 이러한 논의는 지정사 '이다'가 쓰인 문장이라고 해서 예외가 될 것으로 보이지 않는다. 즉 '이다'가 쓰인 문장에서도 명사는 논항으로 기능해야 한다는 것이다.

따라서 이 정도의 논의만으로도 일단은 '이다'를 서술어로 처리하려는 데는 별반 무리가 없다고 결론할 수 있겠는데, '이다'가 서술어라고 하는 우리의 생각은 다음과 같은 경우를 보면 더욱 강화될 수 있을 것으로 여겨진다. 즉 만일 명사가 서술어라고 하는 견해가 온당한 것이라면, 이들의 예는 '내포문'으로 쓰인 경우라고 하더라도 아무런 문제가 없어야 할 것임을 어렵지 않게 짐작할 수 있다는 것이다. 그러나 실제 언어 현상은 전혀 그렇지 못하기 때문에, 이러한 사실로부터도 명사가 서술어로 쓰일 수 있

---

14) 사실상 '논항'이란 변형문법적 개념으로서, 엄밀히 말한다면 동사나 전치사의 하위범주 구문 속에 들어가서 의미역을 배당받을 수 있는 '명사(구)'를 일컫는 것이긴 하나, 전치사란 영어의 경우에 상정되는 것이기 때문에, 국어에서 논항 구조를 따질 때는 어떤 용언이 서술어로 선택되었고 또 그 서술어와 관련하여 몇 개의 논항이 선택되었는가에 따라 각각 '한 자리 서술어'(예컨대 '웃다'나 '푸르다' 등)나 '두 자리 서술어'(예컨대 '가다'나 '먹다' 등)나 또는 '세 자리 서술어'(예컨대 '주다'나 '삼다' 등) 정도로 구분될 수 있을 것이다.

으리라는 예측은 일단 많은 무리가 있다고 결론할 수 있는데, 이러한 우리의 지적은 다음과 같은 예가 비문법적인 사실로 미루어 보면 온당한 것임을 확인할 수 있다.

(24) 가. *나는 [우리의 소원은 통일]을 말했다
　　　나. *[철수는 운동선수]가 밝혀졌다.

그러므로 여기서 우리는 명사가 서술어로 쓰인 것과 같은 예는 외견상으로는(특히 의미적으로는) 주어와 서술어를 온전하게 갖춘 것처럼 보이기는 하지만, 명사는 결코 동사나 형용사와 완전히 동등한 의미에서 서술어로 쓰일 수는 없다고 결론할 수 있겠다. 즉 명사가 얼핏 보기에 서술어처럼 쓰이는 것은 어디까지나 '의미적인 문제'에 지나지 않을 뿐, '형태적인 면'이나 '통사적인 면'에 있어서는 결코 용언과 동등하게 서술어로 기능할 수 없음을 알 수 있는 것이다. 따라서 이러한 사실로부터도 (24)의 예가 적격하게 쓰일 수 있으려면 아무런 서술어도 갖추지 않은 내포문을 온전하게 서술어가 갖추어진 것으로 바꾸어야 할 것임을 알 수 있는데, (24)의 내포문에 '이다'를 보충한다면 다음에서 볼 수 있는 것처럼, 문법적인 면에서도 아무런 문제가 없는 완벽한 문장이 될 것임은 미루어 짐작하기 어렵지 않다.

(25) 가. 나는 [우리의 소원은 통일임]을 말했다.
　　　나. [철수는 운동선수임]이 밝혀졌다.

그러므로 이러한 예만 미루어 보더라도, '이다'를 서술어로 처리하려는 우리의 생각은 타당한 것임을 알 수 있겠다[15].

───────────

15) 우리의 이러한 논의와 관련하여 다음과 같은 의문이 생길 수도 있다. 즉 만일

지금까지 '이다'가 서술어로 기능하는 것임을 간단하게나마 살펴보았는데, 이러한 우리의 논의가 타당한 것이었다면, 이제 우리는 왜 '이다'를 동사나 형용사와 같은 범주에 귀속시키지 않고 독립적인 품사로 간주해야 하는가를 해명할 수 있는 논의의 바탕을 마련한 셈이 된다[16].

우리가 '이다'를 용언에 속하는 것으로서 독립적인 품사로 처리해야 한

'이다'가 동사나 형용사와 같이 완전한 서술어라면, 동사나 형용사의 어간이 생략되었을 경우에는 비문법적인 결과가 초래되므로, '이다'의 어간인 '이-'도 생략될 경우 마찬가지로 비문법적인 결과가 유발되어야 할 것이나, 현상은 전혀 그렇지 않기 때문에 '이다'는 서술어로 간주할 수 없다는 논의가 얼마든지 가능하다는 것이다. 그러나 해당 예가 내포문으로 쓰일 경우에는 '이다'의 '이-'가 생략되면 해당 예는 거의 비문으로 느껴질 정도로(가령 "[?]운동 선순 철수"나 "[?]철수가 운동 선숨이 밝혀졌다" 등), '이-'가 필수적인 요소임을 알 수 있을 뿐만 아니라, 외견상으로 '이-'가 드러나지 않았음에도 앞 단어의 끝 음절이 평성일 경우, 그것이 상성으로 변동한다는 중세국어의 자료로 미루어 본다고 하더라도(양정석(1986)), 이러한 주장은 너무 피상적으로 관찰한 결과 음운적 현상만을 중시한 데서 빚어진 것임을 알 수 있다.

16) '이다'를 하나의 품사로 설정하려는 우리의 논의와는 달리 형용사에 귀속시키려는 논의가 있어 주목된다. 이러한 일련의 논의를 이광정(1994), 이준희(1996) 등에서 찾아 볼 수 있다. 가령 이준희(1996)에서는, 형용사가 한정적 기능을 보일 때에는 '-ㄴ/는/은' 따위의 관형화소를 첨가하는 변형(예컨대 "그 여자가 예쁘다 / 예쁜 그 여자" 등)이 '이다' 구문에도 그대로 나타난다든지(예컨대 "글씨가 엉망이다 / 엉망인 글씨" 등), 또는 형용사가 동사구의 머리가 될 때에는 목적어 명사구가 나타나지 못하는 형용사의 선행 명사구 제약이(예컨대 "나는 재미가 좋다 / *나는 재미를 좋다" 등), '이다' 구문에도 그대로 나타난다든지(예컨대 "그는 기술이 최고다 / *그는 기술을 최고다" 등) 하는 현상에 주목하여, '이다'가 형용사임을 강력하게 암시하고 있는 것이다. 그런데 만일 '이다'가 이들 논의에서와 같이 형용사에 귀속될 수 있는 것이 사실이라면, 이러한 주장은 일단 외견상으로라도 논리적 타당성 외에 경제적인 면까지 추구하고 있는 듯이 보이기 때문에 어느 정도 설득력을 얻을 수도 있겠다. 그러나 앞으로의 논의에서 밝혀질 것처럼 우리는 어디까지나 '이다'의 분포를 중요시해야 한다고 생각한다. 이는 동사와 형용사가 하나의 품사로 묶일 수 없는 이유와 같다. 그러므로 '이다'는 동사나 형용사 어디에도 귀속시킬 수 없는 것으로 처리하는 것이 타당할 것이다.

다고 보는 이유는, 무엇보다도 '이다'가 활용을 하는 것은 동사, 형용사와
마찬가지이나 이들과는 달리 항상 '체언상당어구'(NP)와만 통합해야 한다
는 '분포상의 제약'에 기인한다. 이러한 제약적인 분포는 동사나 형용사에
서는 찾아보기 힘든 것이다. 논의의 편의상 앞에서 들었던 예를 다시 가
져와 '이다'의 경우와 비교하여 보면, 이러한 사실은 금방 드러난다.

> (26) 가. 네가 사과를 먹었니?
> 나. 그래, 먹었다.
> (27) 가. 영이가 가장 예쁘니?
> 나. 그래, 예쁘다.
> (28) 가. 네가 학생이니?
> 나. *그래, 이다.

그러나 '이다'가 자립적이지 않다는 이유가 '이다'를 독립적인 품사로
설정할 수 없다는 것을 입증하는 적극적인 증거는 되지 못한다는 것이 우
리의 생각이다[17]. 동사나 형용사란 것은 대체로 자립적이라는 것이지, 언
제나 모두 자립적이어야 한다는 보장은 어디에서도 찾아 볼 수 없으며,
사실상 우리는 국어 문법에서 이미 자립성이 품사를 결정짓는 데 핵심적
인 기준이 않는 실례를 찾아 볼 수가 있기 때문이다. 즉 전혀 자립적이지
못한데도 하나의 품사로 간주하는 실례가 있다는 것이다. '조사'의 경우가
바로 그것이다. 조사는 전혀 자립적일 수가 없는데도 하나의 품사로서 처
리하고 있는 것이다[18]. 이러한 처리 방식은 각종 '어미'류와 비교해 보면

---

17) 이러한 우리의 지적은 이미 기존의 논의들에서 자립성이 있는 용언을 본용언이
    라고 하고, 자립성이 없는 용언을 보조용언이라고 구분하고 있는 데서도 타당성
    을 찾을 수 있을 것이다.
18) 물론 국어에서 조사를 하나의 품사로 처리하고 있는 것은 무엇보다도 조사가
    생략되는 현상에 근거한다. 굴절어미가 있을 자리에 있지 않고 생략되는 현상이

더욱 두드러진다. 어미 또한 전혀 자립적이지 못한 것은 조사의 경우와 별반 차이가 없기 때문이다. 그러나 사실상 '이다'가 자립적일 수 없다는 것도, 다음과 같은 예를 보면 별반 설득력이 없다고 할 수 있다.

(29) 가. 그 문제는 '<u>이다/아니다</u>'라고 섣불리 판단할 문제가 아니다.
　　 나. 그렇게 '<u>이다</u>'라고 단정적으로 얘기하지는 말아라.

위의 예를 보면, '이다'가 '그렇다'의 의미를 가질 경우에는 얼마든지 자립적으로도 쓰일 수 있기 때문에, 우리는 여기서 '이다'가 언제나 비자립적인 것만은 아니라는 사실을 알 수 있는 것이다.

그러나 대체로 '이다'가 자립적일 수 없다는 것은, '이다'를 동사나 형용사와는 다르게 독립적인 품사로서 설정되어야 하는 충분한 이유를 제공해 준다. '이다'는 어디까지나 동사나 형용사와는 분포가 자못 다르게, '명사+이다'의 통합체를 '의미적 서술어'로 쓰일 수 있도록 기능하고 있기 때문이다. 이러한 면은 앞에서 품사의 설정 기준으로 거론한 두 가지 기준 중 형태·기능적인 기준을 충족시키는 것이 될 것이다.

'이다'가 독립적인 품사로 설정되어야 하는 두 번째 근거는 '이다'의 활용형이, 다음에서 볼 수 있듯이, 동사나 형용사와는 자못 다르다는 데서 찾을 수 있다. 즉 '이다'에 통합하는 어미는 동사나 형용사와 통합할 수 없는 것이다(물론 이 역도 사실이다). 이러한 사실은 '이다'가 지정사로 설정될 수 있음을 말하는 것으로 이해할 수 있겠다.

(30) 가. 사람이로다 / -로구나 / -어든 / -라야 / -라도 / -어니와 …
　　 나. *먹로다 / *-로구나 / *-어든 / *-라야 / *-라도 / *-어니와 …

란 있기 어렵기 때문이다(이익섭·임홍빈(1983)).

다. *예쁘로다 / *-로구나 / *-어든 / *-라야 / *-라도 / *-어니와 …

그런데 이러한 사실은 우리가 앞에서 동사와 형용사를 구분하는 기준으로 형태·기능적인 면이 가장 큰 역할을 한다고 언급하였던 것과 일맥상통하는 바가 있다. 그렇다면 지정사에 통합되는 어미가 따로 존재한다는 것은 지정사 또한 하나의 독립적인 품사로 설정되어야 함을 입증하는 강력한 증거라고 할 것이다.

5. 존재사 설정의 부당성에 대하여

위에서는 지정사의 설정이 타당한 것임을 논의했는데, 그러면 이제 존재사라는 독립된 범주의 설정이 과연 타당한 것인지에 대해 논의해 보자.

앞에서 존재사를 하나의 품사로 설정해야 한다고 보는 이유로서, 존재사 '있다'는 형용사적 특성 이외에 동사적 특성도 가질 수 있어 섣불리 형용사나 동사의 범주에 소속시키는 것이 어렵다는 것을 논의의 주된 근거로 삼고 있다고 했는데, 이러한 주장은 일단 논리적으로도 문제점을 지니는 것으로 여겨지기 때문에 우리로서는 동조하기 어려운 주장이다.

2절에서도 언급했고 앞 절에서 지정사의 타당성 여부를 살피는 중에도 암시했지만, 우리가 어떤 품사 범주를 설정하려고 할 때는, 일단 그 품사 범주에 속하는 여겨지는 단어들의 어떤 특성이 다른 품사 범주에 속하는 단어들의 특성과 형태·기능적으로 어떻게 다른가를 살피는 것이 일반적인데, 위에서의 주장대로라면 다른 면을 살피는 것이 아니라 오히려 동사, 형용사와 어떤 공통점이 있는가를 확인하는 것에 지나지 않는 것으로 여겨지는 것이다. 따라서 이렇게 본다면 일단 존재사의 설정 근거는 그 논의의 기반을 잃은 셈이 된다.

한편 존재사를 설정하는 관점에서는 '있다'나 '계시다'만이 동사와 형용사의 성격을 가질 수 있다고 했는데, 이러한 주장에도 역시 문제가 있다. 국어의 용언 중에는 양자의 성격을 모두 갖는 단어가 '있다'나 '계시다' 이외에도 또 있기 때문이다. 다음을 보자.

(31) 가. 날이 <u>밝다</u>.
　　 나. 날이 <u>밝는다</u>.
(32) 가. 그 사람은 너무 <u>늦었다</u>.
　　 나. 그렇게 <u>늦는</u> 법이 어디 있느냐?

일반적으로 '밝다'와 '늦다'는 형용사의 범주에 속하는 것으로 여겨지는데, (31나)나 (32나)의 경우를 보면 동사와만 통합하는 어미로 알려진 '-는다 / -ㄴ다'나 '-는'이 '밝-'과 '늦-'에 통합하고 있음을 볼 수 있는 것이다. 그렇다면 이러한 경우는 어떻게 처리해야 할 것인가? 해당 단어는 형용사 이외에도 동사의 성격을 지니고 있기 때문이다. 이러한 성격을 지니는 것으로는 다음의 몇 예를 더 들 수 있다[19].

(33) 가. 크다 / 큰다
　　 나. 틀리다 / 틀린다.
　　 다. 굳다 / 굳는다　　 등

한편 '있다'와 '계시다'만을 존재사로 설정하는 것도, 다음과 같은 경우

---

19) 사실상 이와 같은 예는 존재사를 독립적인 품사로 설정할 수 있다고 하는 관점에 심각한 문제점을 제기하는 것이다. 즉 '있다'와 '계시다'를 존재사로 설정할 수 있는 이유가 동사와 형용사 양자의 성격을 모두 지니고 있으므로 독립된 품사로 설정할 수 있다고 했으니, 이런 논리라면 이와 같은 예는 모두 각각 독립된 품사로 설정할 수밖에 없기 때문이다.

를 생각해 보면 불합리한 처리 방식이 아닐 수 없다. 즉 '있다'와 '없다'는
어휘적 관점에서 보면 상반되는 의미를 지니고 있어 서로 '반의어' 관계에
놓여 있다고 할 수 있는데, 대부분의 반의 관계에 있는 단어들은 사로 같
은 품사 범주에 속하는 것이 일반적임에도 불구하고(가령 '가다'나 이 단어
의 반의어인 '오다'는 모두 동사에 속하고, '밝다'나 이 단어의 반의어인 '어둡다'
도 모두 형용사에 속하는 것이다), 유독 '있다'의 반의어인 '없다'만이 다른 범
주에 속한다고 하는 것은 도무지 납득하기 어려운 것이다.

그렇다면 여기서 다음과 같은 두 가지 방식 중 어느 것을 택할 것인가
하는 문제에 부딪히게 된다. 즉 어떤 단어에 동사나 형용사의 성격이 모
두 나타날 수 있기 때문에 독립적인 품사로 설정하는 비경제성을 감수하
는 처리 방식보다는 그냥 그 단어는 두 가지의 품사 범주 모두에 속할 수
있는 것으로 기술하는 방식을 택할 것인가 아니면 존재사를 설정하는 방
식을 계속 고수하면서 동사적 성격과 형용사 성격 모두를 갖는 각 단어마
다 새로운 품사를 설정하는 방식을 택할 것인가 하는 것이 그것이다. 우
리가 보기에 후자의 방식은 전혀 설득력이 없어 보인다. 앞에서도 지적했
지만 품사 범주 설정의 주된 기준은 '의미'에 의한 것이 아니기 때문이
다[20].

따라서 지금까지의 논의에 의하면 존재사의 설정이란 논의의 기반이
불확실한 것이었으며, 기존의 대부분의 논의에서 동사나 형용사의 범주에
속하는 것으로 처리하는 것이 대체로 온당한 방식임을 알 수 있겠다.

---

20) 혹시 존재사의 설정이 타당함을 주장하는 논자들은 다음과 같은 논리에 따라
　　존재사의 설정이 계속 유효하다고 주장할 수 있을지도 모른다. 즉 '있다'만이 동
　　사 및 형용사 모두의 성격을 지니는 것은 아니라고 하더라도, 그 정도에 있어서
　　'있다'는 다른 것들과 차이를 보인다고 주장할 수도 있을 것이다. 그러나 이런 식
　　의 주장이 어디까지 설명력을 가질 수 있을지는 심히 의심스럽다고 할 것이다.

6. 맺음말

그 동안 국어의 여러 가지 문법적 현상을 설명함에 있어 '품사'라는 개념이 매우 유용한 문법적 기준이었음을 의심하는 사람은 아무도 없을 것이다. 그러나 정작 국어에서 몇 개의 품사를 설정하는 것이 타당할 것인가 하는 문제에 대해서는, 특히 용언의 하위 구분과 관련하여 논자에 따라 의견이 분분한 실정인데, 그 동안 학계에서 꾸준하게 논란거리가 되어 온 것으로서, '지정사'와 '존재사' 설정의 문제를 들 수 있다.

물론 언어란 것이 고정된 것이 아니고 또 관점에 따라서는 현상을 해석해 내는 방법이 얼마든지 다를 수 있는 것이기 때문에, 품사의 설정 또한 다를 수 있다는 것이 하등 이상할 이유는 없는 것이지만, 우리가 보기에 지정사의 설정은 분포적인 면이나 활용적인 측면에서 동사나 형용사와는 다른 면이 있으므로 독립적인 품사로 설정되는 것이 타당한 데 반하여, 존재사란 것은 동사나 형용사와 다른 점이 있는 것이 아니고 오히려 공통되는 면만을 논의한 것이기 때문에 양자의 성격을 모두 가지고 있는 것으로 처리하는 것이 타당할 수도 있음을 논의하였다.

따라서 지금까지 우리의 논의가 타당한 것이었다면, 국어에서 용언이란 동사와 형용사 그리고 지정사의 세 가지만을 포함하는 개념으로서, 문장 내에서 서술어로 기능하는 것은 어디까지나 용언만이 가능한 것임을 확실히 할 수 있게 되었으므로, 문법 기술에 있어서 보다 일관성 있는 설명을 추구할 수 있게 된 셈이다.

참고문헌

고창수(1985), 「어간형성접미사의 설정에 대하여」, 석사학위 논문(고려대).

_____(1992), 「국어의 통사적 어형성」, 국어학 제22집, 국어학회.

김광해(1983), 「계사론」, 난대 이응백 박사 회갑기념논총, 보진재.

_____(1995), 어휘연구의 실제와 응용, 집문당.

김민수(1994), 「'이다' 처리의 논쟁사」, 주시경학보 13집, 주시경연구 소.

김민수·하동호·고영근 편(1986), 〈역대 한국문법 대계〉, 탑출판사.

김완진(1970), 「似而不同 斷想」, 국어국문학 49,50 합병호.

김정남(1991), 「동사와 문장구조의 관련성에 관한 연구」, 국어연구 제102호(서울대).

김인균(1995), 「국어 파생어에 대한 형태·통사론적 연구」, 한국어연구 제32호(서강대)

김창섭(1994), 국어의 단어형성과 단어구조, 박사학위 논문(서울대).

_____(1996), 「국어 파생어의 통사론적 문제들」, 이기문 교수 정년퇴임기념 논문집, 신구문화사.

남기심(1986), 「'-이다' 구문의 통사론적 분석」, 한불연구 제7집, 연세대 한불연구소.

_____(1996), 국어문법의 탐구 Ⅰ - 국어 통사론의 문제 -, 태학사.

남기심·고영근(1985), 표준 국어문법론, 탑출판사.

남윤진(1996), 「현대국어 조사 기술의 몇 문제」, 이기문 교수 정년퇴임기념 논문집, 신구문화사.

민현식·왕문용(1993), 국어 문법론의 이해, 개문사.

박승빈(1935), 〈조선어학〉, 조선어학연구회(김민수·하동호·고영근 편 (1986)에 재록).

박양규(1975), 「소유와 존재」, 국어학 제3집, 국어학회.

박정규(1996), 국어 부정문 연구, 보고사.

서정목(1987), 국어 의문문 연구, 탑출판사.

_____(1994), 국어 통사구조 연구 Ⅰ, 서강대학교 출판부.

서정수(1994), 국어 문법, 뿌리 깊은 나무.

성광수(1976), 「존재 동사 '있다'에 대한 재고」, 강복수 박사 회갑기념 논문집.

송석중(1993), 한국어 문법의 새 조명 - 통사 구조와 의미 해석 -, 지식산업사.

시정곤(1993), 국어의 단어형성 원리, 박사학위 논문(고려대).

안병희·이광호(1990), 중세국어 문법론, 학연사.

양정석(1986), 「'-이다'의 의미와 통사」, 연세어문학 19, 연세대 국어국문학과.

엄정호(1989), 「소위 지정사 구문의 통사구조」, 국어학 18, 국어학회.

영어학사전(1990), 신아사.

유목상(1990), 한국어 문법이론, 일조각.

유재헌(1947), 국어 풀이씨 가름(국어용언분류), 역대 한국문법 대계, 탑출판사.

이광정(1994), 「"이다" 연구의 사적 고찰」, 주시경학보 13집, 주시경 연구소.

이승욱(1973), 국어문법체계의 사적 연구, 일조각.

_____(1996), 국어 형태사 연구, 태학사.

이승재(1994), 「'-이'의 삭제와 생략」, 주시경학보 13집, 주시경연구 소.

이완응(1929), 〈중등교과 조선어문전〉, 조선어연구회(김민수·하동호·고영근 편(1986)에
        재록).

이익섭·임홍빈(1983), 국어문법론, 학연사.

이익환(1995), 의미론 개론 - 수정·증보판 -, 한신문화사.

이현희(1994), 「계사 '(-)이-'에 대한 통시적 고찰」, 주시경학보 13집, 주시경연구소.

이희승(1955), 「존재사 '있다'에 대하여」, 서울대 논문집 17.

_____(1959), 「체언의 활용에 대하여」, 국어국문학 20. 국어국문학 회.

이희자(1994), 「'-이다'와 '발화문'」, 주시경학보 13집, 주시경연구소.

임홍빈(1987), 「국어의 명사구 확장규칙에 대하여」, 국어학 제16집, 국어학회.

_____(1989), 「통사적 파생에 대하여」, 어학연구 25-1, 서울대 어학연구소.

전상범(1995), 형태론, 한신문화사.

최현배(1935/1961), 우리말본, 정음문화사.

_____(1956), 「잡음씨의 세움」, 한글 120, 한글학회.

허 웅(1996), 20세기 우리말의 형태론, 샘문화사.

Allwood, J., Anderson, L. G. and Dahl, O.(1971), Logic in Linguistics, Cambridge
        University Press.

Katamba, F.(1993), Morphology, The Macmillan Press Ltd.

Lyons, J.(1968), Introduction to Theoretical Linguistics, London & New York,

Cambridge University Press.

_____(1981), Language and Linguistics, Cambridge, New York & Melbourne, Cambridge University Press.

_____(1995), Linguistic Semantics, Cambridge, New York & Melbourne, Cambridge University Press.

Oesterle, J. A.(1952), Logic The Art of Defining and Reasoning, N. J., Prentice Hall Inc.

Scalise, S.(1984), Generative Morphology, Foris Publications.

Spencer, A.(1991), Morphological Theory, Basil Blackwell.

〈서강어문 제13집(서강어문학회, 1997)〉

Ⅶ. 국어 '죽음어'의 구조 및 의미적 양상

1. 들어가는 말

우리 국어의 경우 사람의 죽음을 나타내는 표현은 比較的 풍부한 편으로 여겨진다. 즉 죽음 자체를 나타내는 표현은 單語的인 면에서나 單語보다 큰 단위인 句的 표현에서나 比較的 풍부한 것으로 보이는 것이다. 그러나 그러함에도 불구하고 이에 대한 그 간의 연구가 理論的인 면은 且置하고서라도 연구의 一次的인 작업이라고 할 수 있는 資料의 整理조차 제대로 이루어지지 않은 것은 매우 안타까운 일이 아닐 수 없다[1]. 그러므로 國語의 죽음어에 대한 연구가 본격적으로 이루어지기 위해서는 무엇보다도 資料의 集大成이 우선될 필요가 있다고 하겠다.

따라서 이 연구는 '國語大辭典'에 실려 있는[2] 죽음어를 主要 대상으로

---

1) 筆者가 살펴 본 것이 전부은 아니겠으나, 죽음어를 다루고 있는 몇몇 논의를 보더라도 해당 문헌에서 언급하고 있는 죽음 표현의 資料는 매우 부실하다고 할 수밖에 없다. 一例로 박용수編(1993)에서 다루고 있는 죽음어의 資料는 불과 46개의 語彙만을 취급하고 있을 뿐이다.

2) 이 연구가 논의의 資料를 國語大辭典에서 취하려는 것은 무엇보다도 논의 대상의 客觀性을 높일 수 있다는 데 기인한다. 일반적으로 '辭典'이란 것이, 일단 單語生成的 관점에서만 본다고 하더라도, 單語의 形成規則上으로는 아무런 문제가 없어 그대로 '語彙部(lexicon)'에 등재시킬 수도 있는 單語(가능어)가 모두 수록되

하여 해당어에 나타난 構造的 樣相을 밝히는 것을 목적으로 삼는다3). 그
런데 이러한 연구는 앞으로의 國語研究를 위해서도 일차적인 資料로서
의 역할을 할 수 있을 뿐만 아니라 죽음을 연구 대상으로 삼을 수 있는
다른 分野에도 어느 정도의 도움을 줄 수 있을 것으로 여겨지므로 흥미
롭다.

2. 固有語 죽음어의 樣相

國語의 죽음어를 살펴 볼 때 우선적으로 눈에 띄는 것은, 죽음어의 大
多數가 漢字語라는 사실이다. 이는 國語의 전체 語彙 중 70% 이상이 漢
字語라는 사실로 미루어 볼 때, 죽음어 또한 상당수가 漢字語라는 것이
하등 이상할 것은 없는 것이겠으나, 그렇다면 이러한 사실과 관련하여 과
연 죽음을 나타내는 固有語로는 어떤 것들이 있으며, 漢字語 죽음어를

지 않았다는 制約을 지니는 것이 사실이긴 하나, 語彙部란 것이 어디까지나 單語
生成的 관점에서 이론적으로나 설정 가능한 개념이기 때문에 語彙部를 그대로
논의의 대상으로 삼기란 매우 어려워 보인다. 따라서 이 연구에서는 논의의 주된
資料를 운평어문연구소編(1996)에서 펴낸 '國語大辭典'에서 취할 것이며, 남영신
編(1987)이나 박용수編(1993), 한글학회編(1994) 등에서도 필요에 따라 資料를 가
져오기로 한다.

3) 用語의 문제와 관련하여, 앞으로 죽음에 관한 單語를 가리킬 때는 '죽음어'라고
이름하기로 한다. 論者에 따라서는 '죽음어'라는 用語 대신에 '死語'나 '生命 終熄
語'와 같은 用語를 쓸 수도 있을 것이나, 이들 用語 중 '死語'란 國語學에서 '지금
은 없어져 쓰이지 않는 單語'를 가리키는 用語로 사용하는 것이 일반적이므로 그
다지 적당한 것으로는 보이지 않을 뿐만 아니라, 가급적 우리말을 살려 쓴다는
취지에서도 '生命 終熄語'보다는 '죽음어'라고 이름하기로 한다. 한편 이 연구는
죽음을 나타내는 국어 표현들에 대한 資料의 提供이라는 역할도 아울러 겸하고
있기 때문에 죽음어 이외에도 國語大辭典에 올라 있는 죽음을 나타내는 句的 표
현이나 俗談에 대해서도 간단하게나마 언급할 것이다.

이루는 데는 어떤 漢字가 어떻게 사용될 수 있을 것인가 하는 문제 및 漢字語 죽음어는 構造的 측면에서 어떤 樣相을 보일 것인가 하는 문제가 提起될 수 있을 것이다. 이 중 우선 첫 번째 문제에 대한 해답을 얻기 위해 國語大辭典에 실려 있는 固有語 죽음어를 아래에 제시하기로 하자.

가다	개죽음	거꾸러지다	거두다	궂기다⁴⁾
궂히다⁵⁾	끊다	끝장나다	돌아가다	돌아가시다
뒈지다	땅보탬	때려죽이다	떠나다	떼죽음
마치다	목매다	목매달다	버리다	보내다
뻗다	사라지다	숨지다	앞세우다	올라가다
자리개미⁶⁾	잠들다	제끼다	죽다	죽음
죽이다	지다	쳐죽이다	해치다	

그런데 이들 固有語의 예에서 우선적으로 눈에 띄는 特徵은 '개죽음, 땅보탬, 떼죽음, 자리개미, 죽음'을 제외하면, 대부분의 單語가 動詞의 범주에 속한다는 점인데, 이는 漢字語 죽음어의 대다수가 名詞에 속하는 것과는 대조적인 현상이다. 한편 固有語의 예에서 눈에 띄는 또 다른 特徵으로는 單一語보다는 複合語가 많다는 점이다. 죽음 자체를 나타내는 '뒈지다, 뻗다, 죽다'나 比喩的 표현인 '가다, 거두다, 끊다, 떠나다, 마치다, 버리다' 정도의 單一語를 제외하고는 대부분이 複合語라는 것이 特徵的이다.

이러한 사정으로 미루어 볼 때, 다음과 같은 類推가 가능해진다. 즉 國語에서 죽음을 나타내는 漢字語가 많아질 수밖에 없었던 것은 根本的으

---

4) 윗사람이 죽은 경우를 에둘러 이르는 말임.
5) '죽게 하다'의 뜻임.
6) 포도청에서 죄인의 목을 졸라 죽이는 것을 이름.

로 固有語로 인간의 다양한 죽음을 나타내기에는 상당히 많은 문제를 內包하였기 때문이 아닐까 하는 類推가 가능해진다는 것이다. 일단 제기될 수 있는 문제로는 固有語의 造語方式은 音節數가 많아진다는 문제점을 지적할 수 있다. 가령 죽음어는 아니라 하더라도, 漢字語인 '農夫'에 해당하는 固有語가 '녀름지을아비'인데, 一見하더라도 音節數에서 3배의 차이가 나는 것을 알 수 있다. 이러한 사정은 죽음어의 경우라고 해서 例外가 될 수 없을 것이다.

또 다른 문제점으로는 一例로 신분의 차이에 따른 인간의 죽음을 나타내는 方式에 대해서만 생각해 보더라도, 固有語로 그 차이를 나타내는 方式은 얼핏 보더라도 대부분의 어휘가 실제로 사용하기는 어려워 보이는 비속어로 느껴지거나, 해당 어휘에 先語末語尾 '-시-'를 統合시키는 정도에 불과한데, 이렇게만 본다면 固有語에서 身分에 따른 죽음의 표현 方式은 기껏해야 윗사람과 아랫사람을 구분하는 2分法적 구분에 불과할 것임을 짐작할 수 있다. 그러나 인간의 다양한 身分 관계를 2分法으로만 나눈다는 것이 여러 가지 문제점을 내포할 수밖에 없다는 것은 부언할 필요를 느끼지 않는다. 이러한 문제점은 漢字語 語彙에서는, 전부는 아니라고 하더라도 어느 정도는 해소된다. 나중에 볼 것처럼, 漢字語를 통해서는 다양한 신분 관계의 표현이 가능한 것이다. 이러한 관점에서 본다면 國語에서 漢字語는 국어의 부족한 語彙를 보충해 주는 肯定的인 存在라고도 할 수 있겠다[7].

---

7) 이렇게 본다면, 국어에서 漢字語가 차지하는 위치와 관련하여, 李庸周(1969)나 成煥甲(1986), 金光海(1988)에서의 論旨를 어느 정도는 이해할 만하다. 약간의 차이는 있으나, 이들은 지금 여기서 언급하고 있는 것과 비슷한 論旨를 펴고 있는 것이다.

3. 漢字語 죽음어의 構造的 樣相

이제 漢字語 죽음어의 構造的 樣相에 대해 생각해 보기로 하자.

漢字의 總 갯수가 과연 얼마나 될지는 확실하지 않지만, 현재 전하는 漢字 중에 죽음과 관련된 漢字로는, 얼핏 떠오르는 '死, 殺' 이외에도 '弑, 殉, 喪, 夭, 戮, 絶, 折, 卒, 終' 등의 한자가 있는데, 그렇다면 이들이 國語의 漢字語 죽음어를 이루는 데 統合되어 사용될 것임은 미루어 짐작하기 어렵지 않다. 그런데 죽음을 나타내는 漢字語와 관련하여 특징적으로 나타나는 사실은 대부분의 例가 2音節로 이루어졌다는 것인데, 이는 1文字 1單語라는[8] 漢字의 特性에 기인한 것으로 여겨진다.

漢字語 죽음어와 관련하여 지적할 수 있는 또 다른 特徵으로는, 앞에서도 잠시 지적했지만, 해당어들이 모두 品詞 분류상 '名詞'의 범주에 속한다는 것이다. 이것 또한 본질적으로는 漢字語의 特性에 기인한다고 할 수 있는데, 漢字란 것이 중국어를 표기하기에는 별다른 문제가 없는 文字 体系였을지 모르나, 語基를 중심으로 接辭가 統合되어 다양한 文法的 關係가 실현되는 국어에서는 漢字語 자체가 그대로 動詞로 쓰일 수는 없어서, '-하다'나 '-되다'와 같은 接尾辭와 統合되어야만 가능해지는 것이다[9]. 이하에서는 이들을 生産的인 면을 고려하여[10] 다음과 같이 나누고

---

8) 이러한 指摘은 사실상 語弊가 있다. 왜냐하면 漢字는 원래 중국에서는 單語 노릇을 하던 것이었을지 모르나, 國語에 와서는 形態素의 자격을 가져도 單語의 자격을 잃어버린 것이 많기 때문이다(임홍빈·장소원(1995)).

9) 이는 비단 漢字語의 경우에만 국한된 것이 아니다. 실제로는 外來語뿐만 아니라 어떤 종류의 外國語 單語도 국어에서 사용될 경우에는 모두 名詞로 기능하는 것이다. 가령 영어의 경우를 例로 든다고 하더라도, 'like'라는 單語가 'I like you'에서처럼 영어로 사용될 때는 온전히 '動詞로 기능할 것이나, 이 단어가 '나는 너를 like한다'라는 식으로 國語에서 사용될 때는 '-하다'라는 接尾辭가 統合되어야만 제대로 動詞로 기능함을 알 수 있는 것이다. 한편 따로 例를 들지는 않겠지만, 이하 例를 드는 漢字語 죽음어는 대부분 '-하다'나 '-되다'의 接尾辭가 統合되어

필요에 따라 약간의 설명을 덧붙이기로 한다.

(1) '死'[11] 前接語와 後接語

사간(死諫)	사거(死去)	사망(死亡)	사멸(死滅)
사몰(死沒)	사문(死門)	사몰(死沒)	사별(死別)
사상(死傷)	사수(死守)	사업(死業)	사욕(死辱)
사의(死義)	사절(死絶)	간사(諫死)	감사(甘死)
객사(客死)	광사(狂死)	괴사(怪死)	교사(絞死)
궁사(窮死)	극사(極死)	급사(急死)	기사(饉死)
기사(飢死)	낭사(浪死)	노사(老死)	뇌사(牢死)
뇌사(腦死)	늑사(勒死)	도사(倒死)	도사(徒死)
독사(毒死)	돈사(頓死)	동사(凍死)	몰사(沒死)
문사(刎死)	민사(悶死)	변사(變死)	병사(病死)
분사(焚死)	분사(憤死)	사사(賜死)	상사(殤死)
소사(燒死)	쇠사(衰死)	수사(水死)	수사(殊死)
수사(愁死)	순사(殉死)	아사(餓死)	압사(壓死)
액사(縊死)	양사(良死)	엄사(淹死)	역사(轢死)
오사(誤死)	왕사(枉死)	요사(夭死)	원사(冤死)
유사(瘐死)	의사(義死)	의사(縊死)	익사(溺死)
일사(一死)	일사(逸死)	임사(臨死)	장사(杖死)
적사(謫死)	전사(戰死)	전사(轉死)	절사(折死)
절사(節死)	정사(情死)	조사(早死)	졸사(卒死)
종사(從死)	죄사(罪死)	즉사(卽死)	직사(直死)
진사(震死)	질사(窒死)	참사(斬死)	참사(慘死)

動詞로 기능할 수 있는 경우가 대부분이다. 이렇게 된다면 國語에서 죽음을 나타
내는 語彙는 일단 그 量에 있어서도 실로 막대하다고 하겠다.
10) 여기서 말하는 '生産性'이란 전통적인 槪念의 것이나, 생산성의 개념을 이렇게
단순하게만은 볼 수 없다는 논의에 대해서는 田相範(1995)를 참고하기 바란다.
11) '死는 '죽다'의 의미로서, 죽는 方法이나 原因 등을 나타내는 漢字와 統合하여
상당수의 어휘를 만들어 냄을 볼 수 있다.

추사(墜死)	충사(忠死)	치사(致死)	투사(鬪死)
패사(敗死)	폐사(斃死)	폭사(暴死)	폭사(爆死)
필사(必死)	한사(限死)	한사(恨死)	형사(刑死)
횡사(橫死)	전사(感電死)	고문치사(拷問致死)	
과로사(過勞死)	과실치사(過失致死)	급성사(急性死)	
돈병사(頓病死)	돌연사(突然死)	복상사(腹上死)	
사고사(事故死)	삼생구사(三生九死)	상해치사(傷害致死)	
쇼크사(shock死)	심장사(心臟死)	안락사(安樂死)	
인병치사(因病致死)	재해사(災害死)	전격사(電擊死)	
전병사(戰病死)	존엄사(尊嚴死)		
주욕신사(主辱臣死)	중환치사(中丸致死)		
질식사(窒息死)	추락사(墜落死)		
충격사(衝擊死)	행려병사(行旅病死)		
페니실린쇼크사(penicillin shock死)			

여기서 特記할 만한 것은 대부분의 用例가 '漢字語 + 漢字語'가 統合된 데 반해, '페니실린쇼크死'의 경우에서처럼 外來語의 경우도 漢字語와 통합하여 새로운 單語가 만들어질 수 있다는 것이다. 그런데 이러한 用例는 아직까지는 드물긴 하나 앞으로 그 수가 점차 늘어날 가능성이 있다. 이는 현재의 國語語彙 狀況이 아직까지는 漢字語가 대다수를 차지하긴 하나, 外來語 내지 外國語 또한 그 수가 점차 확대되고 있는 추세이기 때문에 이러한 사정이 죽음어의 경우라고 해서 예외가 될 수는 없을 것으로 보이기 때문이다.

(2) '殺'[12) 前接語와 後接語

살략(殺掠)	살략(殺略)	살멸(殺滅)	살벌(殺伐)

---

12) '殺'은 '죽이다'의 의미로서, 죽이는 대상이나 방법 등을 나타내는 漢字와 統合하여 상당수의 어휘를 만들어 내는 生産性을 발휘한다.

살상(殺傷)	살생(殺生)	살월(殺越)	살육(殺戮)
살인(殺人)	살적(殺賊)	살해(殺害)	
살신성인(殺身成仁)	살지능지(殺之陵遲)		
갱살(坑殺)	격살(擊殺)	고살(故殺)	공살(攻殺)
교살(絞殺)	교살(矯殺)	구살(構殺)	구살(毆殺)
낙살(烙殺)	남살(濫殺)	납살(拉殺)	답살(踏殺)
대살(代殺)	도살(屠殺)	도살(盜殺)	독살(毒殺)
말살(抹殺)	멸살(滅殺)	모살(謀殺)	몰살(沒殺)
밀살(密殺)	박살(搏殺)	박살(撲殺)	분살(憤殺)
분살(焚殺)	사살(射殺)	소살(燒殺)	습살(襲殺)
시살(弑殺)	아살(餓殺)	안살(按殺)	압살(壓殺)
액살(縊殺)	엄살(掩殺)	역살(轢殺)	오살(五殺)
오살(誤殺)	오살(鏖殺)	유살(誘殺)	의살(縊殺)
자살(自殺)	자살(刺殺)	잔살(殘殺)	장살(杖殺)
장살(戕殺)	주살(誅殺)	즉살(卽殺)	참살(斬殺)
참살(慘殺)	책살(磔殺)	척살(刺殺)	척살(擲殺)
천살(擅殺)	총살(銃殺)	추살(追殺)	추살(椎殺)
축살(蹴殺)	충살(衝殺)	타살(他殺)	타살(打殺)
투살(鬪殺)	포살(砲殺)	포살(捕殺)	폭살(爆殺)
피살(被殺)	필살(必殺)	학살(虐殺)	한살(恨殺)
형살(刑殺)	흉살(凶殺)	과실살(過失殺)	
등시타살(登時打殺)	투신자살(投身自殺)		

(3) '喪'[13) 前接語와 後接語

상란(喪亂)	상명(喪明)	상사나다(喪事--)	
당상(當喪)	순상(順喪)	악상(惡喪)	참상(斬喪)
초상(初喪)	초상나다(初喪--)		

---

13) '喪'은 죽음과 직접 연관이 있어 보임에도, 죽음 자체를 나타내는 語彙가 그렇게 많지 않은 것이 특징이다.

(4) '夭'14) 前接語와 後接語

요사(夭死) 요상(夭喪) 요서(夭逝) 요수(夭壽)
요찰(夭札) 요촉(夭促) 요함(夭陷)
면요(免夭) 중요(中夭) 횡요(橫夭)

(5) '殤'15) 後接語

삼상(三殤) 상상(上殤) 장상(長殤) 중상(中殤)
팽상(彭殤) 하상(下殤)

(6) '弑'16) 前接語와 後接語

시군(弑君) 시살(弑殺) 시역(弑逆) 시해(弑害)
독시(毒弑) 짐시(鴆弑) 찬시(簒弑) 피시(被弑)

(7) '沒' 前接語와 後接語

몰사(沒死) 몰살(沒殺)
구몰(俱沒) 병몰(病沒) 사몰(死沒) 입몰(入沒)
진몰(陣沒) 패몰(敗沒)

(8) '歿' 前接語와 後接語

몰(歿) 몰하다(歿--)
전몰(戰歿) 진몰(陣歿)

---

14) 夭는 '일찍 죽다'의 뜻으로서, 이 漢字가 統合되어 '나이가 젊어서 죽음'을 나타
내는 語彙가 상당수 만들어지는 것이 特徵的이다.
15) '殤'은 '일찍 죽다'의 의미로서, 죽는 나이에 따른 구별을 나타내는 어휘가 산출
된다.
16) '弑'는 '죽이다'의 뜻으로, 죽이는 대상어 내지 방법 등을 나타내는 漢字와 統合
됨을 알 수 있다.

(9) '折' 後接語

    단절(短折)   난최옥절(蘭摧玉折)[17]

(10) '亡' 後接語

    전망(戰亡)   진망(陣亡)

(11) '戮' 後接語

교륙(絞戮)	도륙(屠戮)	살육(殺戮)	앙륙(殃戮)
주륙(誅戮)	진륙(盡戮)	참륙(斬戮)	현륙(顯戮)
형륙(刑戮)			

(12) '絞' 前接語

교륙(絞戮)	교사(絞死)	교살(絞殺)	교수(絞首)
륙좌(戮挫)			

(13) '誅' 前接語와 後接語

주륙(誅戮)	주멸(誅滅)	주살(誅殺)	주이(誅夷)
주찬(誅竄)			
복주(伏誅)			

(14) '屠' 前接語

도륙(屠戮)	도복(屠腹)	도살(屠殺)	도성(屠城)
도할(屠割)	도륙나다(屠戮--)		도륙내다(屠戮--)

(15) '滅' 前接語와 後接語

멸각(滅却)	멸구(滅口)	멸문(滅門)	멸살(滅殺)
멸성(滅性)	멸실(滅失)	멸적(滅賊)	멸족(滅族)

---

17) 사회적 名士나 미인의 죽음을 이르는 말임.

멸종(滅種)　　　　멸진(滅盡)　　　　멸문지화(滅門之禍)

멸문지환(滅門之患)　　　　　　　　멸족지화(滅族之禍)

분멸(焚滅)　　　　사멸(死滅)　　　　섬멸(殲滅)　　　　입멸(入滅)

적멸(寂滅)　　　　전멸(全滅)　　　　전멸(霣滅)　　　　주멸(誅滅)

진멸(盡滅)

(16) '殉'18) 前接語

　　순교(殉敎)　　　　순국(殉國)　　　　순난(殉難)　　　　순도(殉道)

　　순명(殉名)　　　　순사(殉死)　　　　순열(殉烈)　　　　순의(殉義)

　　순절(殉節)　　　　순직(殉職)

(17) '刎' 前接語와 後接語

　　문경(刎頸)　　　　문사(刎死)　　　　자문(自刎)

(18) '斷' 前接語

　　단두(斷頭)　　　　단말마(斷末魔)

(19) '入'19) 前接語

　　입멸(入滅)　　　　입몰(入沒)　　　　입연(入宴)　　　　입적(入寂)

　　입정(入定)

(20) '逝' 前接語와 後接語

　　서거(逝去)　　　　서천(逝川)　　　　급서(急逝)　　　　영서(永逝)

　　원서(遠逝)　　　　장서(長逝)　　　　조서(早逝)　　　　합연장서(溘然長逝)

---

18) '殉'은 '따라 죽다'의 의미로서, 따라 죽는 대상어와 統合하여 비교적 많은 語彙
　　를 산출한다.

19) '죽다'와는 직접 연관되는 것 같지 않으나, 죽어서 가는 場所 따위의 漢字語와
　　統合하여 죽음을 나타내는 語彙가 만들어짐.

(21) '臨'20) 前接語

임명(臨命)　　　임명종(臨命終)　　　임사(臨死)　　　임종(臨終)

(22) '歸'21) 前接語와 後接語

귀본(歸本)　　　귀원(歸元)　　　귀적(歸寂)　　　귀천(歸天)

귀천(歸泉)　　　대귀(大歸)

(23) '去' 後接語

사거(死去)　　　화거(化去)

(25) '短'22) 前接語

단명(短命)　　　단세(短世)　　　단수(短壽)　　　단절(短折)

(26) '捐'23) 前接語

연관(捐館)24)　　　연관사(捐館舍)　　　연명(捐命)　　　연세(捐世)

(27) '自'25) 前接語

자결(自決)　　　자경(自剄)　　　자문(自刎)　　　자살(自殺)

---

20) '다다르다'의 뜻이므로, 목숨이나 마침을 나타내는 漢字語와 統合하여 죽음을 의미하는 몇 개의 語彙가 만들어짐.

21) '歸'는 '돌아가다'의 의미로서, '장소'를 나타내는 漢字와 통합하여 몇몇 語彙를 산출한다.

22) '짧다'의 뜻이므로, 목숨이나 생명을 나타내는 漢字語와 더불어 죽음을 뜻하는 單語가 만들어진 몇 例가 보임.

23) '버리다'의 뜻이므로, 목숨이나 생명의 뜻을 나타내는 漢字語와 統合되어 죽음을 나타내는 例가 몇 개 보임.

24) 살던 집을 버린다는 뜻으로, 死亡의 敬稱임.

25) 이 '自'는 사실상 죽음 자체와는 아무 관련이 없으나, 죽는 方法과 관련하여 그 행동의 主体로서 비교적 많은 수의 죽음어가 만들어짐.

자수(自水)   자액(自縊)   자인(自刃)   자재(自裁)
자진(自盡)   자처(自處)   자폐(自斃)   자해(自害)
자헌치명(自獻致命)

(28) '戕'前接語

장명(戕命)   장적(戕賊)   장폐(戕斃)   장해(戕害)

(29) '絶'前接語

절맥(絶脈)   절멸(絶滅)   절명(絶命)   절식(絶息)
절종(絶種)   절진(絶盡)

(30) '終'前接語와 後接語

종명(終命)   종사(從死)   종신(終身)   종언(終焉)
선종(善終)   영종(令終)   흉종(凶終)

(31) '斬'前接語

참(斬)   참간(斬奸)   참괵(斬馘)   참두(斬頭)
참륙(斬戮)   참사(斬死)   참살(斬殺)   참수(斬首)
참시(斬屍)   참절(斬截)   참획(斬獲)

(32) '命'26) 後接語

낙명(落命)   대명(代命)   비명(非命)   사명(捨命)
상명(償命)   실명(失命)   운명(殞命)   장명(戕命)
치명(致命)   현명(懸命)   후명(後命)
고종명(考終命)   오신명(誤身命)

---

26) '命'은 '목숨' 또는 '생명'의 의미로서, 方法이나 手段을 나타내는 漢字와 統合하
여 비교적 많은 語彙를 만들어 낸다.

(33) '薨' 前接語

　　홍거(薨去)　　　　　홍서(薨逝)　　　　홍어(薨御)

(34) '身'27) 後接語

　　분신(焚身)　　　　　소신(燒身)　　　　쇄신(碎身)　　　　치신(致身)
　　투신(投身)　　　　　분골쇄신(粉骨碎身)　　　　쇄골분신(碎骨粉身)
　　와석종신(臥席終身)

(35) '不'28) 前接語

　　불기(不起)　　　　　불록(不祿)　　　　불휘(不諱)

(36) '上'29) 前接語

　　상선(上仙)　　　　　상천(上天)　　　　상천(上僊)

(37) 其他

　지금까지는 어느 정도라도 生産性이 있는 造語方式에 의해 만들어진 例에 대해 살펴보았으나, 漢字語라고 해서 모두 生産的인 方式에 의해서 만들어지는 것은 아니다. 실제로 죽음 자체를 나타내는 漢字들이 統合되지 않으면서 一回的 方式에 의해서도 얼마든지 죽음을 나타내는 表現이 가능한데, 이하에 이러한 例를 들어 보이기로 한다.

---

27) '身' 자체가 죽음을 나타내지는 않지만, 몸의 상태에 어떤 변화가 초래되어 죽음에 이르게 하는 語彙가 몇몇 보인다.
28) '不'도 직접적으로 죽음을 나타내는 漢字는 아니나, 뒤에 統合된 漢字의 意味를 부정함으로써 전체적으로는 '죽다'의 意味를 나타낸다는 점에서, 國語에는 절대 나타날 수 없는 흥미로운 構成方式이다. 따로 분류하지는 않겠지만, '非'가 통합된 것도 마찬가지 構成方式이다.
29) '上'도 죽음과는 직접 연관이 없어 보이나, 죽어서 가는 場所 등과 統合하여 죽음어를 이룰 수 있다. 따로 분류하지는 않겠지만, '昇'도 마찬가지이다.

개관(蓋棺)	괵수(馘首)	당고(當故)	도해(蹈海)30)
독해(毒害)	등선(登仙)	등하(登遐)	만세(萬歲)31)
명목(冥目)	물고(物故)32)	별세(別世)	병졸(病卒)
병폐(病斃)	복법(伏法)	붕어(崩御)	비업(非業)
빈천(賓天)	사세(辭世)	산화(散華)	삼상(三殤)
상생(常生)	선어(仙馭)	선화(仙化)	성불(成仏)
소천(召天)	순연(順緣)	승천(昇天)	승하(昇遐)
시간(屍諫)	안가(晏駕)	알형(軋刑)	암자(暗刺)
암해(暗害)	여수(與手)33)	역책(易簀)34)	연적(宴寂)
열반(涅槃)	영면(永眠)	예척(禮陟)	오등(五等)35)
오절(五節)36)	옥루(玉樓)	옥쇄(玉碎)37)	요참(腰斬)
우해(遇害)	원적(圓寂)	인결(引決)	입근(立懂)38)
작고(作故)	잔적(殘賊)	잠매(潛寐)	적정(寂靜)
조간(遭艱)	조고(遭故)	조락(殂落)	조사(徂謝)
즉세(卽世)	진섬(殄殲)	진적(眞寂)	찬학(簒虐)
참척(慘慽)	처치(處置)	척방(陟方)	천벌(天伐)
천화(遷化)	체해(体解)	취의(就義)	치폐(致斃)

---

30) 고결한 절개와 지조을 비유할 때 쓰는 것으로서, 원래는 바다에 몸을 던져 죽는
   다는 뜻임.
31) 貴人의 죽음을 이르는 말임.
32) ① 사회적으로 이름난 사람이 죽는 것. ② 죄인이 죽는 것. 또는 죄인을 죽이는 것.
33) 손을 써서 죽이는 것을 말함.
34) 曾子가 죽을 때를 당하여 삿자리를 바꾸었다는 故事에서, 학식이나 덕망이 높은
   사람의 죽음이나 臨終을 이를 때 쓰이며, 出典은 禮記의 檀弓篇임.
35) 죽었을 때 칭호의 다섯 가지 等級, 곧 崩·薨·卒·不祿·死의 다섯 가지를 말함.
36) 사람이 非命에 죽는 다섯 가지, 곧 목을 매어 죽는 일, 물에 빠져 죽는 일, 눌려
   죽는 일, 얼어 죽는 일, 놀라 죽는 일을 말함.
37) 옥처럼 아름답게 깨어져 부서진다는 뜻으로, 명예나 충절을 위해 깨끗이 죽는
   것을 말함.
38) 절개를 위하여 죽는 것을 말함.

타계(他界)	토회(土灰)	폐부(斃仆)	폭졸(暴卒)
피폐(疲斃)	하세(下世)	하수(下手)	하종(下從)
할복(割腹)	행흉(行凶)	행흉(行兇)	현수(懸首)
혈세(血洗)	형벽(刑辟)	형주(刑誅)	화정(火定)
화화(火化)	획린(獲麟)39)	효수(梟首)	흉해(凶害)
희생(犧牲)	강시나다(殭屍·僵屍--)		공죽음(空--)

과실살상(過失殺傷)	극락왕생(極樂往生)
급살맞다(急煞--)	능지처참(陵遲處斬)
대왕생(大往生)	백아절현(伯牙絶絃)40)
백옥루(白玉樓)41)	분신쇄골(粉身碎骨)
불귀객(不歸客)	쇄신분골(碎身粉骨)
수절사의(守節死義)	승낙살인(承諾殺人)
안사술(安死術)	오신명(誤身命)
이효상효(以孝傷孝)42)	일살다생(一殺多生)
잔디찰방(--察訪)43)	장성운(將星隕)44)
적로병고(積勞病故)	창오지망(蒼梧之望)45)

---

39) '기린을 잡았다'는 뜻으로, 孔子가 〈春秋〉를 쓸 때 '哀公十四年春, 西狩獲麟'의 글句로 붓을 끊고 죽은 고사에서, '붓을 꺾음' 또는 또는 '죽음'의 뜻으로 쓰이는 말임.

40) 참다운 벗의 죽음을 이르는 말로서, 出典은 列子 湯問篇임. 伯牙가 그의 거문고 소리를 좋아하던 鍾子期가 죽자 거문고 줄을 끊고 다시는 타지 않았다는 데서 비롯한 故事成語.

41) 文人이 죽은 뒤에 간다는 天上의 樓閣을 뜻하는 것으로, 文人·墨客의 죽음을 이르는 말임.

42) 효성이 지극한 나머지 부모의 죽음을 너무 슬퍼하여 병이 나거나 죽음을 이르는 말임.

43) 무덤의 잔디를 지킨다는 뜻으로, 죽어서 땅에 묻힘을 농으로 이르는 말임.

44) 중국의 三國時代에 蜀의 諸葛亮이 五丈原에서 죽을 때 붉은 빛의 큰 별이 陣中에 떨어졌다는 故事에서, 장군의 戰死나 영웅·위인의 죽음을 뜻하는 말.

45) 舜임금이 蒼梧에서 崩御한 데서, 帝王의 崩御를 가리킴.

초목구후(草木俱朽)   초목동부(草木同腐)[46]

팽하다(彭--)

그런데 이러한 方式으로 만들어지는 語彙들은 대부분 豫測이 불가능하다는 것이 短點으로 지적될 수 있다. 해당 語彙를 보고 나서야 그 語彙의 뜻을 짐작할 수 있기 때문이다. 심지어 어떤 것들은 해당어를 보고서도 전혀 뜻을 짐작할 수 없는 것들도 있는데, 이러한 語彙가 생기게 이유로는 특수한 時代的 背景을 깔고 있거나 또는 故事에서 비롯되어 죽음을 나타내는 語彙로 굳은 경우도 있기 때문이다.

4. 類似 意味를 나타내는 죽음어 樣相

국어 죽음어의 또 다른 特徵의 하나는 거의 類似한 意味를 나타내는 語彙가 상당수 존재한다는 점이다. 이는 固有語 죽음어와 漢字語 죽음어가 同一意味 내용을 나타낼 수 있기 때문이기도 하거니와 같은 漢字語라고 하더라도 漢字가 音聲形式은 다름에도 意味內容이 동일한 다수의 言語形式이 존재하기 때문에 가능한 일인데, 이하에 그 例를 들기로 하자.

개죽음 = 낭사(浪死), 도사(徒死)
고종명(考終命) = 영종(令終)
과실살(過失殺) = 과실치사(過失致死)
괵수(馘首) = 참괵(斬馘), 참두(斬頭), 참수(斬首)
교륙(絞戮) = 교살(絞殺), 교수(絞首)
귀원(歸元) = 귀적(歸寂), 열반(涅槃), 원적(圓寂), 입멸(入滅), 입연(入宴),
　　입열반(入涅槃), 입적(入寂), 입정(入定), 진적(眞寂), 천화(遷化)

---

46) 초목과 함께 썩어 없어진다는 뜻으로, 이름을 남기지 못하고 세상을 떠남의 비유.

급사(急死) = 급서(急逝), 졸서(卒逝)

기사(飢死·饑死) = 아사(餓死)

기세(棄世) = 별세(別世), 하세(下世)

뇌사(牢死) = 옥사(獄死)

늑사(勒死) = 액사(縊死)

능지처참(陵遲處斬) = 살지능지(殺之陵遲)

단명(短命) = 단세(短世)

단절(短折) = 요절(夭折), 요사(夭死), 요상(夭喪), 요서(夭逝), 요수(夭壽),
　　　　　　요찰(夭札), 요촉(夭促), 요함(夭陷), 절사(折死), 조서(早逝),
　　　　　　조세(早世), 조세(蚤世), 조졸(早卒), 횡요(橫夭)

당고(當故) = 당상(當喪), 조간(遭艱), 조고(遭故)

대명(代命) = 대살(代殺)

도살(屠殺) = 도륙(屠戮)

도살(盜殺) = 암살(暗殺)

독해(毒害) = 독살(毒殺)

돌아가다 = 돌아가시다

등선(登仙) = 선화(仙化)

등하(登遐) = 붕어(崩御), 빈천(賓天), 선어(仙馭), 승하(昇遐), 안가(晏駕),
　　　　　　예척(禮陟), 창오지망(蒼梧之望), 척방(陟方)

때려죽이다 = 구살하다(毆殺--), 박살하다(撲殺--)

멸문(滅門) = 족주(族誅)

멸문지화(滅門之禍) = 멸문지환(滅門之患), 멸족지화(滅族之禍)

몰(歿) = 졸(卒)

몰사(沒死) = 함몰(陷沒)

문사(刎死) = 자경(自剄), 자문(自刎)

변사(變死) = 자살(自殺)

병몰(病歿) = 병사(病死), 병폐(病斃)

복법(伏法) = 복주(伏誅)

분골쇄신(粉骨碎身) = 분신쇄골, 쇄골분신, 쇄신분골

분사(焚死) = 소사(燒死)

분신(焚身) = 소신(燒身)

사(死) = 죽음

사거(死去) = 서거(逝去)

사라지다 = 죽다

사망(死亡) = 사몰(死沒)

살월(殺越) = 살해(殺害)

상상(上殤) = 장상(長殤)

상천(上天) = 승천(昇天)

쇼크사(shock死) = 충격사(衝擊死)

수사(水死) = 엄사(淹死), 익사(溺死)

시살(弑殺) = 시역(弑逆), 시해(弑害)

안사술(安死術) = 안락사(安樂死)

영면(永眠) = 영서(永逝), 잠매(潛寐)

원서(遠逝) = 장서(長逝)

임명(臨命) = 임종(臨終), 임명종(臨命終)

자결(自決) = 자살(自殺)

자경(自経) = 자액(自縊)

자살(自殺) = 자재(自裁), 자폐(自斃), 자해(自害)

자살(刺殺) = 척살(刺殺)

잔적(殘賊) = 장적(戕賊)

장면(長眠) = 죽음

장사(杖死) = 장폐(杖斃)

전몰(戰歿) = 전망(戰亡), 전사(戰死)

전격사(電擊死) = 감전사(感電死)

제각(除却) = 제거(除去)

즉사(卽死) = 직사(直死)

짐살(鴆殺) = 짐시(鴆弑)

초목구후(草木俱朽) = 초목동부(草木同腐)

추사(墜死) = 추락사(墜落死)

치사(致死) = 치폐(致斃)

타살(打殺) = 박살(撲殺)

패몰(敗沒) = 패사(敗死)

폐부(斃仆) = 폐사(斃死)

폭사(暴死) = 폭졸(暴卒)

화정(火定) = 화화(火化)

훙거(薨去) = 훙서(薨逝), 훙어(薨御)

　　그런데 위의 목록을 보면 類似意味를 나타내는 語彙들의 대다수가 該
當語彙의 일부를 다른 構成要素로 대체하여 이루어진 경우가 많음을 알
수 있는데, 이러한 사실로부터도 국어 죽음어의 大多數가 한자어로 이루
어진 것이 한자어의 造語力이 固有語보다 훨씬 生産的이기 때문임을 다
시금 느끼게 한다.

5. 句에 나타난 죽음 表現

　　죽음을 나타내는 표현이 單語 차원에만 국한되는 것은 물론 아니다. 單
語들이 모여 句를 이룬다고 할 때, 句的 표현들도 얼마든지 죽음 자체를
나타낸다든지 또는 죽는 狀況을 표현할 수 있기 때문이다. 아래에 그 예
를 들어 보이기로 한다.

　　고기밥이 되다　　　　　　高宅골(로) 가다[47]
　　나이가 아깝다　　　　　　낚시바늘에 걸린 생선

---

47) 고택골은 지금의 서울 은평구 신사동에 해당하는 마을의 예전 이름으로서, 공동
　　묘지가 있었다고 함.

눈에 흙이 들어가다　　　　눈자위(가) 꺼지다

단두대에 오르다　　　　　단두대의 이슬로 사라지다

단불에 나비 죽듯[48)　　　　목숨(을) 끊다

목숨을 거두다　　　　　　목숨을 버리다

목숨을 잃다　　　　　　　목숨(이) 지다

몸을 던지다　　　　　　　몸을 바치다

물고(를) 올리다[49)　　　　물고기의 밥이 되다

물귀신(이) 되다　　　　　밥술(을) 놓다

不歸의 客　　　　　　　사람을 잡다

生命을 걸다　　　　　　　세상(을) 떠나다

세상(을) 뜨다　　　　　　세상(을) 버리다

숟가락(을) 놓다　　　　　숨(을) 거두다

숨(을) 걷다　　　　　　　숨(을) 끊다

숨(이) 끊어지다　　　　　숨(을) 넘기다

숨(이) 넘어가다　　　　　숨통을 끊다

씨를 말리다　　　　　　　魚腹에 葬事 지내다

이승을 떠나다　　　　　　慘慽(을) 보다

천당에 가다　　　　　　　七星板을 지다[50)

판장이 되다[51)　　　　　피를 흘리다

刑場의 이슬로 사라지다　　黃泉客이 되다

後命(을) 내리다[52)　　　後命(을) 받다[53)

흙내가 고소하다[54)

---

48) 힘 없고 말 없이 스러지듯 죽음을 이르는 말.

49) '명령에 따라 죄인을 죽이다'의 뜻임.

50) '七星板'이란 棺 속 바닥에 끼는 얇은 널조각을 말하는 것으로, 북두칠성을 본떠 일곱 구멍을 뚫는다고 함.

51) '늙고 병들어 거의 죽어 가다'를 가리키는 말로서, '板牆'이란 '널판장'의 준말임.

52) 이 표현은 지금은 사용하기 어려운 것으로서, 귀양 간 죄인에게 賜藥을 내리는 것을 말함.

53) 이것도 지금은 사용하기 어려운 표현으로, 귀양 간 죄인이 賜藥을 받는 것을 말함.

그런데 죽음을 나타내는 句的 표현에서 特記할 만한 것은 句的 표현
의 生成과 관련하여 漢字語와 통합된 것도 있지만, 固有語를 살려 쓴 표
현도 상당수 있다는 점이다. 이는 句란 것이 單語와는 또 다른 特性을 지
닌 것으로서, 單語의 造語的 制約에서 벗어날 수 있었기 때문에 가능한
것으로 여겨진다.

6. 맺음말[55)

죽음이란 것이 人間에게 있어 피할 수 없는 대상이라고 한다면, 그러한
죽음을 나타내는 표현이 多樣할 수밖에 없을 것임은 어찌 보면 당연한
일이라고 할 수 있겠다. 그러나 국어에서 이 分野에 대한 그 동안의 연구
의 대부분은 죽음어의 一部만을 논의의 대상으로 삼았을 뿐, 全部를 대
상으로 하지 않았다는 점에서 많은 아쉬움을 느낄 수 있었다.

따라서 이 연구에서는 國語大辭典을 기본 텍스트로 하여, 標題語로
올라 있는 語彙를 중심으로 그것들이 造語的 관점에서 어떤 樣相을 보
이고 있는지 살펴보았다. 그렇게 함으로써 국어 죽음어의 造語的 多樣性
이 어느 정도 그 실체를 드러낸 것으로 여겨진다. 그러나 辭典에 등재된

---

54) 죽고 싶은 생각이 든다는 말임.
55) 지금까지 單語와 句를 중심으로 살펴 보았는데, 그렇다면 文章 차원에서 죽음
을 나타내는 표현은 없겠는가 하는 의문이 떠오를 수 있다. 文章은 單語나 句와
달리 얼마든지 다양한 표현 方式으로 죽음의 양상을 나타낼 수 있을 것이기 때문
이다. 그러나 辭典에 등재된 죽음의 文章 표현 方式은, 다음에 든 俗談에 나타난
몇몇 표현 정도가 고작일 정도로 예상외로 적은 편이다.

- 生草木에 불붙는다. (갑자기 뜻하지 않은 災禍를 당하거나, 아까운 사람이 夭
  折하였을 때 이르는 말임)
- 염라대왕이 문 밖에서 기다린다.
- 짚불 꺼지듯 한다. (조용히 숨지는 모양을 이르는 말임)

것만을 대상으로 하다 보니, 실제로 우리가 사용할 수도 있는, 多樣하면
서도 微妙한 의미를 지닐수 있는 표현은 다룰 수 없었다는 아쉬움이 남
을 뿐만 아니라 논의의 범위를 죽음 자체를 나타내는 語彙에만 한정시켜
논의할 수밖에 없었음도 또 다른 아쉬움으로 남는다[56].

  그렇지만 이 정도라도 국어의 죽음어에 대한 資料의 整理 및 提供이
라는 차원에서 다른 分野에 조금이라도 도움이 되기를 기대해 본다.

[참고문헌]

고영근(1989), 國語形態論 硏究, 서울大學校 出版部.

국립국어연구원編(1993), 국어 어휘의 분류 목록에 대한 연구, 국립 국어연구원.

_____(1993), 국어 사전에서의 합성어 처리에 관한 연구. 국립국어연구원.

金光海(1988), 固有語와 漢字語의 對応現象, 國語學叢書16, 塔出版社.

_____(1993), 國語語彙論 槪說, 集文堂.

_____(1994), 한자 합성어, 國語學 第24輯, 國語學會.

_____(1995), 어휘연구의 실제와 응용, 集文堂.

金圭哲(1990), '漢字語', 국어연구 어디까지 왔나(서울大大學院 國語硏究會編), 東
         亞出版社.

_____(1997), '漢字語 單語形成에 내하여', 國語學 第29輯, 國語學會.

남영신編(1987), 우리말 분류 사전, 한강문화사.

김창섭(1998), '複合語', 문법연구와 자료(이익섭 선생 회갑기념논총), 太學社.

---

56) 筆者의 생각으로, 國語의 죽음어를 綜合的으로 整理하기 위해서는 지금까지 살
    펴 본 죽음어의 造語的 側面 이외에도 죽음어를 語彙意味的 관점에서 세밀하게
    살펴 볼 필요성이 있을 뿐만 아니라, 葬禮儀式이나 葬禮節次에 사용되는 여러 가
    지 語彙들도 整理할 필요가 있다고 생각되나, 이는 현재의 筆者의 能力을 벗어나
    는 문제이다. 앞으로 단계적으로 檢討하려 한다.

노명희(1997), '한자어 형태론', 國語學 第29輯, 國語學會.

노명희(1998), '漢字語', 문법연구와 자료(이익섭 선생 회갑 기념논총), 太學社.

_____ (1995), 국어용례사전, 성안당.

朴英燮(1997), '國語 漢字語에 대한 小巧', 국어학 제29집, 국어학회.

박용수編(1993), 겨레말 갈래 큰사전, 서울大學校 出版部.

朴錠奎(1996), 國語 否定文 研究, 寶庫社.

成煥甲(1986), '借用語와 固有語의 調和', 國語學新研究 II(若泉 金敏 洙敎授 華
        甲紀念論叢), 塔出版社.

_____ (1987), '固有語의 漢字語化 過程', 國語生活 第8號, 國語研究所.

宋哲義(1998), '派生語', 문법연구와 자료(이익섭 선생 회갑기념논총), 太學社.

沈在箕(1982), 國語語彙論, 集文堂.

운평어문연구소編(1996), 금성판 國語大辭典, 금성출판사.

李庸周(1969), '韓國語 語彙體系의 特徵', 國語敎育 第15號, 韓國國語敎育研究會.

이익섭·임홍빈(1983), 國語文法論, 學研社.

임홍빈·장소원(1995), 國語文法論 I, 한국방송대학교 출판부.

田相範(1995), 形態論, 翰信文化社.

채 완(1999), '바둑 용어의 구조와 의미', 國語學 第33輯, 國語學會.

채현식(1994), '국어 어휘부의 등재소에 관한 연구', 國語研究 第120號, 國語研究會.

한글학회編(1994), 우리말 큰사전, 어문각.

Nida, E.(1949), Morphology : the Descriptive Analysis of Word(2nd edn.), Ann
        Arbor : University of Michigan Press.

Scalise, S.(1984), Generative Morphology, Dordrecht - Holland : Foris Publications.

Spencer, A.(1991), Morphological Theory : An Introduction to Morphology in
        Generative Grammar. Oxford : Blackwell.

Ⅷ. 통합형 접속 어미 '-으나'의 의미 해석과 관련된 몇 문제

1. 머리말

일반적으로 종속 접속 어미로 알려진 '-으나'는 논자에 따라서는 대등 접속 어미로 분류되기도 하는 등, 비교적 다양한 관점에서 조명되어 왔다 (대표적인 것으로는 이익섭·임홍빈(1983) 참조). 그리하여 그 의미적 특성으로 대립·양보·선택·강조의 의미를 가지는 것으로 특징지어졌는데, 이 같은 의미 특성은 주로 접속되는 두 문장의 의미론적 성격에 의해 추출된 것이었다.

그러나 이 같은 의미를 선·후행절 간의 관계 때문이 아닌, '-으나' 자체의 재분석을 통하여 설명하려는 논의(서태룡(1988))가 있어 주목된다. 우리는 방법론적인 면에서는 서태룡(1988)과 의견을 같이 하나, 몇 가지 문제점이 지적될 수 있으므로 이를 중심으로 논의를 진행하기로 한다. '-으나'가 쓰일 수 있는 예문은 다음과 같다.

> (1) 가. 형은 돌아왔으나 동생은 돌아오지 않았다.
> 나. 그는 어떻게 차려 입으나 멋지다.
> 다. 저 사람은 소설가(이)나 시인이다.

라. 그 강은 길<u>으나</u> 길다.

위의 예는 '-으나'가 쓰여 나타낼 수 있는 대립·양보·선택·강조의 의
미를 차례로 나타낸 것인데, 이 같은 의미는 각각의 예를 다른 접속 어미
로 대치시켜 보면 금방 드러난다.

(2) 가. 형은 돌아왔{-지만, -으되, -어도, -는데} 동생은 돌아오지 않았다.
    나. 그는 어떻게 차려 입{-어도, -더라도, -은들} 멋지다.
    다. 저 사람은 소설가(이){-거나, -든지} 시인이다.
    라. 그 강은 길{-디, -고} 길다.

(2)의 각각의 예를 (1)과 비교해 보면, 그 의미 차이가 별반 드러나지
않음을 알 수 있다[1].

2. {-은}의 의미 규정에 대한 문제점

서태룡(1988)에서는 접속 어미 '-으나'를 동명사 어미 {-은}과 어말 어미
{-아}로 재분석될 수 있다고 하였는데, 그 근거로서 다음과 같은 통합적
특징을 검토하고 있다.

(3) '-으나'의 통합적 특징

었	겠	거	느	더		만	도	야	은(는)
○	○	○	×	?	접속어미 '-으나'	×	×	×	×
×	×	?	○	○	관형사형 어미 {-은}	×	×	×	×
?	?	×	×	×	부사형 어미 {-아}	○	○	○	○
×	?	×	×	×	접속 어미 {-아}	×	×	×	×
○	○	×	○	×	종결 어미 {-아}	×	×	×	×

---

1) 여기서 의미 차이가 별반 드러나지 않는다고 하는 것이 의미가 동일하다는 것을
   뜻하지는 않는다.

이 때 ㅐ-애가 정동사 어미라면 동명사 어미와 정동사 어미의 통합형이 접속 어미의 기능을 보인다는 사실이 문제가 되나, 통합적 특징이나 지배 영역에서 정동사 어미의 특성을 보이므로 별 무리가 없다는 것이다.

접속 어미 '-으나'의 의미는 다음과 같이 규정하고 있다.

　　(4) 접속 어미 '-으나'는 동명사 어미 {-은}으로 선행 서술이 [결정·완료]
　　　로 인지되었다는 것과 그에 대한 [대립]이 [전제]되었다는 것을 나타내
　　　고 {-아}로 선행 서술을 [완결]하고 그 다음에 관련된 내용을 [연결]한
　　　다는 것을 나타낸다.

(4)의 의미 규정은 동명사 어미 ㅣ-은의 의미 규정과 어말 어미 ㅣ-애의 의미 규정을 합쳐 놓은 것으로서, 여기에서는 편의상 둘로 분리하여 살펴 보기로 하자.

우선 동명사 어미 ㅣ-은의 의미 규정에 대하여 알아보자.

　　(5) 동명사 어미 {-은}의 의미
　　　동명사 어미 {-은}은 선행 서술을 부정한 [대립]을 [전제]하고 발화된
　　　바로 다음 시점을 기준으로 선행 서술이 [앎]과 [존재]의 세계에서 [결
　　　정·완료]로 인지되었다는 의미를 나타낸다.

(5)의 의미는 동명사 어미 ㅣ-은, ㅣ-을과 더불어 대립 관계를 이루고 있 고, 또 의미 자질 중에는 ㅣ-은, ㅣ-음은 [완료]와 [지속]의 차이만이 있기 때문에 ㅣ-음, ㅣ-을과 더불어 논의해도 무방하리라 본다.

동명사 어미의 의미에 대해서는 서태룡(1988) 이전에도 심재기(1981), 임홍빈(1982) 등에서 논의된 바 있는데, 임홍빈(1982)에서는 동명사 어미 ㅣ-은과 ㅣ-을이 명사적 용법을 가질 때에 시제에 중립적이기 때문에 그

의미를 [-미래성]과 [-과거성]으로 설명하기도 하였으며, 심재기(1981)에서
는 현대 국어의 관형사형 어미 {-은}과 {-을}이 짝이 되어 대립하고 명사
형 어미 {-음}과 {-기}가 짝이 되어 대립하는 것을, 전자는 [+결정성]과 [+
완료성]의 의미를, 후자는 [-결정성]과 [-완료성]의 의미를 부여하여 구분
하고 있으나, 서태룡(1988)의 지적대로 [결정·완료]의 기준 시점이 무엇
이며, 동명사 어미로서의 {-은}과 {-음}의 차이는 무엇인지 밝혀야 하는
문제점을 안고 있는 이외에도, {-음}의 의미가 [+완료성]만으로는 설명되
지 않는 예가 있어 문제라고 할 수 있겠다.

    (6) 가. 나는 배가 고픔을 느낀다.
        나. 나는 철수가 내일 떠남을 안다.

위의 예는 {-음}이 발화된 바로 다음 시점에서 선행 서술이 [완료]된 것
이 아니라 [결정된 상태]가 그대로 [지속]되는 것으로 인식된다. 다음의
예에서는 이 같은 의미가 더욱 두드러져서 {-음}의 [지속]이 인지되는 시
점이 {-음}이 발화된 바로 다음 시점이라는 것이 확인된다.

    (7) 가. 이 논문을 제출함.
        나. 유능한 인재를 구함.

따라서 [지속]이라는 의미는 {-음}이 가지는 핵심 의미라고 할 수 있다.
그런데 다음의 예는 {-음}의 의미에 [조건]이라는 의미를 더해 준다.

    (8) 가. 국어학을 공부함 즐거움이 많다.
        나. 국어학을 공부하지 않음 즐거움이 많다.

위의 예는 소위 조건 접속의 '-으면' 대신 {-음}이 쓰인 것으로, 보통 구어에서 쓰이는 표현으로서 방언 간의 차이를 보여 주지 않는다. 여기에서 {-음}이 조건을 나타낼 수 있는 의미론적 근거로는 {-음}이 선행 서술을 부정한 [대립]을 조건의 후보로 [전제]하여 선행 서술이 아닌 상황이 화자와 청자에게 인식되어 발화된 서술이 조건으로 인식되기 때문이다.

다음은 {-은}과 {-을}의 의미 관계에도 (8)의 논의가 그대로 적용된다.

    (9) 가. 그는 국어학을 공부한(할) 사람이 아니다.

       나. 그는 국어학을 공부하지 않은(을) 사람이 아니다.

따라서 {-은}, {-을}이 공통적으로 부정에 의한 [대립]을 [전제]하므로 (9 가, 나)의 동의 관계가 성립한다. 이상의 논의를 바탕으로 다음과 같은 도표를 만들 수 있다(서태룡(1988: 91).

(10)

존재	앎	비존재 모름
결정 · 완료	결정 · 지속	미정 · 미완료
-은	-음	-을

  * 동명사 어미 {-은}, {-음}, {-을}로 내포된 하위문은 {-은}, {-음}, {-을}이 발화된 바로 다음 시점이 기준이 된다.

지금까지 서태룡(1988)의 논의를 살펴보았는데, 서태룡(1988)의 논의는 기존의 논의보다 그 의미 해석이 정밀화되었음을 느낄 수는 있으나, 다음과 같은 문제점이 지적될 수 있겠다.

첫 번째 문제점으로는 [지속]이라는 의미 자질의 설정이 얼마나 타당한가 하는 것이다. (6), (7)의 예문을 다시 생각해 보면, (6가)의 경우는 [지속]의 의미가 적용될 수 있겠으나 우리의 생각으로는 (6나)와 (7가, 나)의 경우는 그렇지 않다고 생각된다. '떠남'은 어느 시점을 기준으로 당사자의 그 행동이 행해졌는가 행해지지 않았는가의 문제이지, '떠나고 있는 행동'이 [지속]되었는가의 여부 문제가 아니며, '제출함'도 어느 시점을 기준으로 그 시점까지 논문을 제출한다는 의미이지 '제출하고 있는 행동'의 의미가 아니기 때문이다. 이 같은 경우는 '구함'의 경우도 마찬가지라고 생각된다.

[지속]이라는 의미 자질은 각각의 예에 과거 시제 '-었-'을 결합시키면 더욱 설명력이 떨어지는 듯하다. '고팠음', '떠났음', '제출했음', '구했음', '공부했음'을 각각 생각해 보면, 과거 시점을 기준으로 그 때까지의 행동의 지속이라고 말하기가 어렵기 때문이다.

위의 예에서 '상태 동사'와 '동작 동사'를 같이 비교하고 있는 것도 문제라고 할 수 있다. '상태의 지속'과 '행동의 지속'은 그 표현 방법이 다르다고 생각되기 때문이다.

또 다른 문제점으로는 (8)에서 소위 조건 접속의 '-으면' 대신 쓰인 ㅣ-음ㅣ을 과연 여타의 ㅣ-음ㅣ과 동일 형태로 간주할 수 있는가 하는 것이다. (8)에서의 공부함은 (6)이나 (7)에서의 ㅣ-음ㅣ이나 '-함'과 그 억양 상에서도 우선 차이를 보인다. 다음의 예를 비교해 보면 이 차이는 금방 드러난다.

(11) 가. 대공원에 놀러갔음(↘).
나. 대공원에 놀러갔음(↗) 좋겠다.

이에 대한 우리의 생각은 이 때의 ㅣ-음ㅣ은 '-으면'의 축약형이 아닌가 하는 것이다.

세 번째 문제점은 (8), (9)와 관련지어 생각할 수 있는 것으로 ㅣ-음ㅣ이 조건을 나타낼 수 있는 의미론적 근거로 내세운 (8나)와 (9나)가 과연 동명사 어미 때문에 [전제]된 것이냐는 것이다. 서태룡(1988)에서는 (8가)에서 {-음}의 선행 서술은 {8나}에서 {-음}의 선행 서술을 부정한 [대립]을 [전제]한다고 하였는데, 이에 대한 우리의 생각은 (9라)의 의미 해석은 동명사 어미와 관련된 것이 아니라, 문장의 어느 성분이 '초점'을 받느냐에 따라 달리 해석될 수 있는 [함의]의 의미 해석 중 하나에 불과하다는 것이다2). (9가)는 동명사 어미 앞에 세 개의 구성 성분이 있으므로 세 가지의 전제된 의미 해석과 함의된 의미 해석이 생길 수 있다.

(12) 그는 국어학을 공부한 사람이다.
(13) 가. 국어학을 공부하지 않은 사람은 그가 아니다.
     (누군가 국어학을 공부하지 않았다→'그는'에 초점이 주어질 때)
    나. 그가 공부하지 않은 것은 국어학이 아니다.
     (그는 무엇인가를 하지 않았다→'국어학'에 초점이 주어질 때)
    다. 그가 국어학에 대해 하지 않은 것은 국어학이 아니다.
     (그는 국어학에 대해 무엇인가를 하지 않았다→'공부한'에 초점
     이 주어질 때)
(14) 가. 국어학을 공부한 사람이 그이다.
    나. 그가 공부한 것이 국어학이다.
    다. 그가 국어학에 대해 한 것이 공부한 것이다.

네 번째 문제점으로는 서태룡(1988)에서는 (9가)와 (9나)가 동의 관계에 있다고 했는데 과연 이들이 동의인가 하는 것이다. 이에 대한 우리의 견해는 (9가)와 (9나)는 유의 관계이지 동의 관계는 될 수 없다는 것이다. 게다가 (9가)와 (9나)의 유의 관계는 '그는'에 초점이 주어질 경우에 한하는

---

2) '초점'을 전제 및 함의와 관련지어 논의한 것으로는 졸고(1989)를 참고할 것.

데, '그는'에 초점이 주어질 경우 (9가)의 '그는'은 '국어학을 전공한 사람'
일 가능성이 높고 (9나)는 '비전공자'일 수도 있으므로 직관상으로도 동의
관계에 있다고 볼 수 없다.

3. {-아/-어}의 의미 규정에 대한 문제점

지금까지 동명사 어미 {-은}의 의미 규정에 대한 문제점을 살펴 보았는
데, 이하의 논의에서는 어말 어미 {-아/-어}의 의미 규정에 대한 문제점을
지적하기로 한다.

(15) 어말 어미 {-아/-어}의 의미
{-아/-어}는 선행 서술을 [완결]하고 후행 서술을 [연결]하는 의미를
갖는다.

(15)의 의미 규정은 종결 어미, 접속 어미, 부사형 어미의 의미 규정까
지도 포괄하는 것인바, 이 때의 종결 어미의 후행 요소는 담화에서 청자
의 반응, 접속 어미의 후행 요소는 후행절, 부사형 어미의 후행 요소는 보
조 동사가 그 지배 영역이 된다는 것이다.

(16) 가. 그런 논문도 읽어 보아라.
나. 그런 논문도 읽어 이해를 해야 한다.
다. 그런 논문도 읽어.

위의 예의 {-아/-어}는 용언, 성분절, 문장을 구별하지 않고 화자가 그
앞의 서술을 일단락 지어 [완결]하고 그 다음에 관련된 내용을 [연결]하는
의미를 가진다고 보고 있다.

서태룡(1988)의 논의는 (16나)의 경우는 일견 타당한 듯하나, (16가, 다)의 경우에는 무리가 따를 듯싶다. 즉 (16가)의 경우는 '읽어'와 '보아라'가 따로따로 기능하고 있는 것이 아니라 '읽어 보다'가 한 덩어리로 기능하고 있어 '읽어' 앞의 서술을 일단락 짓는다고 볼 수가 없으며, (16다)의 경우는 그 문장 자체로서 서술이 끝나는 것으로 보는 것이 일반적인 상식인 듯 여겨지기 때문이다3). 따라서 (4), (15)의 의미 규정이 그대로 '-으나'에 적용될 경우 문제점이 유발됨을 알 수 있겠다.

일반적으로 접속 어미 '-으나'로만 끝을 맺는 문장은 비문으로 처리된다. 다음을 보면 이러한 사실이 잘 드러난다.

(17) 가. *형은 돌아왔으나.
나. *그는 어떻게 차려 입으나.
다. *저 사람은 소설가나.
라. *그 강은 길으나.

그런데 서태룡(1988)의 논의대로 [-아]가 선행 서술을 일단락 짓는다고 하면, (16다)의 경우에와 마찬가지로 동명사 어미 [-은]이 통합된 (17)의 예들도 정문으로 처리되어야 하는데 사정은 전혀 그렇지가 않은 것이다.

사실상 서태룡(1988)의 논의를 보면 접속 어미 '-으나'에 의해 나타나는 대립·양보·선택·강조의 의미는 '-으나'에 의해서라기보다는 선·후행절의 의미 관계 때문인 것으로 설명하고 있다.

---

3) 보조 동사에 대한 필자의 생각은 이들을 더 이상 분리 가능한 것이 아닌, 한 단위의 기능 복합체로 간주하거나 보조 동사를 양상적 요소로서 처리함이 타당하다고 여겨지나, 상세한 논의는 피하기로 한다. 한편 (16다)의 경우는 (16가, 나)의 경우와는 달리 보조 동사가 생략된 것이 아닌, 그 자체로 명령의 기능을 수행하여 문장을 종결시키고 있으므로 여기서 [연결]의 의미를 찾는 것은 타당치 않은 것으로 여겨진다.

(18) 가. 그 사람은 시인이나 시를 안 쓴다.
　　　나. 그는 열심히 공부했으나 시험에 떨어졌다.

　(18가, 나)가 양보의 의미를 가지는 것은 선·후행절의 주체가 같기 때문으로 선행절에 대한 기대를 후행절에서 부정함으로써 선행절이 후행절에 대한 양보적 조건이 된다는 것인데, 이 같은 설명은 '-으니'에 대한 설명과 상충되고 있다.

(19) 가. 눈이 오니 날씨가 춥다.
　　　나. 그 여자는 얼굴이 예쁘니 마음씨가 착하다.

　위의 예문에서 '-으니'의 의미는 [결정·완료]된 상태의 선행절은 {-은}에 의해 [대립]을 [전제]함으로써 후행절의 이유로 해석될 수 있고, 후행절은 어말 어미 {-이}에 의해 선행절이 유지되는 상태에서의 결과로 해석될 수 있어, '-으니'는 인과 관계로 해석되게 된다. {-은}에 의한 [대립]의 [전제]가 인식되지 않으면 '-으니'는 동시적 계기성을 나타내는 것으로도 해석된다고 보고 있다.
　이 같은 설명은 다음과 같은 예문의 경우 어떻게 설명할 것인가 문제가 된다.

(20) 가. 먼동이 튼다.
　　　나. 별들이 사라진다.
(21) 가. *먼동이 트나 별들이 사라진다.
　　　나. 먼동이 트니 별들이 사라진다.

　'-으나'의 의미 중 '선택'의 의미에 대한 설명도 문제를 야기한다.

(22) 가. 저 사람은 소설가(이)나 시인이다.
　　　나. 좋으나 싫으나 너는 가야 한다.

서태룡(1988)은 명사구를 연결하는 '-나'에 의한 선택과 용언의 반복 구성에서 선택은 대립하는 어휘로 인하여 해석되는 의미이므로 접속 어미 '-으나'는 선택의 의미를 가지는 존재가 아니라고 하였으나, 또 '-으나'에 의한 반복은 그 구성 요소인 ㅣ-은ㅣ과 ㅣ-아ㅣ의 의미가 복잡한 요인으로 작용하게 된다고 하여 상충되는 설명을 보이고 있다.

4. 그 외의 문제점

지금까지 서태룡(1988)의 논의의 문제점을 언급했는데, 이제는 논의의 방향을 달리하여 문제점을 지적하기로 한다. 논의의 편의를 위해 (1)의 예를 다시 가져와 살펴보기로 하자.

(23=1) 가. 형은 돌아왔으나 동생은 돌아오지 않았다.
　　　　나. 그는 어떻게 차려 입으나 멋지다.
　　　　다. 저 사람은 소설가(이)나 시인이다.
　　　　라. 그 강은 길으나 길다.

위의 예를 보면 (23다)를 제외하고는 접속 어미 '-으나'가 외현적으로 드러나 있으므로, '-으나'를 기본형으로 설정하는 데는 아무런 무리가 없어 보인다. 그러나 다음의 예를 보자.

(24) 가. 형은 돌아오나 동생은 간다.
　　　나. 그는 어디를 가나 환영 받는다.

　　다. 오늘도 기나긴 하루였다.

　(24)의 각각의 예들은 어디에서도 '-으나'의 '-으-'를 찾을 수 없다. 즉 '-으-'는 자음으로 끝난 선행 음절 뒤에서만 통합되며 (24)에서 보듯 모음으로 끝난 선행 음절 뒤에서는 실현되지 않는 것이다.

　여기서 우리는 다음과 같은 의문을 가지게 된다. 즉 (23)의 예들로부터는 접속 어미 '-으나'가 기본형으로 설정될 수도 있겠으나, (24)의 예들에서는 '-으-'가 탈락되었으므로 어떻게 '-으-'가 탈락되어 이것이 역으로 동명사 어미 (-은)과 어말 어미 (-아)로 이루어져 있음을 알 수 있게 해 주는가 하는 것이다. 달리 얘기하면 이는 '-으-'가 선행 음절의 조건에 따라 그 통합 여부가 결정되는 수의적 요소가 아닐까 의심하게 해 준다는 것이다. 만일 이 '-으-'가 수의적 요소로서 선행 음절의 조건에 의해 그 통합 여부가 결정되는 것이라면, (24)에서 선행 음절이 모음인 경우 '-으-'가 통합되지 않았음에도 우리는 '-으-'가 통합된 것으로 보아 '*오으나', '*가으나', '*기나기으나'로 분석해서 이들이 음운론적인 조건에 의해 축약되었다고 설명해야 하나, 이 같은 분석이 타당성을 얻기란 매우 어려워 보인다. 즉 앞에서의 논의대로 '-으나'를 동명사 어미 (-은)과 어말 어미 (-아)의 통합형 어미라고 한다면, 이처럼 확실한 의미적 소성(素性)을 지니고 있는 형태소가 선행 음절의 조건에 따라 그 실현 여부가 쉽사리 결정된다고 보기는 무리라는 것이다. 그러므로 여기서 우리는 앞에서 과거를 나타내는 요소와 통합된 예들에 (4)의 의미 해석 원리가 적용되는 듯이 보이는 것은 사실은 동명사 어미 (-은)에 기인한 것이 아니라 과거 시제 요소 때문임을 알 수 있다[4]. 이처럼 수의적 요소가 통합된 '-(으)나'를 동명사 어미 (-은)

---

4) 그러나 앞의 도표 (3)에서 보았듯이, 접속 어미 '-으나'가 소위 미래를 나타내는 선어말 어미 '-겠-'과 통합될 수 있는 것에 대해서는 별도의 설명이 필요하므로 일

과 어말 어미 {-아}로 재분석할 때 생기는 문제는 자명해진다.

만일 '-으나'를 기본형으로 설정하게 되면 또한 다음과 같은 문제도 유발될 수 있다. 다음의 경우를 살펴보자.

(24) 가. 형은 돌아왔으나 동생은 갔다.
    나. 형은 돌아오나 동생은 간다.

(25가)는 '-으나'가 실현된 경우로서, 수의적인 요소인 과거 시제 '-었-' 뒤에 '-으나'가 통합되었으므로 수의적인 요소 뒤에 실현된 '-으나'가 (25나)에서는 수의적 요소가 생략될 경우 '-으-'가 통합되지 않은 '-나'만 쓰인다는 식의 설명이 불가피해지는데, 우리가 보기에는 이 또한 기이한 설명이 될 수밖에 없다.

그리고 (23)의 예들로부터도 (23나)의 경우 과연 여기서의 '-으나'로부터 [결정·완료]라는 의미가 선뜻 와 닿는가 하는 것도 문제점으로 지적될 수 있다.

5. 맺음말

지금까지 서태룡(1988)의 논의를 중심으로 몇 가지 문제점을 지적했는데[5], 결국 접속 어미란 말 그대로 두 문장 이상을 선·후 관계로 하여 문장을 접속할 때 통합되는 것이므로, 접속 어미 자체에 대한 연구와 아울러 그 접속 어미의 선·후행절에 대한 면밀한 의미 검토가 병행되어야 할 것임을 알 수 있겠으나, 이는 논의를 달리하여 검토하고자 한다.

단 여기서는 논외로 한다.
5) 그런데 지금까지 논의된 문제점을 서태룡(1988)에서 논의된 다른 통합형 접속 어미에도 그대로 적용될 수 있으리라 여겨진다.

참고문헌

박정규(1989), "현대 국어의 부정문 연구 - 의미 해석을 중심으로-", 한국어 연구 제17
    호, 한국어연구회.

서태룡(1988), 국어 활용어미의 형태와 의미, 국어학 총서 13, 탑출판사.

_____(1989), "국어 활용어미의 체계와 방법", 애산학보 8(『이병근 · 서태룡 · 이남순
    편(1991), 문법 I , 태학사』에 재록)

심재기(1979), "관형화의 의미 기능", 어학연구 15-1, 서울대 어학연구소.

_____(1981), 국어 어휘론, 집문당.

이기동(1977), "대조양보의 접속 어미의 의미 연구", 어학연구 서울대 어학연구소.

이익섭 · 임홍빈(1983), 국어문법론, 학연사.

임홍빈(1982), "동명사 구성의 해석 방법에 대하여", 백영 정병욱 선생 환갑기념논총.

〈국제어문 제14 · 15합집(국제어문학연구회, 1994)〉

Ⅸ. 교육용 한자의 '대표훈' 설정과 관련한 국어학적 몇 문제

1. 들어가는 말

국어에서 漢字가 차지하는 比重은 실로 막대하다고 할 수 있어서, 현재 국어 어휘의 70% 이상이 漢字語라고 한다. 국립국어연구원에서 편찬한 '국어대사전'의 경우, 수록 어휘 가운데 316,721어가 漢字語라고 하는 통계만을 보더라도[1], 조금 과장되게 말한다면, 漢字에 대한 기본적인 지식이 없을 경우 의사소통마저 불가능할 수 있을 것으로도 여겨진다.

그러므로 사정이 이와 같다면 한국어문교육연구회가 1998년과 1999년에 걸친 토의 끝에 교육용 漢字 1,800字를 대상으로 代表訓을 설정한 것도 그다지 큰 무리가 있는 것으로는 보이지 않는다[2]. 북한에서는 이미

---

[1] 이러한 사정은 표제어가 아닌 '임시어(또는 가능어)'를 대상으로 할 경우 漢字語의 비중이 더 높아질 수도 있다. 우리가 구사하는 단어가 반드시 사전에 수록된 표제어만은 아니기 때문이다.

[2] 여기서는 代表訓만을 논의의 대상으로 한다. 하나의 漢字에 여러 훕이 있는 경우에는 어느 정도 객관적인 기준이 적용될 수 있을 것으로 보이므로(가령 빈도수를 기준으로 삼을 수도 있을 것이므로), 代表音을 설정한다고 하더라도 별다른 무리가 있을 것으로는 보이지 않기 때문이다.

1968년에 교육용 漢字를 3,000字로 선정하고 그 代表訓과 代表音을 정한 실정이고 보면, 우리가 1972년에 교육용 漢字 1,800字를 지정해 놓고[3], 학회 규모의 제안이긴 하나 지금에 와서야 代表訓을 설정하자고 하는 것이 오히려 시기적으로도 늦은 감이 있다고 생각할 수도 있기 때문이다[4].

그러나 현재 한국어문교육연구회에서 상정한 代表訓은 상당한 문제점을 안고 있는 것으로 보인다. 따라서 여기에서는, 앞으로 만일 국가적인 차원에서 代表訓을 상정한다고 할 때 보다 바람직한 방향으로 代表訓이 설정될 수 있도록 하기 위하여, 현재 한국어문교육연구회가 제시한 代表訓을 대상으로 하여, 이에 나타난 몇 가지 문제점을 지적하고 이에 대한 나름대로의 代案 내지는 改善 方向을 제시해 보려고 한다.

2. 漢字語 訓의 문제

漢字는 고대 동아시아의 유일한 文字로서, 우리 조상들이 접한 최초의 文字였다. 漢字의 수입은 중국과의 언어 접촉의 결과로서, 이 접촉의 초

---

3) 교육용 漢字가 1,800字로 정해진 것은 1972년에 그렇게 확정되었다는 것이지, 사실상 그 출발은 1951년부터 시작된다. 문교부에서 1951년에는 常用漢字를 1,000 字로 선정, 공포하였다가 1957년에 300字를 더하였고 1972년에 다시 500字를 추가 하여 공포하였던 것이다. 그러나 그 당시에도 교육용 漢字와 音만을 지정했었고 이러한 사정은 지금도 마찬가지이기 때문에, 代表訓의 문제는 교육용 漢字를 지 정할 때부터 어느 정도 분쟁의 소지를 안고 있었다고 할 수 있다.

4) 이는 현행 초·중·고등학교의 漢文 교과서 문제와 연관지어 생각해 보면, 어느 정도 문제의 심각성을 느낄 수 있다. 현행 제도에서 이들 교과서는 국정이 아니 라 검인정으로서 여러 종류의 교과서가 유통되고 있어, 교과서마다 제시하고 있 는 訓이 약간씩 다르기 때문이다(이 문제에 대해서는 이관진(1985)에서 비교적 소 상히 다루고 있으니 참고하기 바란다). 따라서 상황이 이와 같다면, 적어도 교육 용 한자의 훈을 통일시킬 경우, 상당히 큰 교육적 효과를 거둘 수 있을 것으로 보 인다.

기에 있어서는 아마도 단어의 차용과 같이, 어느 두 언어의 접촉에서나 보통 일어나는 현상이 일어난 것으로 추측되는데, 중국의 영향이 가중되고 또 국세의 팽창과 더불어 국정이 복잡해지면서 기록의 필요를 절실히 느끼게 되어 漢字의 전체계를 도급으로 받아들이게 된 것으로 보인다(李基文(1998 : 57))[5].

그러나 漢字는 본래 중국어를 표기하기 위한 특이한 文字이니, 이 文字로 우리 글을 쓴다는 것은 무척 어려운 일임에 틀림없었고, 또 이 文字로 우리 글을 쓰기 위해서는 무엇보다도 효과적인 漢字의 학습이 선행되어야 했을 것이니, 우리 선조들은 이를 위해서 漢字의 表意的인 기능과 表音的인 기능을 적절하게 활용했던 것으로 보인다. 오늘날 우리는 漢字를 언제나 音讀하는데 반해, 고대 이전이나 이후에도 오랫동안 우리 나라에는 釋讀의 전통이 있었던 것이다. 가령 삼국유사 권1에는 '赫居世王'에 대해 주를 달기를, "蓋鄕言也 或作弗矩內王 言光明理世也"라 했는데, '赫居世'나 '弗矩內'나 다 '鄕言'으로서 독법이 같았음을 알 수 있다. 즉 '赫居世'는 釋讀表記이며 '弗矩內'는 音讀表記였으니, '赫, 世'를 새김으로 읽으면 각각 '弗, 內'와 같아지는 것이다[6].

---

5) 이리하여 漢文은 고대 삼국의 문자 생활을 지배하기에 이르렀으며, 이러한 상태는 19세기까지 계속되었던 것이다. 그 결과 우리 민족은 입으로 말하는 언어(口語)와 글을 쓰는 언어(文語)의 불일치 현상을 오랫동안 지속하게 되었다. 그런데 여기서 특기할 만한 것은 이러한 불일치 현상이 漢文의 요소가 대량으로 국어에 침투되는 빌미를 제공하여 오늘날 국어 어휘 속에 방대한 漢字語 어휘를 남겨놓았다는 사실이다.

6) 이 사실과 관련하여 주목할 만한 것은, 漢字가 우리말을 적기에는 태부족인 文字였으나, 우리의 선조들은 이러한 새김의 방법을 원용하여 단지 없는 것보다는 낫다는 이유만으로 나름대로 우리말을 적으려고 엄청나게 노력한 흔적을 엿볼 수 있다는 것이다. 이러한 노력은 李基文(1998)에서 지적했듯이, 실로 '눈물겨운 노력'이라고 하지 않을 수 없다.

따라서 이처럼 새김과 관련한 表意的 부분은 그대로 漢字 학습에도 활용되어 지금 우리가 '訓'이라고 하는 것이 여기서 유래되었을 것으로 추측할 수 있는데, 여기서 특기할 만한 것은 이렇게 訓으로 굳어진 表意的 부분은 漢字의 효과적인 학습을 위해서라도 고유어가 그대로 訓으로 사용되었을 것이라는 점이다[7].

그러므로 이 정도의 설명만을 보더라도 적어도 교육용 漢字의 代表訓은 가능한 한 고유어로 이루어져야 할 것임을 짐작할 수 있다[8]. 그러나 현행 한국어문교육연구회가 제시한 代表訓을 보면 전체 漢字 중 많은 漢字의 訓이 漢字語로 되어 있어 애석함을 금할 수 없게 한다. 다음에서 몇 예를 보기로 하자[9].

(1) 刊(간행할 간)　　　姦(간사할 간)　　　懇(간절할 간)
　　講(강론할 강)　　　康(편안 강)　　　鋼(강철 강)

---

7) 漢字 학습의 대표적인 教材였던 〈석봉 천자문〉을 보면 '宿相長則'의 구절을 '宿 ; 잘슉, 相 ; 서로샹, 長 ; 긴댱, 則 ; 법측즉'이라고 풀이하고 있음을 볼 수 있으며, 〈열녀춘향슈절가〉에는 다음과 같이 풀이한 예도 찾아 볼 수 있다.

　가. 불글단, 푸릴청, 흰빅, 불글홍
　나. 꿈몽짜, 용용짜, 신통하게 맛치엿다
　다. 틱극이 광더 하날천
　라. 츙셩츙짜 완연턴이 가온디 즁짜 어더가고 마음심짜만 나머잇고

　그런데 이들 예를 보면 訓으로 보이는 것 중 일부는(밑줄을 그은 것) 漢字語가 사용된 것을 볼 수 있는데, 이는 이들 자료가 이미 漢字의 영향이 상당히 진행된 후 등장했기 때문인 것으로 풀이된다.

8) 여기서 '가능한 한'이라는 表現을 사용한 것은, 일단 漢字의 訓은 고유어를 써야 함이 원칙이겠으나, 언어란 것이 '사회성'의 특성도 있다는 점을 고려한다면, 현재 관습적으로 사용하고 있는 訓 모두를 고유어로 바꾸는 것은 사실상 불가능하기 때문이다. 그러나 이 문제와 관련하여 그 간 국어를 연구하는 사람들이 한자의 訓 문제에 대해서 너무 무관심으로 일관했다는 사실은 비판을 받아 마땅하다.

9) 앞으로 특별한 일이 없는 한, 訓과 音은 괄호에 넣어 처리하기로 한다.

據(의거할 거)	傑(호걸 걸)	儉(검소할 검)
檢(검사할 검)	格(격식 격)	決(결단할 결)
謙(겸손할 겸)	敬(공경 경)	慶(경사 경)
境(지경 경)	警(경계할 경)	癸(북방 계)
季(계절 계)	界(지경 계)	系(계통 계)
戒(경계할 계)	械(기계 계)	契(계약 계)
桂(계수나무 계)	故(연고 고)	庫(곳집 고)
稿(원고 고)	穀(곡식 곡)	工(장인 공)
公(공평할 공)	恭(공손할 공)	果(실과 과)
課(과정 과)	科(과목 과)	慣(익숙할 관)
怪(괴이할 괴)	校(학교 교)	較(비교할 교)
巧(공교 교)	救(구원할 구)	究(연구할 구)
區(구역 구)	苟(진실로 구)	菊(국화 국)
局(판 국)	軍(군사 군)	卷(책 권)
權(권세 권)	鬼(귀신 귀)	規(법 규)
閨(안방 규)	極(극진할 극)	級(등급 급)
記(기록할 기)	期(기약 기)	氣(기운 기)
奇(기이할 기)	畿(경기 기)	緊(요긴할 긴)

위의 예는 교육용 漢字 1,800字 중 音의 첫소리가 'ㄱ'으로 시작하는 漢字語의 예를 대상으로 하여, 대상 漢字 277字의 漢字 중 漢字語 訓이 2 음절 이상으로 이루어진 것을 살펴 본 것인데, 얼핏 보더라도 70여 개의 漢字가 고유어가 아닌 漢字語 訓을 취하고 있을 뿐만 아니라, 해당 漢字 가 사용된 단어가 대부분 그대로 訓으로 사용되고 있음을 알 수 있다.

해당 漢字가 사용된 단어가 다시 訓으로 사용된다는 것은 일단 고유어 가 아니라는 문제는 且置하고서라도 다음과 같은 심각한 문제를 일으킨 다. 즉 어떤 漢字의 訓이 되었건 해당 漢字가 사용된 단어가 오직 訓으

로 제시된 단어밖에 없다면 모르겠지만, 적어도 두 개 이상이라면 왜 그
것만이 代表訓으로 가능해야 하는가 하는 문제를 제기한다는 것이다. 가
령 다음의 경우를 보자.

(2) 가. '記' 前接語 : 記功, 記念, 記得, 記覽, 記錄, 記末, 記名, 記府,
　　　　　　　　　記事, 記寫, 記性, 記誦, 記述, 記室, 記憶, 記入,
　　　　　　　　　記者, 記帳, 記章, 記載, 記伝, 記号
　　나. '記' 後接語 : 强記, 旧記, 單記, 登記, 明記, 銘記, 聞記, 別記,
　　　　　　　　　附記, 簿記, 書記, 疏記, 速記, 手記, 授記, 實記,
　　　　　　　　　暗記, 連記, 列記, 位記, 日記, 雜記, 伝記, 奏記,
　　　　　　　　　聰記, 追記, 筆記, 勳記

　위의 경우를 보면 '記' 하나만 하더라도, 해당 漢字가 앞에 나오거나 뒤
에 나오는 2음절어만 놓고 보더라도 무려 50여 개 이상의 단어가 가능함
을 알 수 있는데, '記錄'이라는 단어가 '記'를 이용한 단어 중 하나에 불과
하다면 '記'가 나타나는 이들 漢字語는 모두 '記'의 訓으로 가능해질 수
있다는 논리가 얼마든지 가능함을 알 수 있다.

　이럴 경우 다음과 같은 반론이 가능할 수도 있다. '記'를 이용한 단어가
많은 것은 사실이지만, 그렇다고 하더라도 다른 예는 '記錄'이라는 단어와
모두 연관이 있기 때문에 '記錄'을 대표훈으로 삼을 수 있지 않느냐는 반
론이 가능할 수도 있다는 것이다. 이러한 반론이 어느 정도는 타당해 보
일 수도 있다. 그러나 위의 모든 예를 '記錄'과 연관지을 수 있다는 것은
상당히 무리가 따른다고 하지 않을 수 없다. 얼핏 보기에도 '記憶'은 '記
錄'과는 매우 거리가 있어 보이며, '暗記' 또한 '記錄'과 직접 연관을 찾기
란 매우 어려워 보이기 때문이다.

　한편 다음을 보면 심지어 訓이 해당 漢字의 音과 동일한 일음절어로

되어 있는 것도 여럿 있음을 알 수 있다[10].

(3) 肝(간 간)　　　　江(강 강)　　　　功(공 공)

(4) 强(강할 강)　　　　激(격할 격)　　　　兼(겸할 겸)
　　告(고할 고)　　　　困(곤할 곤)　　　　求(구할 구)
　　窮(궁할 궁)　　　　勸(권할 권)　　　　貴(귀할 귀)
　　禁(금할 금)　　　　急(급할 급)　　　　吉(길할 길)

　위의 예 중 (3)는 訓이 명사로 된 예를 든 것이고, (4)의 예는 訓이 동사나 형용사와 같이 용언으로 된 예를 든 것으로서, 후자의 경우에는 '-하-'와 같이 접미사가 붙은 것이긴 하지만, 해당 漢字의 訓을 일음절어로 보더라도 별반 무리가 없어 보이는데, 두 경우를 모두 합치면 그 예는 비교적 많은 수에 이른다[11].

　사실상 漢字의 訓이 일음절어가 되어서는 안 된다는 법은 없겠으나, 위의 예에서와 같이 漢字의 訓이 해당 漢字의 音과 완전히 동일하다는 것은 문제라고 하지 않을 수 없다. 사정이 이쯤 되면 漢字를 학습할 때 대표훈은 고사하고 과연 訓이란 것이 필요한 것인가 의구심을 들게 할 정도이기 때문이다. 즉 어떤 漢字가 되었건, 그 漢字가 명사로 주로 쓰이는 것은 해당 漢字의 音을 다시 訓으로 반복하면 될 것이고, 동사나 형용사 같이 용언으로 주로 쓰이는 것은 해당 漢字의 音에 접미사 '-하-'를 붙여

10) 여기서 따로 예를 들지는 않겠지만, 代表訓으로 제시된 것 중에는 가령, '各'의 경우처럼 제시된 訓이 '각각'으로서, 해당 한자의 음이 반복되어 訓을 이룬 경우도 있다. 이럴 경우 '各'의 訓을 고유어 訓으로 바꾼다면, '따로' 정도가 적절할 것으로 여겨진다.
11) 이러한 사정은 북한의 경우라고 해서 별반 다르지 않은 것으로 보이나, 일부 예의 경우에는 우리와 다르게 처리하고 있어 주목되는데, 가령 '激'의 경우 북한에서는 '격동할 격'이라고 하여 일음절 訓이 아닌 것으로 처리하고 있음을 볼 수 있다.

訓으로 삼으면 될 것이므로, 이러한 방법으로 訓을 설정하다 보면(물론 위의 예중 대부분의 경우에는 어쩔 수 없는 처리 방식이었다고 변명하겠지만), 교육용 漢字뿐만 아니라 교육용 漢字를 포함한 모든 漢字의 訓이 해당 漢字의 音이 그대로 다시 그 漢字의 訓으로 되어서는 안 된다고 할 명분이 없어지기 때문이다. 따라서 이들 예의 訓은 가급적 고유어의 訓을 사용하는 방향으로 바꾸어야 할 것임을 알 수 있다.

그런데 漢字語 訓을 고유어로 바꾼다면, 동음어 訓이 많아질 것이라고 생각하여 기왕의 漢字語 訓을 그대로 사용하는 것이 낫지 않겠느냐는 의문이 생길 수도 있다. 가령 '기록하다'라는 訓을 '쓰다'로 바꾼다면 다음에서 볼 수 있는 것처럼, 어느 경우의 것인지 언뜻 보아서는 모르기 때문에 기왕의 漢字語 訓을 그대로 놔두는 것이 낫지 않겠느냐고 생각할 수도 있다는 것이다.

(5) 가. 쓰다₁ : ① 사람을 두어 일을 시키다.
② 돈이나 물자를 들이거나 없애다.
③ 마음을 쏟거나 억지를 부리다.
④ (권세 따위를) 행사하다.
⑤ (몸의 일부를) 놀리다.
⑥ 약을 먹이거나 바르다.
⑦ 빚을 지다.
⑧ 장기·바둑 따위에서 말을 옮기다.
나. 쓰다₂ : ① (모자나 수건 따위를) 머리에 얹거나 덮다.
② (우산 따위를) 머리 위에 펴 들다.
③ (얼굴을) 보이지 않게 가리거나 덮다.
④ (이불 따위를) 머리까지 푹 덮다.
⑤ 억울한 지목을 당하거나 죄를 덮다.
다. 쓰다₃ : 묫자리를 잡아 시체를 묻다.

　라. 쓰다₄ : ① 붓·펜 따위로 획을 그어 글자를 이루다.

　　　　　　② 글을 짓다.

　마. 쓰다₅ : ① 맛이 소태의 맛과 같다.

　　　　　　② 입맛이 없다.

　　　　　　③ 마음이 언짢고 싫다.

　　　　　　　　　　　　　－이상의 자료는 <동아 새국어 사전>에 의함－

　그러나 이러한 문제는 漢字의 訓을 고유어로 바꾸지 않고 漢字語로 놔둔다고 하여 해결될 수 있는 것은 아니다. 다음의 예에서 볼 수 있는 것처럼 漢字語 訓의 경우에도 이러한 문제는 그대로 생기기 때문이다.

　(6) 規(법 규)　　　　法(법 법)　　　　式(법 식)

　　　典(법 전)　　　　憲(법 헌)

　위의 예를 보면 다섯 개의 漢字 訓이 모두 漢字語인 '법'으로서, 漢字語 訓이라고 해서 同音의 문제가 말끔히 해소되는 것은 아님을 알 수 있다.

　결국 한국어문교육연구회에서 제시한 代表訓은 그 취지는 상당히 이해할 만한 것이었으나, 상당한 양의 漢字의 訓을 해당 漢字가 활용되고 있는 漢字語 訓으로 처리함으로써 오히려 漢字 학습의 효과를 떨어뜨릴 수도 있는 것으로 여겨지므로, 漢字語의 訓을 가능한 한 固有語의 訓으로 바꾸어야 할 것이다[12].

---

12) 물론 여기서의 이러한 지적이 한국어문교육연구회가 고유어 訓을 전혀 살려쓰지 않았다는 것이 아님은 부언을 요하지 않는다. 代表訓 〈선정 세칙〉을 보면, "고유어를 존중한다"고 하여 '計'의 訓을 '계교'라고 하지 않고 '셀'로 한다든지, '培'를 '배양할'이라고 하지 않고 '북돋울'이라고 하여, 나름대로는 고유어를 상당히 존중하는 태도를 엿볼 수 있는 것이다. 그러나 위에서 지적했듯이 현재의 漢字語 代

이제 현재 제시된 漢字語 代表訓 중 몇 예의 訓을 가급적 고유어를 살려 고쳐 보면 다음과 같다.

(7) 記(기록할 기) → (쓰다 기)[13]   鋼(강철 강) → (쇠 광)

(8) 壁(벽 벽) → (담 벽)   病(병 병) → (아프다 병)

羊(양 양) → (짐승 양)   幅(폭 폭) → (넓이 폭)

鶴(학 학) → (새이름 학)

(9) 强(강할 강) → (굳세다 강)   罷(파할 파) → (마치다 파)

敗(패할 패) → (지다 패)   廢(폐할 폐) → (없애다 폐)

3. 單一 訓의 문제

代表訓 설정과 관련하여 제기될 수 있는 또 다른 문제점은 대표성만을 강조한 나머지 두 개 이상의 訓이 제시되어야 함에도 하나의 訓만을 제시해 놓아 문제를 일으키고 있다는 것이다. 즉 하나의 訓만으로는 전혀 다른 용법을 예측할 수 없는 경우가 있음에도 현재의 代表訓은 이러한 사실이 거의 무시되고 있어 문제를 일으킨다. 다음의 경우를 보자.

表訓 중 아직도 상당수가 고유어 訓으로 바꿀 수 있음에도 漢字語 訓을 유지하고 있는 것은 비판을 받아야 할 것이다. 한편 한국어문교육연구회에서 제시한 訓 중 어떤 것은 거의 死語化되다시피한 것을 살려쓴 것도 있어, 이렇게까지 고유어를 살려야만 하는가 의구심을 들게 할 정도의 것도 여럿 있어 좋은 대조를 이룬다. 가령 音이 'ㄱ' 부분에 속하는 것만 해도, '架'의 訓을 '시렁'으로 처리한 것이라든가, '綱'을 '벼리'로 처리한 것 이외에도 '階'를 '섬돌'로 처리한 것은 오히려 너무 심하다 싶을 정도로 고유어를 살린 것으로 여겨진다.

13) 여기서 '쓸 기'라고 하지 않고 '쓰다 기'라고 한 것은, 그동안 관습적으로 용언 訓의 형태를 '-(하)ㄹ-'의 꼴로 처리해 온 것이 타당하지 않다고 보기 때문이다. 자세한 것은 뒤에서 다시 논의할 것이지만, 이하에서는 모두 기본형의 꼴을 취하는 것으로 처리하기로 한다.

(10) 突發, 突變, 突然, 突進, 突風

위의 경우는 '突'이 전접하고 부사의 역할을 하여 뒤에 통합된 漢字를 수식하면서 '갑자기'의 뜻으로 사용된 몇 예를 보인 것인데, 이러한 예만 본다면 '突'의 訓을 '갑자기'로만 설정해도 별반 무리가 없어 보인다. 그러나 다음의 예를 보자.

(11) 追突, 衝突

위의 예는 '突'이 후접되어 있다는 것 이외에는 앞의 경우와 마찬가지로 '突'이 통합되어 쓰인 것임에도 '갑자기'라는 代表訓으로는 풀이되지 않는 몇 예를 보인 것으로, 여기서는 '突'이 '부딪치다'로 풀이되어야 함을 알 수 있다. 즉 앞의 경우처럼 '突'이 부사의 역할을 하는 것이 아니라 동사의 역할을 한다는 것이다. 사정이 이와 같은데도 현재의 代表訓은 부사인 '갑자기'만이 제시되어 있어 문제를 일으킨다. 한편 다음의 경우를 보자.

(12) 가. 過客, 過去, 過年, 過半, 過日
　　　나. 經過, 默過, 通過, 透過, 行過

위의 예는 '過'가 전접하거나 후접하여 쓰일 수 있는 몇 가지 경우를 열거한 것으로, 이러한 예만 본다면 '過'의 代表訓이 '지나다'로만 제시되어도 별반 무리가 없어 보인다. 그러나 다음의 예를 보자.

(13) 가. 過誤 : 잘못, 허물, 過失.
　　　나. 罪過 : 죄가 될만한 허물.
　　　　　　　　　　　　　　　　– 용례의 풀이는 <동아 새국어 사전>에 의함 –

위의 예는 앞의 (12)에서 제시한 이외에 '過'가 전접하거나 후접하여 쓰일 수 있는 또 다른 예로서, 이 경우의 '過'의 訓은 '지나다'가 아닌 '허물'로 풀이되어야 할 것임을 알 수 있다. 즉 이 경우에는 '지나다' 이외에 '허물' 또한 복수 代表訓으로 설정되어야 한다는 것이다[14].

그러나 현재 한국어문교육연구회에서 제시한 代表訓은 一字一訓의 원칙을 너무 지나치게 적용한 나머지 복수훈은 거의 인정하지 않고 있어[15], 품사가 다른 경우는 차치하고서라도 多義語(polysemant)로 인정되기 어려운 경우조차도 代表訓에서 제외하고 있음을 볼 수 있다[16].

단일훈만을 代表訓으로 선정한 것과 관련하여 제기될 수 있는 더 큰 문제는 代表訓으로 선정된 것이 어떤 기준으로 代表訓으로 설정되었는지에 대한 자세한 기준을 찾아볼 수 없다는 데 있다. 단지 〈選定 細則〉에 "복수훈이 부득이한 경우에 괄호 안에 병기한다"라고 하여, '부득이한 경우에'라고만 언급했을 뿐 어떤 객관적인 기준도 제시하지 않은 채 단일훈만을 제시하고 있는 것이다.

우리가 보기에 이러한 처리 방식이 결코 바람직한 것이라고는 볼 수 없다. 적어도 해당 漢字의 활용 예를 모두 검토하고 실제 빈도수를 객관적 기준으로 삼는다든지 하여, 품사가 다른 경우뿐만 아니라 다의어의 관계로 처리하기가 곤란한 경우까지 모두 포함하여, 필요하다면 두 개가 아니

---

14) 여기서는 논의의 편의상 '過'의 용법을 두 가지만 들었는데, 사실상 장삼식 편 '대자원'의 풀이를 보면, '過'의 용법이 '넘다(越也), 그릇하다(誤失), 허물(罪愆), 지나다(徑也)'와 같이 다양하게 제시되고 있음을 볼 수 있다.

15) 한국어문교육연구회에서 제시한 복수의 訓은 얼핏 보기에도 '金'과 같이 '성'과 관련된 漢字 정도나 '蘇'가 '차조기'처럼 '풀이름'으로 사용되는 경우 '깨어날'과 함께 병기하는 정도에 그친다.

16) 여기서 '多義語'로 인정되기 어렵다는 것은, 사실상 '동음 이의어(homonym)'로 처리되는 것이 타당함을 뜻한다. 간략하나마 '다의어'와 '동음이의어'의 구별에 대해서는 이익섭(1993)을 참고하기 바란다.

라 세 개 이상의 복수훈도 모두 代表訓으로 과감하게 선정하여야 할 것
이다.

4. 用言 訓의 형태상 문제

代表訓 설정과 관련하여 제기될 수 있는 세 번째 문제점은 앞에서도
잠시 언급했지만 용언 訓의 형태적 문제와 관련된다[17]. 다음의 예에서 볼
수 있는 것처럼 訓이 동사나 형용사인 경우에는 예외없이 訓의 형태가
'어간 + -ㄹ(또는 어근 + -할)'의 꼴로써 뒤의 音을 수식하는 형태를 취하고
있는 것이다[18].

(14) 佳(아름다울 가)	可(옳을 가)	加(더할 가)
却(물리칠 각)	覺(깨달을 각)	刻(새길 각)
看(볼 간)	渴(목마를 갈)	甘(달 감)
減(덜 감)	感(느낄 감)	監(볼 감)
降(내릴 강)	剛(굳셀 강)	改(고칠 개)
開(열 개)	介(낄 개)	慨(슬플 개)
蓋(덮을 개)	去(갈 거)	巨(클 거)
居(살 거)	擧(들 거)	距(떨어질 거)
拒(막을 거)	建(세울 건)	健(굳셀 건)
憩(쉴 게)	擊(칠 격)	見(볼 견)
堅(굳을 견)	遣(보낼 견)	結(맺을 결)

---

17) 이 문제는 漢字의 訓이 고유어가 되었건 漢字語가 되었건 모두 적용되는 문제
이다.
18) 앞에서 漢字語 訓은 거론하였기 때문에 漢字語 어근에 접미사 '-하'가 통합된
것은 앞의 예를 참고하기 바라며, 여기서는 이를 제외한 고유어 訓을 지닌 漢字
를 거론하기로 한다.

潔(깨끗할 결)	缺(이지러질 결)	輕(가벼울 경)
耕(밭갈 경)	驚(놀랄 경)	競(다툴 경)
傾(기울 경)	硬(굳을 경)	計(셀 계)
係(맬 계)	繼(이을 계)	啓(열 계)
固(굳을 고)	苦(쓸 고)	高(높을 고)
枯(마를 고)	孤(외로울 고)	顧(돌아볼 고)
曲(굽을 곡)	哭(울 곡)	空(빌 공)
供(이바지할 공)	恐(두려울 공)	貢(바칠 공)
過(지날 과)	誇(자랑할 과)	寡(적을 과)
觀(볼 관)	貫(꿸 관)	寬(너그러울 관)
廣(넓을 광)	卦(걸 괘)	愧(부끄러울 괴)
壞(무너질 괴)	交(사귈 교)	敎(가르칠 교)
矯(바로잡을 교)	久(오랠 구)	具(갖출 구)
驅(몰 구)	拘(거리낄 구)	懼(두려울 구)
構(얽을 구)	屈(굽힐 굴)	歸(돌아갈 귀)
叫(부르짖을 규)	均(고를 균)	克(이길 극)
近(가까울 근)	勤(부지런할 근)	謹(삼갈 근)
及(미칠 급)	給(줄 급)	肯(즐길 긍)
起(일어날 기)	忌(꺼릴 기)	欺(속일 기)
騎(말탈 기)	寄(부칠 기)	棄(버릴 기)
祈(빌 기)	企(바랄 기)	飢(주릴 기)

위의 예를 보면 용언의 訓은 한결같이 '어간 + -ㄹ'의 형태를 취함을 볼 수 있는데, 용언의 訓에 '-ㄹ'의 관형사형 어미를 통합시켜 訓으로 삼아 온 것이 어제 오늘의 일이 아님은 부언할 필요를 느끼지 않으나[19], 사실 상 이러한 訓의 형태는 다음과 같은 심각한 문제를 일으킨다.

우선 제기될 수 있는 문제로서는, 실제로 이들 漢字가 단어 내지 문장

---

19) 주7)을 참고하기 바란다.

에 사용될 경우 대부분 서술어의 역할을 함에도, 적어도 제시된 代表訓의 형식은 뒤의 漢字音을 수식하는 수식어의 역할을 하는 결과가 되어 있기 때문에, 잘못하면 실제 이들 漢字가 쓰이고 있는 단어와 문장에서도 수식어의 역할을 하는 것으로 오도될 가능성이 충분히 있다는 것이다[20]. 다음의 예를 보자.

(15) 가. 讀者
    나. 讀経, 讀書, 讀心
    다. 讀破, 讀解
    라. 目讀, 愛讀

위의 예는 '읽을'이 代表訓으로 제시되어 있는 '讀'이 쓰일 수 있는 몇 가지 예를 열거한 것으로, 이들 중 어떤 것도 代表訓인 '읽을'로 풀이될 수 있는 것은 없음을 알 수 있다. 그나마 '讀'이 수식어의 기능을 하는 것이 (15가)의 예인데, 여기서의 적절한 풀이도 '읽는'이기 때문에, 代表訓으로 제시된 '읽을'은 활용예를 거의 찾을 수 없는 것이다. 따라서 이러한 예만 보아도 현재 代表訓으로 제시된 용언의 訓 형태는 시정되어야 할 것임을 알 수 있다.

다음으로 제기될 수 있는 문제로는 다른 訓과의 형평성 문제가 제기될 수 있다. 용언 訓이 아닌 경우에는 다음의 예에서 볼 수 있는 것처럼, 訓이 모두 원형의 꼴로 제시되어 있는 것이다.

---

20) 이러한 문제를 인식한 것인지는 확실하지 않으나, 현행 고등학교 검인정 교과서의 몇몇은(예컨대, 정요일 외(1996), 이희목 외(1996) 등), 신습 漢字와 관련하여 가령, '克'을 '(극) 이기다'와 같이 音을 먼저 제시한 후 뒤에 訓을 기본형의 꼴로 제시하고 있어 주목된다.

(16) 가. 家(집 가)　　車(수레 거)　　骨(뼈 골)　　郡(고을 군)
　　　나. 其(그 기)　　厥(그 궐)　　斯(이 사)　　此(이 차)
　　　다. 新(새 신)
　　　라. 槪(대개 개)　奈(어찌 내)　　卽(곧 즉)　　只(다만 지)

　위의 예를 보면 용언의 訓이 아닐 경우 원형으로 제시되어, 명사나 대
명사, 관형사, 부사 등과 같이 품사 단위로 나타나고 있는데, 유독 용언의
訓은 모두 관형형의 꼴을 취하고 있어 형평성의 문제가 제기된다.
　세 번째로 제기될 수 있는 문제로는, 첫 번째 문제와 연관되는 것이긴
하지만, 용언의 訓을 모두 관형사형으로 처리하다 보니, 용언이 아님에도
과도하게 관형사형으로 유추된 訓이 여럿 있어 문제를 일으킨다는 것이
다. 다음을 보자.

(17) 가. 一(한 일)　　二(두 이)　　三(석 삼)　　四(넉 사)[21]
　　　나. 再(두 재)
　　　다. 右(오른 우)　左(왼 좌)

　위의 예를 보면, 訓으로 제시된 것들은 용언이 아님에도 불구하고 형태
상으로도 반드시 뒤의 흡을 수식하는 꼴로 되어, 하나같이 단독형으로는
거의 쓰이지 못하는 것임을 알 수 있는데, 사실상 이들 漢字가 쓰인 용례
을 보더라도 여기서 제시된 訓의 형태가 그대로 쓰일 수 있는 예는 거의
없는 실정이다. 따라서 이 정도만 놓고 보더라도, 용언의 代表訓을 '어간
+ -ㄹ'의 꼴을 취하게 한 것은 문제가 아니라고 할 수 없으며, 교육용 漢
字의 代表訓으로 용언의 경우는 기본형의 꼴이 제시되어야 할 것임을 알

---

21) 이는 '五(다섯 오), 六(여섯 육), 七(일곱 칠), 八(여덟 팔), 九(아홉 구), 十(열 십)'
　　의 訓과 대조를 이루고 있어 흥미롭다.

수 있다.

그러나 용언의 代表訓을 기본형으로 설정한다고 할 때, 音을 먼저 제시할 것인가 訓을 먼저 제시할 것인가의 문제가 대두된다. 이 문제와 관련하여 본고는 訓을 먼저 제시한 후 해당 漢字의 音을 제시하는 것이, 기존의 전통적인 漢字 학습방식과 크게 다르지 않기 때문에, 보다 타당하리라 생각한다. 앞의 주20)에서 언급했듯이, 일부 고등학교 교과서에서는 音을 먼저 제시한 후 訓을 제시하고 있는데, 이럴 경우 漢字의 音만 기억에 남을 뿐 訓은 기억하지 못할 가능성이 있어 보이나, 訓을 먼저 제시하면 音을 안다고 할 때 訓도 기억할 가능성이 훨씬 큰 것으로 여겨지기 때문이다. 따라서 이제 용언의 代表訓을 기본형으로 고쳐 몇 가지만 제시하면 다음과 같을 것이다[22].

(18) 佳(아름답다 가)   可(옳다 가)   加(더하다 가)
    却(물리치다 각)   覺(깨닫다 각)   刻(새기다 각)
    看(보다 간)   渴(목마르다 간)   甘(달다 감)
    減(덜다 감)   感(느끼다 감)   監(보다 감)
    降(내리다 강)   剛(굳세다 강)   改(고치다 개)

5. 맺는 말

국어에서 漢字가 차지하는 比重은 실로 막대하다고 할 수 있어서, 현재 국어 어휘의 70% 이상이 漢字語라는 현실을 고려한다면, 한국어문교

---

22) 일부의 논자들은 여기서 제안한 이러한 방식을 반대할 가능성도 상당히 크다. 그러나 본고가 보기에는 문제가 있는 것을 계속 고집하기보다는 지금이라도 올바로 고치는 것이 보다 타당한 처리 방식이라고 생각한다. 처음에는 낯설게 여겨지더라도 시간이 어느 정도 지나면 자연스러운 것으로 받아들여질 것이며, 漢字 학습 효과도 극대화될 것으로 생각한다.

육연구회가 교육용 漢字 1,800字를 대상으로 代表訓을 설정한 것도 그다지 큰 무리가 있는 것으로는 보이지 않는다. 북한에서는 이미 1968년에 교육용 漢字를 3,000字로 선정하고 그 代表訓과 代表音을 정한 실정이고 보면, 우리가 1972년에 교육용 漢字를 1,800字로 지정해 놓고 지금에 와서야 代表訓을 설정하자고 하는 것이 오히려 시기적으로 늦은 감이 있다고 생각할 수도 있기 때문이다.

따라서 여기에서는, 앞으로 만일 국가적인 차원에서 代表訓을 상정한다고 할 때 보다 바람직한 방향으로 代表訓이 상정될 수 있도록 하기 위하여, 현재 한국어문교육연구회가 제시한 代表訓을 대상으로 하여, 이에 나타난 세 가지 문제점을 지적하였는데, 우선 代表訓의 상당수가 漢字語로 이루어져 있는 것이 첫 번째 문제였고, 代表訓이 대부분 단일훈으로 제시된 것이 두 번째 문제였으며, 용언 訓의 형태가 뒤의 音을 수식하는 꼴로 이루어져 있는 것이 세 번째 문제였다.

한자의 訓이란 것이 한자 학습에 도움을 주는 것이어야 한다는 것이 대전제라고 할 때, 현재 제시된 代表訓이 보다 완전한 것이 되기 위해서는 우선 가능한 한 고유어를 살려서 대표훈으로 써야 할 것이며, 代表訓이라고 하여 무조건 하나의 訓만을 고집할 것이 아니라 품사가 다른 경우나 多義語라고 보기 어려운 경우에는 과감히 두 개 이상의 代表訓을 제시하여야 할 것이며, 용언 訓의 경우에는 기본형을 代表訓으로 제시하여 실제 활용 예와 괴리가 생기지 않도록 해야 함을 논의하였다.

[참고문헌]

금성출판사 사서부 편(1989), 漢韓辭典, 금성출판사.

김대현(1995), 테마가 있는 생활한자, 사계절.

김민수(1999), "북한의 한자교육", 새국어생활 제9권 제2호, 국립국어연구원.

김상홍 외(1996), 고등학교 한문 Ⅰ·Ⅱ, 중앙교육진흥연구소.

김용걸 외(1996), 고등학교 한문 Ⅰ·Ⅱ, 교학사.

金元中 編(1994), 虛辭辭典, 현암사.

민중서림 편집국 편(1997), 한한대자전, 민중서림.

박정규 외(2000), 한문강의, 형설출판사.

송기중(1999), "한자 문화권", 새국어생활 제9권 제2호, 국립국어연구원.

송재소(1999), "한국의 한자교육", 새국어생활 제9권 제2호, 국립국어연구원.

유풍연 외(1996), 고등학교 한문 Ⅰ·Ⅱ, 보진재.

이과진(1985), "교육한자의 대표훈 연구", 경남대 교육대학원 석사학위논문.

이규갑(1999), "중국의 한자교육", 새국어생활 제9권 제2호, 국립국어연구원.

이기문(1998), 新訂版 국어사개설, 태학사.

이명학 외(1996), 고등학교 한문 Ⅰ·Ⅱ, 을유문화사.

이응백(2000), "교육한자 대표훈음 선정 경위", 어문연구 제28권 제2호(통권 106호),
              한국어문교육연구회.

李離和(1988), 한문강좌, 한길사.

이익섭(1993), 국어학 개설, 학연사.

이한섭(1999), "일본의 한자교육", 새국어생활 제9권 제2호, 국립국어연구원.

이희목 외(1996), 고등학교 한문 Ⅰ·Ⅱ, 천재교육.

임동석(1999), "台灣(中華民國)의 한자교육", 새국어생활 제9권 제2호, 국립국어연구원.

장삼식 편(1965), 大漢韓辭典, 성문각.

_____(1984), 大字源, 집문당.

전한준 외(1996), 초등학교 한자 1단계·2단계·3단계·4단계, 재능교육.

정요일·정학성(1997), 한문과 한문학, 인하대학교 출판부.

정요일 외(1996), 고등학교 한문 Ⅰ·Ⅱ, 재능교육.

정우상 외(1996), 고등학교 한문 Ⅰ·Ⅱ, 두산.

최상익 외(1996), 고등학교 한문 Ⅰ·Ⅱ, 금성출판사.

鮑善淳(1982), 怎樣閱讀古文, 上海古籍出版社(沈慶昊 譯, 한문을 어떻게 읽을 것인가, 이회문화사, 1992).

〈순천향어문논집 제7집(순천향어문연구회, 2001)〉

국어 '죽음어' 자료

《해 설》

이 자료는 '금성판 국어대사전'(운평어문연구소 편, 금성출판사, 1996)을 대상으로 그 사전에서 표제어로 등재된 어휘 가운데 인간의 죽음과 관련된 어휘 (소위 '죽음어')만을 가려 뽑아 차례대로 제시한 것이다.

필자는 몇 년 전 한국학술진흥재단이 1998년도 인문·사회 중점 영역 연구 분야에 지원했던 '한국인의 죽음관'이라는 연구 주제 중 국어학 분야를 맡아, 국어에서 사용되는 죽음어로는 어떤 어휘들이 있으며 그 규모는 어느 정도가 되는가 하는 문제를 총정리하는 주제를 다룬 적이 있었다. 그 연구 결과가 앞에 제시된 논문 중 "국어 '죽음어'의 구조 및 의미적 양상"이었는데, 그 논문의 바탕이 되었던 이 자료는 원래 학술진흥재단의 연구 주제를 공동으로 연구했던 5명의 연구원(김열규, 김석수, 박선경, 박정규, 허용호)의 연구 논문을 단행본으로 묶어 출판하려고 했던 책에 실릴 예정이었다. 그러나 출판사 측에서 다른 연구원들의 논문들과 성격이 많이 다르다는 이유로 필자의 논문과 자료를 제외시키는 바람에 그 책에 싣지 못해 그동안 매우 안타까웠는데(참고로 그 책은 '철학과 현실사'에서 2001년에 '한국인의 죽음과 삶'이란 제목으로 출간되었음), 이제 여기에 이 자료를 싣게 되니 오히려 다행으로 생각한다.

아무쪼록 충분하지는 못더라도 이 정도의 자료라도 국어학뿐만 아니라 이 문제에 관심을 가지고 있는 다른 분야의 연구자들에게도 자료로서의 역할을 조금이나마 하였으면 하는 마음 간절하다.

ㄱ

가다 (동)

: (사람이) '죽다'를 완곡하게 이르는 말.

간사[諫死] (명)

: 바른말로써 간하다가 죽는 것. [파] --하다 (동)

감사[甘死] (명)

: 기꺼이 죽는 것. [파] --하다 (동)

감전사[感電死] (명)

: 감전으로 죽는 것. [파] --하다 (동)

강시나다[僵屍--·殭屍--] (동)

: 날이 추워 사람이 얼어죽는 일이 생기다.

개관[蓋棺] (명)

: 관의 뚜껑을 덮는 것. 곧 사람이 죽음을 이르는 말임. [파] --하다 (동)

개죽음 (명)

: 아무 값어치 없는 죽음. 낭사(浪死). 도사(徒死). [파] --하다 (동)

객사[客死] (명)

: 객지에서 죽는 것. [파] --하다 (동)

갱살(坑殺) (명)

: 구덩이 속에 잡아넣고 묻어 죽이는 것. [파] --하다 (동)

거꾸러지다 (동)

: ② (사람이나 동물이) '죽다'를 비속하게 이르는 말.

거두다 (동)

: ⑨ ('숨'과 함께 쓰여) 쉬지 않다. 곧 '죽다'를 완곡하게 이르는 말.

격살[擊殺] (명)

: (무기로) 쳐서 죽이는 것. [파] --하다 (동), --되다 (동)

고기밥이 되다 (구)

: 물에 빠져 죽다. 속된 말임.

고려장[高麗葬] (명)

: [역] ① 늙은이를 산 채로 광중(壙中)에 두었다가 죽으면 그 곳에 매장하였다는 고구려 때의 풍속. ② '고분'(古墳)을 속되게 이르는 말.

고문치사[拷問致死] (명)

: 심한 고문으로 사람을 죽게 함.

고살[故殺] (명)
  : 고의(故意)로 사람을 죽이는 것. ㉤ --하다 (동)

고종명[考終命] (명)
  : 오복(五福)의 하나. 제 명대로 살다가 편안히 죽는 것. 영종(令終). ㉤ --하다 (동)

고택골(로) 가다 (구)
  : '죽다'를 속되게 이르는 말.

골로 가다 (구)
  : '(사람이) 죽다'를 속되게 이르는 말.

공살[攻殺] (명)
  : 공격하여 적을 죽이는 것.

공죽음[空--] (명)
  : 보람없이 헛되게 죽는 것. ㉤ --하다 (동)

과로사[過勞死] (명)
  : 과로로 인한 죽음.

과실살[過失殺] (명)
  : [법] =과실치사

과실살상[過失殺傷] (명)
  : [법] 과실로 사람을 죽이거나 다치게 함.

과실치사[過失致死] (명)
  : [법] 과실 행위로 사람을 죽임.

광사[狂死] (명)
  : 미쳐서 죽는 것. ㉤ --하다 (동)

괴사[怪死] (명)
  : 까닭 모르게 죽는 것. ㉤ --하다 (동)

괴사[愧死] (명)
  : ① 부끄러워서 죽는 것. ㉤ --하다 (동)

괵수[馘首] (명)
  : 목을 자르는 것. 참수(斬首). ㉤ --하다 (동)

교륙[絞戮] (명)
  : =교살(絞殺) ㉤ --하다 (동)

교사[絞死] (명)
  : 목을 매어 죽는 것. ㉤ --하다 (동)

교살[絞殺] (명)
: 목을 졸라 죽이는 것. 교륙(絞戮). 교수(絞首). [파] --하다 (동), --되다 (동)

교살[矯殺] (명)
: 임금의 명령이라고 속이고 사람을 죽이는 것. [파] --하다 (동)

교수[絞首] (명)
: ① =교살(絞殺). ② [법] 사형수의 목을 옭아매어 죽이는 것. [파] --하다 (동)

구들 동티 (명)
: 별다른 까닭 없이 갑자기 죽은 것을 농으로 이르는 말.

구몰[俱沒] (명)
: 부모가 모두 별세한 것. [파] --하다 (동)

구살[構殺] (명)
: 없는 죄를 뒤집어 씌어서 죽이는 것. [파] --하다 (동)

구살[毆殺] (명)
: 때려 죽이는 것. [파] --하다 (동)

궁사[窮死] (명)
: 몹시 곤궁해서 죽는 일. 또는 생활고나 병고(病苦) 따위로 죽는 것. [파] --하다 (동)

궂기다 (동)
: ① 상사(喪事)가 나다. ② (윗사람이) 죽다. 에둘러 이르는 말임.

궂히다 (동)
: ① 죽게 하다.

귀본[歸本] (명)
: [불] [현상을 벗어나 본체로 돌아간다는 뜻] 승려의 죽음. [파] --하다 (동)

귀원[歸元] (명)
: [불] [현세를 벗어나 본원으로 돌아간다는 뜻] 사람의 죽음. 주로 승려의 죽음을 뜻함. 귀적(歸寂).

귀적[歸寂] (명)
: [불] 승려의 죽음. 귀원(歸元). 입멸(入滅). 입적(入寂). 천화(遷化). [파] --하다 (동)

귀천[歸天] (명)
: 하늘로 돌아간다는 뜻으로, 사람의 죽음을 이르는 말. [파] --하다 (동)

귀천[歸泉] (명)
: 황천으로 돌아가는 것. 곧 죽음. [파] --하다 (동)

극락왕생[極樂往生] (명)
: ② 편안히 죽음. [파] --하다 (동)

극사[極死] (명)
  : 사형에 처하거나 처해지는 것. ㉔ --하다 (동)

급사[急死] (명)
  : 갑자기 죽는 것. 심장의 정지에 의한 돌연사와 병의 급변에 의한 24시간 이내 사망
  의 두 가지가 있음. 급서(急逝). ㉔ --하다 (동)

급살맞다[急煞--] (동)
  : 갑자기 죽다.

급서[急逝] (명)
  : '급사(急死)'의 높임말. ㉔ --하다 (동)

급성사[急性死] (명)
  : 외관상 건강하였던 사람이 갑자기 죽는 일. 대개의 경우 본인이 모르는 사이에 병
  이 진전되어 일어남.

기사[餓死·飢死] (명)
  : 굶어 죽는 것. 아사(餓死).

기세[棄世] (명)
  : ① [세상을 버린다는 뜻] 웃어른의 '죽음'을 완곡하게 이르는 말. 별세(別世).
  하세(下世). ㉔ --하다 (동)

ㄲ
....

끊다 (동)
  : ⑦ (자신의 목숨을) 더 이어지지 않게 만들다. 목숨을 끊다 (구), 목숨이 끊어지다 (구)

끝장나다 (동)
  : ③ '죽다'를 속되게 이르는 말.

ㄴ
....

나이가 아깝다 (구)
  : ② 일찍 죽거나 불행을 당하여 애석하다.

낙명[落命] (명)
  : 목숨을 잃는 것. ㉔ --하다 (동), --되다 (동)

낙살[烙殺] (명)
  : 사람을 단근질하여 죽이는 것. ㉔ --하다 (동), --되다 (동)

낚시 바늘에 걸린 생선 (구)
: 죽을 수를 당하여 어쩔 수 없이 된 경우를 이르는 말.

난자[亂刺] (명)
: (칼이나 창 등으로) 마구 찌르는 것. [파] --하다 (동)

난자질[亂刺-] (명)
: (칼이나 창 등으로) 마구 찌르는 것. [파] --하다 (동)

난최옥절[蘭摧玉折] (명)
: 사회적 명사(名士)나 미인의 죽음을 이르는 말.

남살[濫殺] (명)
: (사람을) 함부로 죽이는 것. [파] --하다 (동)

납살[拉殺] (명)
: 손으로 목을 비틀어 죽이는 것. [파] --하다 (동)

낭사[浪死] (동)
: 헛되게 죽는 것. 개죽음. [파] --하다 (동)

노사[老死] (명)
: 늙어서 죽는 것. 불교에서는 십이인연(十二因緣)의 하나임. [파] --하다 (동)

뇌사[牢死] (명)
: =옥사(獄死) [파] --하다 (동)

뇌사[腦死] (명)
: [의] 대뇌 반구뿐만 아니라 뇌간을 포함하여 뇌가 회복 불능의 기능 상실 상태에 빠지는 일. 죽음의 판정에 관하여 심장의 멎음을 판정 기준으로 하는 심장사(心臟死)나 호흡의 정지를 판정 기준으로 하는 폐장사(肺臟死)와 비교되는 것임. 뇌사로써 사람이 사망했다고 볼 것인지의 여부에 관해, 장기 이식과의 관련에서 큰 관심이 모아지고 있음.

눈에 흙이 들어가다 (구)
: 죽어 땅에 묻히다.

눈자위(가) 꺼지다 (구)
: (사람이) 죽다.

늑사[勒死] (명)
: 목을 매어 죽는 일. 또는 목을 졸라 죽이는 일. 액사(縊死). [파] --하다 (동)

능지[陵遲] (명)
: ① [역] '능지처참'의 준말. [파] --하다 (동)

능지처사[陵遲處死] (명)
: [역] 고대 중국 사형법. 처음에 팔다리를 자르고 다음에 목을 자름.

능지처참[陵遲處斬] (명)
: [역] 대역죄를 범한 경우에 머리, 몸, 팔, 다리를 토막쳐서 죽이던 극형. 살지능지(殺之陵遲). [파] --하다 (동)

ㄷ

단두[斷頭] (명)
: 목을 자르는 것. [파] --하다 (동)

단두대에 오르다 (구)
: 사형을 당하게 되다.

단두대의 이슬로 사라지다 (구)
: (특히, 혁명가나 역사적 인물 등이) 사형대에서 처형되어 죽다.

단말마[斷末魔] (명)
: ② '임종(臨終)'을 이르는 말.

단명[短命] (명)
: 명이 짧은 것. 단세(短世). [파] --하다 (동)

단세[短世] (명)
: =단명(短命). [파] --하다 (동)

단수[短壽] (명)
: '단명(短命)'의 높임말. [파] --하다 (동)

단절[短折] (명)
: 젊은 나이에 일찍 죽는 것. 요절(夭折). [파] --하다 (동)

단 불에 나비 죽듯 (구)
: 힘 없고 말없이 스러지듯 죽음을 이르는 말.

답살[踏殺] (명)
: 짓밟아 죽이는 것. [파] --하다 (동)

당고[當故] (명)
: 아버지 또는 어머니의 상(喪)을 당하는 것.
당상(當喪). 조간(遭艱). 조고(遭故). [파] --하다 (동)

당상[當喪] (명)
: =당고(當故). [파] --하다 (동)

대귀[大歸] (명)
　：②근본으로 돌아간다는 뜻으로 '죽음'을 이르는 말. ⑭ --하다 (동)

대명[代命] (명)
　：①횡액(橫厄)에 걸려 남의 죽음을 대신하는 것. ② =대살(代殺). ⑭ --하다 (동)

대벽[大辟] (명)
　：[역] 옛날 중국의 오형(五刑)의 하나. 목을 베는 형벌임.

대살[代殺] (명)
　：살인자를 사형에 처하는 것. 대명(代命). ⑭ --하다 (동)

대왕생[大往生] (명)
　：[불] 평안하게 죽는 일. 또는 조금도 괴로움이 없는 왕생(往生).

도륙[屠戮] (명)
　：(사람을) 무참하게 마구 죽이는 것. ⑭ --하다 (동), --되다 (동)

도륙나다[屠戮--] (동)
　：함부로 마구 도륙하는 일이 벌어지다.

도륙내다[屠戮--] (동)
　：함부로 마구 도륙하다.

도복[屠腹] (명)
　：할복 자살하는 것. ⑭ --하다 (동)

도사[倒死] (명)
　：길가에 넘어져 죽는 것. ⑭ --하다 (동)

도사[徒死] (명)
　：헛되이 죽는 것. 개죽음. ⑭ --하다 (동)

도살[屠殺] (명)
　：① =도륙(屠戮). ⑭ --하다 (동), --되다 (동)

도살[盜殺] (명)
　：① =암살(暗殺). ⑭ --하다 (동), --되다 (동)

도성[屠城] (명)
　：성(성)을 함락시키는 것. 또는 성중의 사람들을 살육하는 것.

도할[屠割] (명)
　：베어 죽이는 것. ⑭ --하다 (동)

도해[蹈海] (명)
　：①[바다에 몸을 던져 죽는다는 뜻] 고결한 절개와 지조 ⑭ --하다 (동)

독사[毒死] (명)
: 독약에 의해 죽는 것. [파] --하다 (동)

독살[毒殺] (명)
: 독약을 먹이거나 써서 죽이는 것. [파] --하다 (동), --되다 (동)

독시[毒弑] (명)
: 독약으로 임금이나 웃어른을 죽이는 것. [파] --하다 (동)

독해[毒害] (명)
: ② 독약으로 죽이는 것. 독살(毒殺). [파] --하다 (동)

돈병사[頓病死] (명)
: 급환으로 갑자기 죽음.

돈사[頓死] (명)
: 신체 내부의 원인으로 급사(急死)하는 것. [파] --하다 (동)

돌아가다 (동)
: ⑩ '죽다①'을 완곡하게 이르는 말. 일반적으로 선어말 어미 '-시-'가 결합된 '돌아가시다'의 형태로 쓰여 '죽다'의 높임말이 됨.

돌아가시다 (동)
: =돌아가다⑩.

돌연사[突然死] (명)
: 급사·돈사(頓死)를 이르는 말. 갑자기 심장 박동이 멎는 것과 내인성(內因性) 질환이 발증하고 급변하여 24시간 안에 죽는 것이 있음.

동사[凍死] (명)
: (사람·동물·식물이) 추위를 피하지 못하여 얼어 죽는 것. [파] --하다 (동)

동의살인[同意殺人] (명)
: [법] 피해자의 촉탁 또는 승낙으로 동의를 얻고 그 사람을 살인하는 행위.

동족상잔[同族相殘] (명)
: 동족끼리 서로 싸우고 해침. 동족상쟁(同族相爭). 민족상잔(民族相殘).

동족상쟁[同族相爭] (명)
: 동족끼리 서로 다툼. 동족상잔(同族相殘).

뒈지다 (동)
: '죽다'를 비속하게 이르는 말.

등선[登仙] (명)
: ②귀한 사람의 죽음을 일컫는 말. 선화(仙化). [파] --하다 (동)

등시타살[登時打殺] (명)
　: 죄를 저지른 그 자리에서 죄인을 때려 죽이는 것. ⑩ --하다 (동)

등하[登遐] (명) : 임금이 죽는 것. 붕어(崩御). 승하(昇遐). ⑩ --하다 (동)

ㄸ
....

땅보탬 (명)
　: 죽어서 땅에 묻히는 일. ⑩ --하다 (동)

때려죽이다 (동)
　: (주먹이나 몽둥이 같은 것으로) 때려서 죽이다. 구살(毆殺)하다. 박살(撲殺)하다.
　타살(打殺)하다.

떠나다 (동)
　: ⑥(사람이 세상을) 다 살고 저 세상으로 가다. '죽다'를 완곡하게 이르는 말임.

떼다 (동)
　: ⑧(뱃속의 아이를) 인공적으로 더 자랄 수 없게 하여 몸 밖으로 나오게 하다.
　지우다. 유산(流産)시키다.

떼죽음 (명)
　: 한꺼번에 떼로 죽는 일.

ㅁ
....

마치다 (동)
　: ②(사람이 삶을) 더 누리지 못하고 끝맺다.

만세[萬歲] (명)
　: ③귀인(貴人)의 죽음을 이르는 말.

말살[抹殺] (명)
　: (어떤 현상이나 대상을) 전혀 세상에 남아 있지 않게 하는 것.
　　⑩ --하다 (동), --되다 (동)

면요[免夭] (명)
　: [요사(夭死)를 면하였다는 뜻] 나이 쉰 살을 겨우 넘기고 죽는 것. ⑩ --하다 (동)

멸각[滅却] (명)
　: 없어져 버리는 것. 또는 없애 버리는 것. ⑩ --하다 (동), --되다 (동)

멸구[滅口] (명)
: 비밀이 드러나지 않게 하기 위하여 관계자를 없애 버리는 것. 卿 --하다 (동)

멸문[滅門] (명)
: 한 집안을 다 죽여 없애는 것. 족주(族誅). 卿 --하다 (동), --되다 (동)

멸문지화[滅門之禍] (명)
: 한 집안이 다 죽음을 당하는 끔찍한 재화(災禍). 멸문지화. 멸족지화.

멸문지환[滅門之患] (명)
: =멸문지화.

멸살[滅殺] (명)
: 씨도 없이 모조리 다 죽여 없애는 것. 卿 --하다 (동), --되다 (동)

멸성[滅性] (명)
: 친상(親喪)을 당하여 너무 슬퍼한 나머지 자신의 생명을 잃는 것. 卿 --하다 (동)

멸실[滅失] (명)
: ① 멸망하여 없어지는 것.

멸적[滅賊] (명)
: 적을 쳐서 없애는 것. 卿 --하다 (동)

멸족[滅族] (명)
: 가족이나 종족이 망하여 없어지는 것. 또는 가족이나 종족을 죽여 없애 버리는 것.
    卿 --하다 (동), --되다 (동)

멸족지화[滅族之禍] (명)
: =멸문지화.

멸종[滅種] (명)
: 생물의 한 종류가 아주 없어지는 것. 또는 모두 없애 버리는 것.
    卿 --하다 (동), --되다 (동)

멸진[滅盡] (명)
: 멸하여 없어지는 것. 또는 멸해서 없애는 것. 卿 --하다 (동)

멸하다[滅--] (동)
: 망하여 없어지다. 또는 쳐부수어 없애다.

명목[冥目] (명)
: 눈을 감는 것. 특히 편안한 죽음을 가리킴. 卿 --하다 (동)

모살[謀殺] (명)
: 계획적으로 사람을 죽이는 것. 또는 그러한 일을 꾀하는 것.
    卿 --하다 (동), --되다 (동)

목매다 (동)
: '목매달다'의 준말.

목매달다 (동)
: ① 죽거나 죽이려고 목을 줄로 걸어 매달다. 목매다.

목숨(을) 끊다 (구)
: 죽다. 또는 죽이다.

목숨을 거두다 (구)
: 죽다.

목숨을 버리다 (구)
: 죽다.

목숨을 잃다 (구)
: 죽다.

목숨(이) 지다 (구)
: 목숨이 끊어지다.

몰[歿] (명)
: 주로 약력(略歷)에서, '죽음'을 이르는 말. 졸(卒).
파 --하다 (동) : '죽다'를 문어체로 이르는 말.

몰사[沒死] (명)
: 모두 죽는 것. 파 --하다 (동)

몰살[沒殺] (명)
: 모조리 죽이는 것. 파 --하다 (동), --되다 (동)

몸을 던지다 (구)
: ② (자살하려고) 죽을 곳에 뛰어들거나 떨어지다.

몸을 바치다 (구)
: ① 어떤 목적을 위하여 목숨을 희생하다.

문경[刎頸] (명)
: ① 목을 베는 것. 파 --하다 (동)

문사[刎死] (명)
: =자문(自刎). 파 --하다 (동)

물고[物故] (명)
: ① 사회적으로 이름난 사람이 죽는 것. ② 죄인이 죽는 것. 또는 죄인을 죽이는 것.
파 --하다 (동)

물고(를) 올리다 (구)
: 명령에 따라 죄인을 죽이다.

물고기의 밥이 되다 (구)
: 물에 빠져 죽다. 속된 말임.

물고나다[物故--] (동)
: ① 죄인이 죽다. ② '죽다'를 속되게 이르는 말.

물고내대[物故--] (동)
: ① 죄인을 죽이다. ② '죽이다'를 속되게 이르는 말.

물귀신(이) 되다 (구)
: (사람이) 물에 빠져 죽다.

민사[悶死] (명)
: 고민하다가 죽는 것. 또는 몹시 괴롭게 죽는 것. 빠 --하다 (동)

민족상잔[民族相殘] (명)
: 같은 겨레끼리 서로 다투고 싸움. 동족상잔.

밀살[密殺] (명)
: ① 몰래 사람을 죽이는 것.

ㅂ

박살[搏殺] (명)
: 손으로 쳐서 죽이는 것. 빠 --하다 (동)

박살[撲殺] (명)
: 때려 죽이는 것. 빠 --하다 (동), --되다 (동)

밥술(을) 놓다 (구)
: '죽다'를 속되게 이르는 말.

백아절현[伯牙絶絃] (명)
: [출전은 열자(列子) 탕문편(湯問篇). 백아(伯牙)가 그의 거문고 소리를 좋아하던
종자기(鍾子期)가 죽자 거문고 줄을 끊고 다시는 타지 않았다는 데서] 참다운 벗
의 죽음을 이르는 말.

백옥루[白玉樓] (명)
: [문인(文人)이 죽은 뒤에 간다는 천상(天上)의 누각을 뜻함] 문인·묵객(墨客)의
죽음을 이르는 말. 준 옥루.

버리다 (동)
: ②(사람이 자기의 목숨을) 어떤 일을 위해 더 이어지지 않게 하다.

변사[變死] (명)
: ①뜻밖의 재난으로 숨진 것. 횡사(橫死). ②자해(自害)하여 죽는 것. 자살(自殺). [파] --하다 (동)

별세[別世] (명)
: 세상을 떠나는 것. 기세(棄世). 하세(下世). [파] --하다 (동)

병몰[病沒] (명)
: =병사(病死). [파] --하다 (동)

병사[病死] (명)
: 병으로 죽는 것. 병몰. 병폐. [파] --하다 (동)

병졸[病卒] (명)
: '병사(病死)'의 높임말. [파] --하다 (동)

병폐[病斃] (명)
: =병사(病死). [파] --하다 (동)

보내다 (동)
: ⑧(사람을) 저 세상으로 가게 함을 겪다.

복법[伏法] (명)
: =복주(伏誅). [파] --하다 (동)

복상사[腹上死] (명)
: 성교(性交)를 하다가 남자가 갑자기 여자의 배 위에서 죽는 것. [파] --하다 (동)

복주[伏誅] (명)
: 형벌을 받아 죽음을 당하는 것. 복법(伏法). [파] --하다 (동)

분골쇄신[粉骨碎身] (명)
: ②아주 참혹하게 죽음. 분신쇄골. 쇄골분신. 쇄신분골. [준] 분골·쇄신. [파] --하다 (동)

분멸[焚滅] (명)
: 불에 타 없어지거나 태워 없애는 것. [파] --하다 (동), --되다 (동)

분사[焚死] (명)
: 불에 타서 죽는 것. 소사(燒死). [파] --하다 (동)

분사[憤死] (명)
: 분에 못 이겨 죽는 일. [파] --하다 (동)

분살[焚殺] (명)
: 태워서 죽이는 것. ⑭ --하다 (동)

분신[焚身] (명)
: 몸을 불사르는 것. 소신(燒身).

분신쇄골[粉身碎骨] (명)
: =분골쇄신. ⑭ --하다 (동)

분형[焚刑] (명)
: =화형(火刑).

불귀의 객 (구)
: 딴 세상으로 가서 돌아오지 못한다는 뜻으로, 죽은 사람을 이르는 말.

불귀객[不歸客] (명)
: '불귀의 객'과 같은 말.

불기[不起] (명)
: 병으로 누워 다시 일어나지 못하고 죽는 것. ⑭ --하다 (동)

불록[不祿] (명)
: [녹을 타지 않고 죽는다는 뜻] 선비의 죽음을 이르는 말.

불휘[不諱] (명)
: [피하지 못함의 뜻] '죽음'을 이르는 말. ⑭ --하다 (동)

붕어[崩御] (명)
: 임금이 세상을 떠나는 것. 빈천(賓天). 안가(晏駕). 승하(昇遐). ⑭ --하다 (동)

비명[非命] (명)
: 제 목숨대로 다 살지 못하는 것.

비명횡사[非命橫死] (명)
: 제 목숨대로 다 살지 못하고 뜻밖의 재난으로 죽음. ↔ 와석종신(臥席終身).
⑭ --하다 (동)

비업[非業] (명)
: [불] 전세(前世)의 업인(業因)에 의하여 정해져 있는 수명을 다하지 못하는 일. 현재의 재난(災難)에 의하여 죽는 일 등을 말함. 비명(非命).

빈천[賓天] (명)
: 천자(天子)가 세상을 떠나는 것. 붕어(崩御). ⑭ --하다 (동)

ㅃ

....

뻗다 (동)

: ③'죽다'를 속되게 이르는 말.

ㅅ

....

사[死]

: =죽음.

사간[死諫] (명)

: 죽기를 무릅쓰고 간하는 것. 또는 죽음으로써 간하는 것. ⑲ --하다 (동)

사거[死去] (명)

: 죽어서 세상을 떠나는 것. ⑳ 서거(逝去). ⑲ --하다 (동)

사고사[事故死] (명)

: 사고로 인한 죽음.

사라지다 (동)

: ③'죽다①'을 달리 이르는 말.

사람을 잡다 (구)

: ①사람을 죽이다.

사망[死亡] (명)

: (사람이) 죽는 것. 타인의 죽음에 대해 특별히 높이거나 낮추는 뜻이 없이 가장 일반적으로 쓰이는 말임. 법률상, 사망과 동시에 사망자의 권리 능력을 소멸하고, 재산적 권리 의무의 상속이 시작됨. 사몰(死沒). ⑲ --하다 (동)

사멸[死滅] (명)

: 죽어 없어지는 것. ⑲ --하다 (동), --되다 (동)

사명[捨命] (명)

: 목숨을 버리는 것. ⑲ --하다 (동)

사몰[死沒] (명)

: =사망(死亡). ⑲ --하다 (동)

사문[死門] (명)

: ②[불] 저승에 들어가는 문. 곧 죽음.

사별[死別] (명)

: 죽어서 이별하는 것. ⑲ --하다 (동)

사사[賜死] (명)
: [역] [죽일 죄인을 임금이 대우하여] 독약을 내려 스스로 죽게 하던 일.
  ㉙ --하다 (동), --되다 (동)

사살[射殺] (명)
: 활이나 총포로 쏘아 죽이는 것. ㉙ --하다 (동), --되다 (동)

사상[死傷] (명)
: 죽거나 다치는 것. 또는 죽음과 부상. ㉙ --하다 (동)

사세[辭世] (명)
: 이 세상을 하직하는 일. ㉙ --하다 (동)

사수[死守] (명)
: 죽음으로써 지키는 것. ㉙ --하다 (동), --되다 (동)

사약[賜藥] (명)
: [역] 임금이 죄를 지은 신하에게 먹고 죽을 약을 내리는 것. 또는 그 약.
  ㉙ --하다 (명)

사업[死業] (명)
: [불] 전세(前世)의 업보로서 죽는 일. 또는 죽을 업보

사욕[死辱] (명)
: 살육되어 욕을 당하는 것.

사의[死義] (명)
: 옳은 일을 위하여 죽는 것. ㉙ --하다 (동)

사절[死絶] (명)
: ① 숨이 끊어져 죽는 것. ② 자손이 다 죽어 대(代)가 끊어지는 것.
  ㉙ --하다 (명), --되다 (명)

사지오등[死之五等] (명)
: 신분에 따라 달리 나타내는 죽음의 다섯 가지 등급. 천자(天子)는 붕(崩), 제후(諸侯)는 훙(薨), 대부(大夫)는 졸(卒), 선비는 불록(不祿), 서인(庶人)은 사(死)라 함.

사하다[死--] (동)
: '죽다①'의 한문투의 말.

산화[散華] (명)
: ②[꽃같이 진다는 뜻] 꽃다운 목숨이 전장(戰場) 등에서 죽는 것. ㉙ --하다 (동)

살략[殺掠·殺略] (명)
: 사람을 죽이고 재물을 빼앗는 것. ㉙ --하다 (동)

살멸[殺滅] (명)
: 죽여 없애는 것. ⑩ --하다 (동)

살벌[殺伐] (명)
: ① (병력으로) 죽이고 들이치는 것. ⑩ --하다 (동)

살상[殺傷] (명)
: 사람을 죽이거나 상처를 입히는 것. ⑩ --하다 (동), --되다 (동)

살생[殺生] (명)
: ① 짐승이나 사람을 죽이는 것. ⑩ --하다 (동)

살신성인[殺身成仁] (명)
: [출전은 '논어(論語)'의 '위령공편(衛靈公篇)'] 자기 몸을 희생하여 인(仁)을 이룸.
⑩ --하다 (동)

살월[殺越] (명)
: 사람을 죽이는 것. 살해(殺害). ⑩ --하다 (동)

살육[殺戮] (명)
: 사람을 마구 죽이는 것. ⑩ --하다 (동), --되다 (동)

살인[殺人] (명)
: 사람을 죽이는 것. ⑩ --하다 (동)

살적[殺賊] (명)
: 사람을 죽이거나 물건을 빼앗는 것. ⑩ --하다 (동)

살지능지[殺之陵遲] (명)
: =능지처참(陵遲處斬).

살차다 (동)
: =죽이다(함경방언)

살해[殺害] (명)
: (사람을) 해쳐서 죽이는 것. 장해(戕害). ⑩ --하다 (동), --되다 (동)

삼상[三殤] (명)
: 미성년으로 죽은 경우에 그 나이에 따라 구별한 세 가지. 곧 상상(上殤) · 중상(中
殤) · 하상(下殤).

삼생구사[三生九死] (명)
: [삼생에 아홉 번 죽는다는 뜻] 여러 번 죽음을 이르는 말.

상란[喪亂] (명)
: 전쟁 · 전염병 · 천재지변 따위로 사람이 죽는 것.

상명[喪明] (명)
  : 아들의 죽음을 당하는 것. ⑭ --하다 (동)

상명[傷命] (명)
  : 살인한 사람을 죽이는 것. ⑭ --하다 (동)

상사[殤死] (명)
  : 스무 살이 되기 전에 죽는 것. ⑭ --하다 (동)

상사나대[喪事--] (동)
  : 사람이 죽다.

상상[上殤] (명)
  : 나이 열다섯에서 스물 사이에 장가들지 않고 죽는 것. 장상. ⑭ --하다 (동)

상생[常生] (명)
  : [가] =영생(永生). ⑭ --하다 (동)

상선[上仙] (명)
  : ② 귀인(貴人)의 죽음을 이르는 말. ⑭ --하다 (동)

상천[上天] (명)
  : ④ 하늘에 오름. 승천(昇天).

상천[上儇] (명)
  : ② 제왕(제왕)의 죽음을 일컫는 말. ⑭ --하다 (동)

상해치사[傷害致死] (명)
  : 고의로 상해하여 생명을 잃게 함.

생명을 걸다 (구)
  : 목숨을 걸다.

생죽음[生--] (명)
  : 제 명대로 살지 못하고 죽는 것. 횡사 · 자살 · 타살 따위. ⑭ --하다 (동)

생초목(生草木)에 불붙는다
  : 갑자기 뜻하지 않은 재화(災禍)를 당하거나, 아까운 사람이 요절(夭折)하였을 때
    이르는 말.

서거[逝去] (명)
  : '사거(死去)'의 높임말. ⑭ --하다 (동)

서천[逝川] (명)
  : ② 한 번 가면 다시 돌아오지 못함의 비유.

선어[仙馭] (명)
  : =붕어(崩御). ⑭ --하다 (동)

선종[善終] (명)
: [善生福終(착하게 살다가 복되게 끝마치는 것)의 뜻] 가톨릭에서, '죽는 것'을 이르는 말. ⑩ --하다 (동)

선화[仙化] (명)
: 노인이 병 없이 곱게 죽는 것. ⑩ --하다 (동)

섬멸[殲滅] (명)
: 남김없이 모조리 무찔러 멸망시키는 것. ⑩ --하다 (동), --되다 (동)

성불[成仏] (명)
: [불] ②사람이 죽음을 이르는 말. ⑩ --하다 (동)

세상(을) 떠나다 (구)
: 사람이 '죽다'를 에둘러 일컫는 말.

세상(을) 뜨다 (구)
: =세상(을) 떠나다.

세상(을) 버리다 (구)
: =세상(을) 떠나다.

소사[燒死] (명)
: 불에 타서 죽는 것. 분사(焚死). ⑩ --하다 (동)

소살[燒殺] (명)
: 불에 태워 죽이는 것. ⑩ --하다 (동), --되다 (동)

소신[燒身] (명)
: =분신(焚身). ⑩ --하다 (동)

소천[召天] (명)
: [하느님의 부름을 받았다는 뜻] 개신교에서, '죽음'을 이르는 말. ⑩ --하다 (동)

쇄골분신[碎骨粉身] (명)
: =분골쇄신. ⑩ --하다 (동)

쇄신[碎身] (명)
: '분골쇄신'의 준말.

쇄신분골[碎身粉骨] (명)
: =분골쇄신. ⑩ --하다 (동)

쇠사[衰死] (명)
: ① 쇠약하여 죽는 것. ② 시들어 죽는 것. ⑩ --하다 (동)

쇼크사[shock死] (명)
: [의] 외상을 입었을 때나 수술을 하였을 때, 쇼크 증상을 일으켜 죽는 일. 충격사

(衝擊死).

수사[水死] (명)

: 물에 빠져 죽는 것. 익사(溺死). [파] --하다 (동)

수사[殊死] (명)

: ① 목을 베는 형벌. [파] --하다 (동)

수사[愁死] (명)

: 지나친 걱정으로 인하여 죽는 것. [파] --하다 (동)

수절사의[守節死義] (명)

: 절개를 지켜 의롭게 죽음. [파] --하다 (동)

수절원사[守節冤死] (명)

: 절개를 지키다가 원통하게 죽음. [파] --하다 (동)

순교[殉教] (명)

: [종] 자기가 믿는 신앙을 지키기 위하여 목숨을 바치는 것. [파] --하다 (동)

순국[殉國] (명)

: 나라을 위하여 목숨을 바치는 것. [파] --하다 (동)

순난[殉難] (명)

: 국가 또는 공공의 재난을 당하여 의로이 목숨을 바치는 것. [파] --하다 (동)

순도[殉道] (명)

: 정의·도의를 위하여 목숨을 바치는 것. [파] --하다 (동)

순명[殉名] (명)

: 명예를 위하여 목숨을 버리는 것. [파] --하다 (동)

순사[殉死] (명)

: ① 나라를 위하여 목숨을 바치는 것. 순절(殉節). ②임금이나 남편의 뒤를 따라 자살하여 죽는 것. [파] --하다 (동)

순상[順喪] (명)

: 가족 중에서 늙은 사람이 젊은 사람보다 먼저 죽는 일. ↔ 악상(惡喪).

순연[順緣] (명)

: [불] ① 늙은 사람부터 차례로 죽는 일.

순열[殉烈] (명)

: 충열(忠烈)을 위하여 목숨을 바치는 것. 또는 그 사람. [파] --하다 (동)

순의[殉義] (명)

: 의(義)를 위하여 죽는 것. [파] --하다 (동)

순절[殉節] (명)
: 충절이나 정절을 지켜 죽는 것. ⑭ -- 하다 (동)

순직[殉職] (명)
: 직무를 다하다가 목숨을 잃는 것. ⑭ -- 하다 (동)

숟가락(을) 놓다 (구)
: 죽다. 완곡하게 이르는 말임.

숨(을) 거두다 (구)
: 죽다. 완곡하게 이르는 말임.

숨(을) 걷다 (구)
: '숨(을) 거두다'의 준말.

숨(을) 끊다 (구)
: 목숨(을) 끊다. 비유하여 이르는 말임.

숨(이) 끊어지다 (구)
: 죽다. 비유하여 이르는 말임.

숨(을) 넘기다 (구)
: 숨이 끊어져 죽다.

숨(이) 넘어가다 (구)
: 숨이 끊어져 죽다.

숨지다 (동)
: 숨이 끊어져 죽다. 운명(殞命)하다.

숨통을 끊다 (구)
: 숨통을 끊어서 숨을 못 쉬게 하다. 곧 죽게 하다.

스러죽다 (동)
: <옛> 죽어 없어지다.

습살[襲殺] (명)
: 습격해서 죽이는 것. ⑭ -- 하다 (동)

승낙살인[承諾殺人] (명)
: [법] 피해자의 촉탁이나 승낙을 받아 행하는 살인.

승천[昇天] (명)
: ③[가] 가톨릭교 신자가 죽는 일. ⑭ -- 하다 (동)

승하[昇遐] (명)
: 임금이 세상을 떠나는 것. 등하(登遐). 붕어(崩御). 예척(禮陟). 척방(陟方).
⑭ -- 하다 (동)

싀여디다 (동)

  : <옛> 죽다.

시간[屍諫] (명)

  : 자기 자신을 죽여서까지 임금에게 간언(諫言)하는 것. ㉳ --하다 (동)

시군[弑君] (명)

  : 섬기던 임금을 죽이는 것. ㉳ --하다 (동)

시살[弑殺] (명)

  : 부모나 임금을 죽이는 것. 시역(弑逆). 시해(弑害). ㉳ --하다 (동)

시여지다 (동)

  : <옛> 죽다.

시역[弑逆] (명)

  : =시살(弑殺). ㉳ --하다 (동)

시해[弑害] (명)

  : =시살(弑殺). ㉳ --하다 (동), --되다 (동)

실명[失命] (명)

  : 목숨을 잃는 것. ㉳ --하다 (동)

심장사[心臟死] (명)

  : [의] 심장병을 앓고 있던 사람이 급사(急死)하는 일. 또는 지금까지 건강했던 사람
이 갑자기 사망한 경우, 그 사인(死因)이 심장에 있는 것으로 추정되는 사망.

ㅆ

씨를 말리다 (구)

  : 어떤 종류의 것을 하나도 남기지 않고 죄다 없애다.

ㅇ

아사[餓死] (명)

  : 굶어 죽는 것. 기사(饑死·飢死). ㉳ --하다 (동)

아살[餓殺] (명)

  : 굶겨 죽이는 것. ㉳ --하다 (동), --되다 (동)

악상[惡喪] (명)

  : 젊어서 부모보다 먼저 죽는 사람의 상사(喪事). ↔ 순상(順喪).

안가[晏駕] (명)
: =붕어(崩御). ㉕ --하다 (동)

안락사[安樂死] (명)
: [법] 도저히 살아날 가망이 없는 환자를, 본인 또는 가족의 요구에 따라 고통이 적
은 방법으로 인공적으로 죽음에 이르게 하는 일. 안사술(安死術). ㉝안사(安死).

안사술[安死術] (명)
: ①[법] =안락사(安樂死).

안살[按殺] (명)
: 죄를 조사하여 죽이는 것. ㉕ --하다 (동)

알형[軋刑] (명)
: 죄인을 수레바퀴 밑에 깔아 뼈를 부수어 죽이던 고대의 형벌.

암살[暗殺] (명)
: (사람을) 정치적인 음모를 위하여 몰래 죽이는 것. 도살(盜殺).
㉕ --하다 (동), --되다 (동)

암자[暗刺] (명)
: 은밀히 노려 사람을 찔러 죽이는 것. ㉕ --하다 (동)

암해[暗害] (명)
: ① 비밀히 해치거나 죽이는 것. 암살(暗殺). ㉕ --하다 (동), --되다 (동)

압사[壓死] (명)
: 무엇에 눌려 죽는 것. 순화어는 '깔려 죽음'. ㉕ --하다 (동), --되다 (동)

압살[壓殺] (명)
: 눌러 죽이는 것. ㉕ --하다 (동), --되다 (동)

앙륙[殃戮] (명)
: 천벌을 받아 죽는 것. ㉕ --하다 (동)

앞세우다 (동)
: ① 손아래 식구를 먼저 죽게 하다.

액사[縊死] (명)
: 목매어 죽는 것. ㉕ --하다 (동)

액살[縊殺] (명)
: 목매어 죽이는 것. ㉕ --하다 (동)

양사[良死] (명)
: 수명을 다하고 죽는 것. ㉕ --하다 (동)

어복에 장사(葬事) 지내다 (구)

: ① 물에 빠져 죽다. 또는 물에 빠뜨려 죽이다. ② 사람을 죽여서 시신을 물에 던져
버리다.

엄사[渰死] (명)

: =익사(溺死). ㉤ --하다 (동)

엄살[掩殺] (명)

: 별안간 습격하여 죽이는 것. ㉤ --하다 (동)

여수[与手] (명)

: 손을 써서 죽이는 것. ㉤ --하다 (동)

역사[轢死] (명)

: 차에 치여 죽는 것. ㉤ --하다 (동), --되다 (동)

역살[轢殺] (명)

: 차바퀴로 깔아 죽이는 것. ㉤ --하다 (동), --되다 (동)

역책[易簀] (명)

: [출전은 '예기(禮記)'의 단궁편(檀弓篇). 증자(曾子)가 죽을 때를 당하여 삿자리를
바꾸었다는 고사(故事)에서] 학식이나 덕망이 높은 사람 의 죽음이나 임종을 이르
는 말. ㉤ --하다 (동)

연관[捐館] (명)

: 살던 집을 버린다는 뜻으로, '사망(死亡)'의 경칭(敬稱). 연관사(捐館舍).

연관사[捐館舍] (명)

: =연관(捐館).

연명[捐命] (명)

: 생목숨을 버리는 것. ㉤ --하다 (동)

연세[捐世] (명)

: '사망(死亡)'의 높임말. ㉤ --하다 (동)

연적[宴寂] (명)

: 평안히 입적(入寂)하는 것. 곧 성자(聖者)의 죽음을 이름. ㉤ --하다 (동)

열반[涅槃] (명)

: ② =입적(入寂). ㉤ --하다 (동)

염라대왕이 문밖에서 기다린다 (속)

: 곧 죽을 때가 임박했다는 뜻.

염세자살[厭世自殺] (명)

: 세상을 비판하여 스스로 목숨을 끊음.

영면[永眠] (명)
　: 영원히 잠드는 것. 곧 죽음. 영서(永逝). 잠매(潛寐). ⑩ --하다 (동)

영면을 얻다 (구)
　: =죽다.

영서[永逝] (명)
　: =영면(永眠). ⑩ --하다 (동)

영종[令終] (명)
　: =고종명(考終命). ⑩ --하다 (동)

예척[禮陟] (명)
　: = 승하(昇遐). ⑩ --하다 (동)

오등[五等] (명)
　: ③죽었을 때 칭호의 다섯 가지 등급. 곧 붕(崩)·훙(薨)·졸(卒)·불록(不祿)·사(死).

오사[誤死] (명)
　: 형벌이나 재난을 당하여 비명에 죽는 것. ⑩ --하다 (동)

오살[五殺] (명)
　: [역] 사형(死刑)의 한 방법. 주로 역적(逆賊)을 처형할 때 이용한 형벌로, 죄인의 머리를 찍어 죽인 다음 팔다리를 베었음.

오살[誤殺] (명)
　: 실수로 사람을 죽이는 것. ⑩ --하다 (동)

오살[鏖殺] (명)
　: 모조리 무찔러 죽이는 것. ⑩ --하다 (동)

오신명[誤身命] (명)
　: 몸과 목숨을 그르치는 것. ⑩ --하다 (동)

오절[五絶] (명)
　: ②사람이 비명(非命)에 죽는 다섯 가지. 곧 목을 매어 죽는 일, 물에 빠져 죽는 일, 눌려 죽는 일, 얼어 죽는 일, 놀라 죽는 일.

옥골[玉骨] (명)
　: ③ 천자(天子)의 유골을 이르는 말.

옥루[玉樓] (명)
　: ① '백옥루(白玉樓)'의 준말.

옥사[獄死] (명)
　: 감옥 안에서 죽는 것. 뇌사(牢死). 순화어는 '재소 중 사망' ⑩ --하다 (동)

옥쇄[玉碎] (명)
: [옥처럼 아름답게 깨어져 부서진다는 뜻] 명예나 충절을 위해 깨끗이 죽는 것. 순화어는 '모두 죽음'. [파] --하다 (동)

올라가다 (동)
: ⑧'죽다'를 속되게 이르는 말.

올림대(를) 놓다 (구)
: '죽다'를 속되게 이르는 말.

왕사[枉死] (명)
: 억울한 죄로 죽는 것. [파] --하다 (동)

와석종신[臥席終身] (명)
: 사람이 제 명(命)을 다 살고 편안히 자리에 누워서 죽음. ↔ 비명횡사(非命橫死). [파] --하다 (동)

왕사[枉死] (명)
: 억울한 죄로 죽는 것. [파] --하다 (동)

요사[夭死] (명)
: =요절(夭折). [파] --하다 (동)

요상[夭殤] (명)
: =요절(夭折).

요서[夭逝] (명)
: =요절(夭折). [파] --하다 (동)

요수[夭壽] (명)
: 나이가 젊어서 죽는 것. 요절(夭折). [파] --하다 (동)

요절[夭折] (명)
: 나이 젊어서 죽는 것. 요사(夭死). 요상(夭殤). 요서(夭逝). 요찰(夭札). 요촉(夭促). 요함(夭陷). 조서(早逝). 횡요(橫夭). [파] --하다 (동)

요찰[夭札] (명)
: =요절(夭折). [파] --하다 (동)

요참[腰斬] (명)
: [역] 죄인의 허리를 베어 죽이는 것. 또는 그러한 형벌. [파] --하다 (동)

요촉[夭促] (명)
: =요절(夭折). [파] --하다 (동)

요함[夭陷] (명)
: =요절(夭折). [파] --하다 (동)

우해[遇害] (명)
: 해(害)를 만나는 것. 또는 살해를 당하는 것. [파] --하다 (동)

운명[殞命] (명)
: 사람의 목숨이 끊어지는 것. [파] --하다 (동), --되다 (동)

원사[冤死] (명)
: 원통하게 죽는 것. 또는 원통한 죽음. [파] --하다 (동)

원서[遠逝] (명)
: ②[멀리 가서 돌아오지 않는다는 뜻] 죽는 일. 장서(長逝).
[파] --하다 (동)

원적[圓寂] (명)
: [불] 원만구족(圓滿具足)한 적멸(寂滅). 곧 중의 죽음. 귀적(歸寂).

유명(幽明)을 달리하다 (구)
: 사별하여 이 세상에서 다시 만날 수 없게 되다.

유사[瘐死] (명)
: 감옥에서 고생하다 죽는 것. [파] --하다 (동)

유살[誘殺] (명)
: 유인하여 죽이는 것. [파] --하다 (동)

유아이사[由我而死] (명)
: 나로 말미암아 죽음.

유종신[流終身] (명)
: [역] 죽을 때까지 귀양살이를 하는 것. 또는 그 귀양살이. [파] --하다 (동)

유현[幽顯] (명)
: ② =유명(幽明)②.

육좌[戮挫] (명)
: 죄를 씌워서 죽이는 일. [파] --하다 (동)

음독자살[飮毒自殺] (명)
: 독약을 먹고 자살함.

의사[義死] (명)
: 의를 위하여 죽은 것. [파] --하다 (동)

의사[縊死] (명)
: '액사(縊死)'의 원말.

의살[縊殺] (명)
: '액살(縊殺)'의 원말.

이승을 떠나다 (구)
  : 죽다.

이효상효[以孝傷孝] (명)
  : 효성이 지극한 나머지 부모의 죽음을 너무 슬퍼하여 병이 나거나 죽음.
  ⑩ --하다(동)

익사[溺死] (명)
  : 물에 빠져 죽는 일. 수사(水死). 엄사(渰死). ⑩ --하다 (동)

인결[引決] (명)
  : 책임을 지고 자살하는 것. ⑩ --하다 (동)

인병치사[因病致死] (명)
  : 병으로 말미암아 죽음. ⑩ --하다 (동)

일명불시[一瞑不視] (명)
  : [죽으면 사물을 보지 못한다는 뜻] 죽음을 이르는 말.

일박서산[日薄西山] (명)
  : ② 늙어서 죽을 때가 가까워졌음을 이르는 말.

일사[一死] (명)
  : ① 한 번 죽는 것. 곧 한 목숨을 버리는 것.

일사[逸死] (명)
  : 안일하게 죽는 것. ⑩ --하다 (동)

일사보국[一死報國] (명)
  : 한 목숨 바쳐 나라에 보답함. ⑩ --하다 (동)

일살다생[一殺多生] (명)
  : [불] 많은 사람을 살리기 위하여 한 사람을 죽임. ⑩ --하다 (동)

잃다 (동)
  : ④(가족이나 가까운 관계의 사람을) 그의 죽음으로 인해 함께 살아가는 존재로서
  가지지 못하게 되다. 사별(死別)하다.

임명[臨命] (명)
  : =임종(臨終)①. ⑩ --하다 (동)

임명종[臨命終] (명)
  : =임종(臨終)①. ⑩ --하다 (동)

임사[臨死] (명)
  : 죽을 고비에 이르는 것. ⑩ --하다 (동)

임종[臨終] (명)
: ① 목숨이 끊어지는 것. 또는 그 때. 임명(臨命). 임명종. 䲭 --하다 (동)

입근[入僅] (명)
: 절개를 위해 죽는 것. 䲭 --하다 (동)

입멸[入滅] (명)
: [불] =입적(入寂). 䲭 --하다 (동)

입몰[入沒] (명)
: ② 죽는 것. 䲭 --하다 (동), --되다 (동)

입연[入宴] (명)
: [불] =입열반(入涅槃). 䲭 --하다 (동)

입열반[入涅槃] (명)
: [불] 열반에 드는 것. 곧 불생 불멸의 법신(法身)이 되는 일. 䲭 --하다 (동)

입적[入寂] (명)
: [불] 중이 죽는 것. 열반. 입멸(入滅). 입열반(入涅槃). 입정(入定). 䲭 --하다 (동)

입정[入定] (명)
: ③ =입적(入寂). 䲭 --하다 (동)

ㅈ

자결[自決] (명)
: ② 의분을 참지 못하거나 지조를 지키기 위해 스스로 목숨을 끊는 것. 자처(自處). 䲭 --하다 (동)

자경[自剄] (명)
: =자문(自刎). 䲭 --하다 (동)

자경[自經] (명)
: =자액(自縊). 䲭 --하다 (동)

자리개미 (명)
: [역] 포도청에서 죄인의 목을 졸라 죽이는 것. 䲭 --하다 (동)

자문[自刎] (명)
: 스스로 목을 찌르는 것. 문사(刎死). 자경(自剄). 䲭 --하다 (동)

자살[自殺] (명)
: 스스로 자기 목숨을 끊는 것. 자재(自裁). 자해(自害). 자폐(自斃). ↔ 타살(他殺). 䲭 --하다 (동)

자살[刺殺] (명)

　　: =척살(刺殺)①. ⑩ --하다 (동)

자수[自水] (명)

　　: 자기가 스스로 물에 빠져 죽는 일. ⑩ --하다 (동)

자액[自縊] (명)

　　: 스스로 목을 매어 죽는 것. 자경(自経). ⑩ --하다 (동)

자연사[自然死] (명)

　　: 다치거나 병 때문이 아니라 노쇠하여 자연히 죽는 일. ↔ 우연사(偶然死).

자인[自刃] (명)

　　: 칼로 제 생명을 끊는 것. ⑩ --하다 (동)

자인[自引] (명)

　　: ③ 자살하는 것. 자결(自決). ⑩ --하다 (동)

자재[自裁] (명)

　　: =자살(自殺). ⑩ --하다 (동)

자진[自盡] (명)

　　: ① 식음을 끊어 스스로 죽는 것. ⑩ --하다 (동)

자처[自處] (명)

　　: ① =자결(自決)②. ⑩ --하다 (동)

자폐[自斃] (명)

　　: =자살(自殺). ⑩ --하다 (동)

자해[自害] (명)

　　: ② =자살(自殺).

자헌치명[自獻致命] (명)

　　: [가] 천주교 박해 중 신자 스스로가 관이나 관헌에게 자수하여 신앙을 고백한 후
　　순교하는 것. ⑩ --하다 (동)

작고[作故] (명)

　　: '사망(死亡)'의 높임말. ⑩ --하다 (동)

잔디찰방[--察訪] (명)

　　: [무덤의 잔디를 지킨다는 뜻] 죽어서 땅에 묻힘을 농으로 이르는 말.

잔살[殘殺] (명)

　　: 잔인하게 죽이는 것. ⑩ --하다 (동)

잔적[殘賊] (명)

　　: ② 사람이나 물건을 잔인하게 해치는 것. 장적(戕賊). ⑩ --하다 (동)

잠들다 (동)

: ②'죽다'를 완곡하게 이르는 말.

잠매[潛寐] (명)

: =영면(永眠). ㉺ --하다 (동)

장면[長眠] (명)

: =죽음.

장명[戕命] (명)

: 목숨을 해치는 것. ㉺ --하다 (동)

장사[杖死] (명)

: [역] 장형(杖刑)을 당하여 죽는 것. 장폐(戕斃). ㉺ --하다 (동)

장살[杖殺] (명)

: [역] 형벌로 매를 쳐서 죽이는 것. ㉺ --하다 (동)

장살[戕殺] (명)

: 무찔러 죽이는 것. ㉺ --하다 (동)

장서[長逝] (명)

: 영영 가는 것. 곧 죽음. 원서(遠逝). ㉺ --하다 (동)

장성운[將星隕] (명)

: [중국 삼국 시대 촉(蜀)의 제갈량(諸葛亮)이 오장원(五丈原)에서 죽을 때 붉은 빛의 큰 별이 진중(陣中)에 떨어졌다는 고사에서] 장군의 전사(戰死)나 영웅·위인의 죽음을 뜻하는 말.

장적[戕賊] (명)

: ① 쳐 죽이는 것. 살해(殺害). ② =잔적(殘賊)②.

장폐[戕斃] (명)

: 장형(杖刑)으로 죽는 것. 장사(杖死). ㉺ --하다 (동)

장해[戕害] (명)

: 참혹하게 상처를 내어 해치는 것. ㉺ --하다 (동)

재해사[災害死] (명)

: 자살·타살 이외의 변사(變死) 중에서, 홍수 · 교통 사고 등의 이상적(異常的) 자연 현상이나 인위적 원인으로 말미암은 죽음.

적로병고[積勞病故] (명)

: 피로가 쌓여 병이 들어 앓다가 죽음.

적멸[寂滅] (명)

: [불] ② 사라져 없어지는 것. 곧 죽음. ㉺ --하다 (동)

적사[謫死] (명)
: 귀양 갔다가 그 곳에서 죽는 것. ㉐ --하다 (동)

적정[寂靜] (명)
: [불] 번뇌에서 벗어나 고(苦)를 멸한 해탈·열반의 경지.

전격사[電擊死] (명)
: 전력 치사량(致死量)이 생체(生体)를 통전(通電)하여 일으키는 쇼크사(shock死).
감전사(感電死)

전군함몰[全軍陷沒]
: 한 떼의 군대가 전멸하는 일. ㉐ --하다 (동)

전망[戰亡] (명)
: =전사(戰死).

전멸[全滅] (명)
: 지거나 망하거나 죽거나 하여 모두 없어지는 것. 전멸(賆滅).
㉐ --하다 (동), --되다 (동)

전멸[賆滅] (명)
: =전멸(全滅). ㉐ --하다 (동), --되다 (동)

전몰[戰歿] (명)
: ① =전사(戰死). ② 전사·전상사(戰傷死)·전병사(戰病死)의 총칭.
㉐ --하다 (동), --되다 (동)

전병사[戰病死] (명)
: 군인이 종군(從軍)하고 있는 동안 병에 걸려 죽음. ㉐ --하다 (동)

전사[戰死] (명)
: 전장(戰場)에서 싸우다가 죽는 것. 전망(戰亡). 전몰(戰歿).
㉐ --하다 (동), --되다 (동)

전사[轉死] (명)
: 굴러 넘어져 죽는 것. ㉐ --하다 (동)

전희[牷犠] (명)
: =희생②. --하다 (동) ㉐ --되다 (동)

절맥[絶脈] (명)
: ① 맥박이 끊어지는 것. 곧 죽음. ㉐ --하다 (동), --되다 (동)

절멸[絶滅] (명)
: 아주 없어지거나 없애는 것. ㉐ --하다 (동), --되다 (동)

절명[絶命] (명)
: 목숨이 끊어지는 것. ⑭ --하다 (동), --되다 (동)

절사[折死] (명)
: 일찍 죽는 것. 요사(夭死). 요절(夭折). ⑭ --하다 (동)

절사[節死] (명)
: 절개를 지켜 죽는 것.

절식[絶息] (명)
: 숨이 끊어지는 것. ⑭ --하다 (동)

절종[絶種] (명)
: 생물의 씨가 끊겨 아주 없어지는 것. ⑭ --하다 (동)

절진[絶盡] (명)
: 다 없어지는 것. ⑭ --하다 (동)

정사[情死] (명)
: 사랑하는 남녀가 그 뜻을 이루지 못하여 함께 자살하는 일. ⑭ --하다 (동)

제각[除却] (명)
: =제거(除去). ⑭ --하다 (동), --되다 (동)

제거[除去] (명)
: ②(정적이나 훼방꾼·경쟁자 등을) 죽이거나 축출하는 것을 좀 완곡하게 이르는
말. 제각(除却). ⑭ --하다 (동) : 순화어는 '없애다', --되다 (동)

제끼다 (동)
: ⑧죽여 버리거나 없애 치우다 또는 잡아 치우다.

조간[遭艱] (명)
: =당고(當故). ⑭ --하다 (동)

조고[遭故] (명)
: =당고(當故). ⑭ --하다 (동)

조락[殂落] (명)
: 제왕(帝王)의 죽음.

조사[早死] (명)
: 젊어서 일찍 죽는 것. 조세(早世). 조세(蚤世). 조졸(早卒).

조사[徂謝] (명)
: ①죽어 이 세상을 하직하는 것. ⑭ --하다 (동)

조서[早逝] (명)
: =요절(夭折). ⑭ --하다 (동)

조세[早世] (명)
: =조사(早死). [파] --하다 (동)

조세[蚤世] (명)
: =조사(早死). [파] --하다 (동)

조졸[早卒] (명)
: =조사(早死). [파] --하다 (동)

족멸[族滅] (명)
: 일족(一族)을 남김없이 멸망 시키는 것. [파] --하다 (동)

족주[族誅] (명)
: =멸문(滅門). [파] --하다 (동)

존속살해[尊屬殺害] (명)
: [법] 자기나 배우자의 직계 존속을 죽이는 것. 또는 그 범죄.

존엄사[尊嚴死] (명)
: [의] 불치의 병이나 장애로 의식 불명이나 심한 고통 상태에 있는 환자에 대해서 연명만을 목적으로 하는 치료를 중지하고 인간으로서의 명예를 유지하면서 죽을 수 있게 해야 한다는 견해. 또 그와 같은 죽음. 미국의 칼렌 앤 퀸런의 치료 중단을 요구한 부모의 주장이 인정된 재판에서 생겨난 말임.

졸[卒] (명)
: 죽음을 이르는 말. 몰(歿).

졸사[卒死] (명)
: 갑자기 죽는 것. 급사(急死). [파] --하다 (동)

졸서[卒逝] (명)
: 죽어서 멀리 가는 것. [파] --하다 (동)

졸하다[卒--] (동)
: '죽다'를 조금 높여 이르는 말.

종명[終命] (명)
: 목숨을 마치는 것. [파] --하다 (동)

종사[從死] (명)
: 뒤를 따라서 죽는 것. [파] --하다 (동)

종신[終身] (명)
: ② 일생을 마치는 것.

종언[終焉] (명)
: ① 없어지거나 죽어 존재가 사라지는 것. 마지막. [파] --하다 (동)

죄사[罪死] (명)
: 죄지어 죽음을 당하는 것. ⑭ --하다 (동)

주굼 (명)
: <옛> 죽임.

주기다 (명)
: <옛> 죽이다.

주륙[誅戮] (명)
: 죄에 대한 형벌(刑罰)로 죽이는 것. ⑭ --하다 (동), --되다 (동)

주멸[誅滅] (명)
: 죄인을 죽여 없애는 일. ⑭ --하다 (동), --되다 (동)

주살[誅殺] (명)
: 죄를 물어 죽이는 것. ⑭ --하다 (동), --되다 (동)

주욕신사[主辱臣死] (명)
: 신하가 임금의 치욕(恥辱)을 씻기 위하여 목숨을 바침.

주이[誅夷] (명)
: ② 모조리 죽이는 것. ⑭ --하다 (동)

주찬[誅竄] (명)
: 형벌로 죽이는 일과 귀양 보내는 일.

주키다 (동)
: <옛> 죽이다.

죽다 (동)
: ① (사람 · 동물 · 식물이) 생명이 없어지게 되다. 사망하다. 영면하다. 운명하다.
  ㉑ 돌아가다 · 별세하다 · 서거하다 · 붕어하다. ↔ 살다.

죽바이다 (동)
: <옛> 죽고 패하다.

죽음 (명)
: 사람이 목숨을 잃는 일이나 현상. 일반적으로 심장 기능의 완전한 정지 상태(심장
  사)를 가리키나, 의학적으로는 뇌 기능의 상실 상태(뇌사)를 가리킬 때도 있음. 사
  (死). 사거(死去). 사망(死亡). 장면(長眠). 영면(永眠).

죽이다 (동)
: ① '죽다'의 사동사.

중상[中殤] (명)
: 12살부터 15살 사이에 죽는 것. 또는 그 사람. ⑭ --하다 (동)

중요[中夭] (명)
　　: ①중년(中年)에 죽는 것. ⑩ --하다 (동)

중환치사[中丸致死] (명)
　　: 총알에 맞아 죽음. ⑩ --하다 (동)

즉사[卽死] (명)
　　: 그 자리에서 곧 죽는 것. 직사(直死). 순화어는 '현장 사망'. ⑩ --하다 (동)

즉살[卽殺] (명)
　　: 즉석에서 죽이는 것. ⑩ --하다 (동), --되다 (동)

즉세[卽世] (명)
　　: 사람이 죽어서 세상을 떠나는 것. ⑩ --하다 (동)

즐어디다 (동)
　　: <옛> 지레 죽다. 일찍 죽다.

즐어죽다 (동)
　　: <옛> 지레 죽다.

지다 (동)
　　: ④아이가 지다. ⑤숨지다.

직사[直死] (명)
　　: =즉사(卽死). ⑩ --하다 (동)

진망[陣亡] (명)
　　: 싸움터에서 죽는 것. 전사(戰死). ⑩ --하다 (동), --되다 (동)

진멸[殄滅] (명)
　　: 무찔러 죽여 없애는 것. ⑩ --하다 (동), --되다 (동)

진명[盡命] (명)
　　: 목숨을 바치는 것. ⑩ --하다 (동)

진몰[陣歿 · 陣沒] (명)
　　: 싸움터에서 전사(戰死) 또는 병사(病死)하는 것. ⑩ --하다 (동), --되다 (동)

진사[震死] (명)
　　: 벼락을 맞아 죽는 것. ⑩ --하다 (동)

진섬[殄纖] (명)
　　: 무찔러 모조리 없애 버리는 것. ⑩ --하다 (동)

진육[殄戮] (명)
　　: 무찔러 죽이는 것. 또는 모두 멸해 버리는 것. ⑩ --하다 (동)

진적[眞寂] (명)
: [불] 고승(高僧)의 죽음.

질사[窒死] (명)
: 질식하여 죽는 것. ㉆ --하다 (동)

질식사[窒息死] (명)
: 숨이 막히거나 산소가 없어지거나 하여 죽는 것. ㉆ --하다 (동)

짐살[鴆殺] (명)
: 짐주(鴆酒)를 먹여서 사람을 죽이는 것. 짐시(鴆弑). ㉆ --하다 (동)

짐시[鴆弑] (명)
: =짐살(鴆殺) ㉆ --하다 (동)

집단살육[集団殺戮] (명)
: =집단살해(集団殺害). ㉆ --하다 (동)

집단살해[集団殺害] (명)
: 어떤 민족 · 인종 · 종교 등의 집단을 파괴할 목적으로 그 집단의 구성원(構成員)을 말살(抹殺)하는 행위. 집단살육.

짚불 꺼지듯 하다 (속)
: ㉡조용히 숨지는 모양을 이르는 말.

ㅊ

차도살인[借刀殺人] (명)
: [남의 칼을 빌려 사람을 해친다는 뜻] 음험(陰險)한 사람을 비유하는 말.

찬시[簒弑] (명)
: 임금을 죽이고 그 자리를 빼앗는 것. ㉆ --하다 (동)

찬학[簒虐] (명)
: 임금을 죽이고 그 자리를 빼앗는 것. ㉆ --하다 (동)

참[斬] (명)
: ①'참수(斬首)'의 준말. ②'참형(斬刑)'의 준말.

참간[斬奸] (명)
: 나쁜 놈을 죽이는 일. ㉆ --하다 (동)

참괵[斬馘] (명)
: =참수(斬首). ㉆ --하다 (동)

참두[斬頭] (명)
  : 목을 베는 것. 참수(斬首). 🈟 --하다 (동)

참륙[斬戮] (명)
  : 칼로 베어 죽이는 것. 🈟 --하다 (동)

참사[斬死] (명)
  : 칼로 베어 죽이는 것. 🈟 --하다 (동)

참사[慘死] (명)
  : 아주 비참하게 죽는 것. 🈟 --하다 (동)

참살[斬殺] (명)
  : 칼로 목을 베어 죽이는 것. 🈟 --하다 (동)

참살[慘殺] (명)
  : 참혹하게 죽이는 것. 🈟 --하다 (동)

참상[慘喪] (명)
  : ①젊어서 죽은 상사(喪事). ②부모보다 자손이 먼저 죽은 상사.

참수[斬首] (명)
  : (사람의) 목을 베어 죽이는 것. 괵두. 참두(斬頭). 참수. ㈜ 참(斬). --하다 (동)

참시[斬屍] (명)
  : '부관참시(剖棺斬屍)'의 준말. 🈟 --하다 (동)

참절[斬截] (명)
  : 목을 베고 수족을 끊는 것. 🈟 --하다 (동)

참척[慘慽] (명)
  : 자손이 부모·조부모보다 앞서 죽음.

참척(을) 보다 (구)
  : 웃어른으로서 참척을 당하다.

참획[斬獲] (명)
  : 잘라 죽이거나 생으로 잡는 것. 🈟 --하다 (동)

창오지망[蒼梧之望] (명)
  : [순(舜)임금이 창오에서 붕어한 데서] 제왕(帝王)의 붕어(崩御).

책살[磔殺] (명)
  : [역] 기둥에 묶어 세우고 창으로 찔러 죽이는 것. 책형(磔刑). 🈟 --하다 (동)

책형[磔刑] (명)
  : [역] 기둥에 묶어 세워 놓고 창으로 찔러 죽이던 형벌. 책살(磔殺).

처교[處絞] (명)
: 죄인을 교수형에 처하는 것. ⑩ --하다 (동)

처참[處斬] (명)
: 목을 베어 죽이는 형벌에 처하는 것. ⑩ --하다 (동)

처치[處置] (명)
: ③ (적이나 방해가 되는 사람을) 죽여 없애는 것. ⑩ --하다 (동), --되다 (동)

처형[處刑] (명)
: ② 사형에 처하는 것. ⑩ --하다 (동), --되다 (동)

척방[陟方] (명)
: [하늘에 오른다는 뜻] 천자(天子)의 죽음을 이르는 말. 승하(昇遐). ⑩ --하다 (동)

척살[刺殺] (명)
: ① 칼 따위로 찔러 죽이는 것. 자살(刺殺). ⑩ --하다 (동), --되다 (동)

척살[擲殺] (명)
: 내던져 죽이는 것. ⑩ --하다 (동), --되다 (동)

천당에 가다 (구)
: '죽다'를 속되게 이르는 말.

천벌[天伐] (명)
: 벼락을 맞아 죽음을 이르는 말.

천살[擅殺] (명)
: 함부로 죽이는 것. ⑩ --하다 (동)

천화[遷化] (명)
: ② [불] [이 세상의 교화를 마치고 다른 세상의 교화로 옮긴다는 뜻] 고승(高僧)의 죽음을 이르는 말. ⑩ --하다 (동)

체해[体解] (명)
: 죽인 뒤에 팔다리를 찢던, 옛날 형벌의 하나. ⑩ --하다 (동)

쳐죽이다 (동)
: 때려 죽이다.

초목구후[草木俱朽] (명)
: =초목동부(草木同腐). ⑩ --하다 (동)

초목동부[草木同腐] (명)
: [초목과 함께 썩어 없어진다는 뜻] 이름을 남기지 못하고 세상을 떠남의 비유. 초목구후(草木俱朽). ⑩ --하다 (동)

초상[初喪] (명)

: 집안에 사람이 죽어서 장사 지내기까지 일정한 의례에 따라 일을 치르는 것. 때로 집안에 사람이 죽는 일이 생기는 것을 가리키는 경우도 있음.

초상나다[初喪--] (동)

: 집안에 죽는 사람이 생기다.

촉탁살인[囑託殺人] (명)

: 피살자의 요구나 또는 그의 승낙을 받고 그를 죽이는 일.

총살[銃殺] (명)

: (사람이나 동물을) 총으로 쏘아 죽이는 것. ⑭ --하다 (동), --되다 (동)

추락사[墜落死] (명)

: 높은 곳에서 떨어져 죽는 것. ⑭ --하다 (동)

추사[墜死] (명)

: 추락하여 죽는 것. 추락사(墜落死). ⑭ --하다 (동)

추살[追殺] (명)

: 추격하여 죽이는 것. ⑭ --하다 (동)

추살[椎殺] (명)

: 몽둥이로 쳐서 죽이는 것. ⑭ --하다 (동)

축살[蹴殺] (명)

: 발로 차서 죽이는 것. ⑭ --하다 (동)

충격사[衝擊死] (명)

: [의] =쇼크사(shock死).

충사[忠死] (명)

: 충의를 위하여 죽는 것. ⑭ --하다 (동)

충살[衝殺] (명)

: 들이치거나 찔러 죽이는 것. ⑭ --하다 (동)

취의[就義] (명)

: ②의(義)를 위하여 죽는 것. ⑭ --하다 (동)

치명[致命] (명)

: ①목숨이 끊어질 지경에 이르는 것. ②신명(身命)을 바치는 것. ③[가]천주(天主)와 그 교회를 위하여 목숨을 바치는 것. 순교(殉敎). ⑭ --하다 (동)

치사[致死] (명)

: 죽게 하는 것. 또는 죽음에 이르는 것. 치폐(致斃). ⑭ --하다 (동)

치신[致身] (명)
   : ① 신명(身命)을 바치는 것. ㉫ ﹣﹣하다 (동)

치폐[致斃] (명)
   : =치사(致死). ㉫ ﹣﹣하다 (동)

칠성판을 지다 (구)
   : 사람이 죽거나 또는 죽음을 무릅쓰고 사지에 들어가다.

ㅌ

타계[他界] (명)
   : ②[인간계(人間界)를 떠나서 다른 세계로 간다는 뜻에서] (사람이) 죽는 것. 특히
     귀인(貴人)의 죽음을 이르는 말.
     ㉫ ﹣﹣하다 (동) : '죽다'를 높여 이르는 말. 순화어는 '죽다', '돌아가시다'.

타살[他殺] (명)
   : ①남을 죽이는 것. ②남에게 죽음을 당하는 것. ↔자살(自殺).
     ㉫ ﹣﹣하다 (동), ﹣﹣되다 (동)

타살[打殺] (명)
   : 때려 죽이는 것. 박살(撲殺). ㉫ ﹣﹣하다 (동), ﹣﹣되다 (동)

토회[土灰] (명)
   : ②흙이나 재가 되는 일. 곧 죽는 것을 일컫는 말.

투사[鬪死] (명)
   : 싸워서 죽는 것. ㉫ ﹣﹣하다 (동)

투살[鬪殺] (명)
   : 싸워서 죽이는 것. ㉫ ﹣﹣하다 (동)

투신[投身] (명)
   : ②목숨을 끊기 위하여 몸을 던지는 것. ㉫ ﹣﹣하다 (동)

투신자살[投身自殺] (명)
   : 물 속으로나 높은 곳에서 몸을 던져 자살함. ㉫ ﹣﹣하다 (동)

ㅍ

파리잡듯 (구)
   : 목숨을 대수롭지 않게 여겨 쉽게 죽이는 모양을 이르는 말.

파리목숨 (명)
: 남에게 손쉽게 죽음을 당하는 보잘 것 없는 목숨을 비유하는 말.

판장이 되다 (구)
: 늙고 병들어 거의 죽어 가다.

패몰[敗沒] (명)
: ② =패사(敗死). 働 --하다 (동)

패사[敗死] (명)
: 싸움에 패하여 죽는 것. 패몰(敗沒). 働 --하다 (동)

팽상[彭殤] (명)
: =수요(壽夭).

팽하다[烹--] (동)
: [역] 죄인을 끓는 물에 삶아 죽이는 형벌에 처하다.

페니실린쇼크사[penicillin shock死] (명)
: [의] 페니실린 쇼크에 의한 사망. 경련이 일어난 지 30분 후에 죽음.

폐부[斃仆] (명)
: =폐사(斃死). 働 --하다 (동)

폐사[斃死] (명)
: 쓰러져 죽는 것. 폐부(斃仆). 働 --하다 (동)

폐졸중[肺卒中] (명)
: [의] 폐의 활동이 갑자기 멎어 죽게 되는 병증.

포살[砲殺] (명)
: 총포로 쏘아 죽이는 것. 働 --하다 (동), --되다 (동)

포살[捕殺] (명)
: 잡아 죽이는 것. 働 --하다 (동), --되다 (동)

폭사[暴死]] (명)
: 별안간 참혹(慘酷)하게 죽는 것. 폭졸(暴卒). 働 --하다 (동)

폭사[爆死] (명)
: 폭탄의 파열로 죽는 것. 働 --하다 (동)

폭살[爆殺] (명)
: 폭탄·폭약 따위를 파열시켜서 죽이는 것. 働 --하다 (동)

폭졸[暴卒] (명)
: =폭사(暴死). 働 --하다 (동)

피 (명)
: ③사람의 죽음에 의한 희생이나 죽음을 무릅쓴 투쟁이나 노력을 비유적으로 이르는 말.

피를 흘리다 (구)
: 싸우거나 하여 사상자(死傷者)를 내다.

피살[被殺] (명)
: (어떤 사람에게) 죽임을 당하는 것. ㉠--되다 (동)

피시[被弑] (명)
: 임금이 신하에게 죽임을 당하는 것. ㉠--하다 (동), --되다 (동)

피폐[疲斃] (명)
: 기운이 지쳐 죽는 것. ㉠--하다 (동)

필사[必死] (명)
: ①살 가망이 없는 것. ②죽음을 각오하고 행하는 것. ㉠--하다 (동)

필사내이[必死乃已] (명)
: 틀림없이 죽고야 맒.

필살[必殺] (명)
: 반드시 죽이는 것. ㉠--하다 (동)

ㅎ
·················

하상[下殤] (명)
: 8~13세의 나이에 일찍 죽는 것.

하세[下世] (명)
: =기세(棄世)①. ㉠--하다 (동)

하수[下手] (명)
: ②손을 대어 사람을 죽이는 것. ㉠--하다 (동)

하종[下從] (명)
: 아내가 죽은 남편의 뒤를 따라 자결(自決)하는 것. ㉠--하다 (동)

학살[虐殺] (명)
: 참혹하게 죽이는 것. ㉠--하다 (동), --되다 (동)

한사[限死] (명)
: 목숨을 걸고 일을 하는 것. 또는 죽기를 각오하는 것. ㉠--하다 (동)

한사[恨死] (명)
  : 억울하게 죽는 것. ⑩ --하다 (동)

한살[恨殺] (명)
  : 원한을 품고 죽이는 것. ⑩ --하다 (동)

할복[割腹] (명)
  : 죽으려고 칼로 배를 가르는 것. ⑩ --하다 (동)

할복자살[割腹自殺] (명)
  : 칼로 배를 째서 자살하는 일. ⑩ --하다 (동)

함몰[咸沒] (명)
  : 다 죽는 것. 몰사(沒死). ⑩ --하다 (동)

합연장서[溘然長逝] (명)
  : 갑자기 세상을 떠나는 것. ⑩ --하다 (동)

해치다 (동)
  : 다치게 하거나 죽이다.

행려병사[行旅病死] (명)
  : 여행 중 타향에서 병들어 죽음. ⑩ --하다 (동)

행흉[行凶·行兇] (명)
  : 사람을 죽이는 흉악한 짓을 하는 것. ⑩ --하다 (동)

현륙[顯戮] (명)
  : 죄인을 죽여 그 시체를 공중(公衆)에게 보이는 일.

현명[懸命] (명)
  : 목숨을 내거는 것. 곧 죽기를 각오(覺悟)하는 것. ⑩ --하다 (동)

현수[懸首] (명)
  : 죄인을 죽여 그 목을 걸어 놓는 것. 또는 그 목. 효수(梟首).

혈세[血洗] (명)
  :[가] 영세(領洗)를 받지 못한 사람이 신앙 때문에 목숨을 바치는 순교(殉敎). 영세
  를 받은 것과 마찬가지로 은총을 받음.

형륙[刑戮] (명)
  : 죄지은 사람을 형벌에 따라 죽이는 것. 형벽(刑辟). ⑩ --하다 (동), --되다 (동)

형벽[刑辟] (명)
  : =형륙(刑戮). ⑩ --하다 (동)

형사[刑死] (명)
  : 형을 받아 죽는 것. ⑩ --하다 (동)

형살[刑殺] (명)
: 사형을 집행하는 것. ⑩ --하다 (동)

형장(刑場)의 이슬로 사라지다 (구)
: 사형이 집행되어 죄인이 죽다.

형주[刑誅] (명)
: 형벌에 의하여 사형에 처하는 것. ⑩ --하다 (동)

화거[化去] (명)
: [다른 것으로 변해 간다는 뜻] '죽음'을 이르는 말. ⑩ --하다 (동)

화정[火定] (명)
: [불] 불도를 닦는 사람이 열반에 이르기 위하여 스스로 불 속에 뛰어들어 입정(入定)하는 일. 화화(火化). ⑩ --하다 (동)

화형[火刑] (명)
: 사람을 불에 태워 죽이는 형벌. 분형(焚刑).

화화[火化] (명)
: [불] =화정(火定). ⑩ --하다 (동)

확팽[鑊烹] (명)
: 형벌(刑罰)의 하나. 가마솥에 넣어서 삶아 죽임.

환열[轘裂] (명)
: [역] =환형(轘刑).

환형[轘刑] (명)
: [역] 사람의 두 발을 각각 다른 수레에 매어 놓고, 수레를 서로 반대되는 방향으로 끌게 하여 찢어 죽이던 옛 형벌. 환열(轘裂).

황천객(黃泉客)이 되다 (구)
: 죽다.

획린[獲麟] (명)
: ['기린을 잡았다'는 뜻으로, 공자가 춘추(春秋)를 쓸 때 '애공십사년춘(哀公十四年春), 서수획린(西狩獲麟)'의 글귀로 붓을 끊고 죽은 고사에서] '붓을 꺽음' 또는 '죽음'의 뜻으로 쓰이는 말.

횡사[橫死] (명)
: 횡액(橫厄)으로 죽는 것. ⑩ --하다 (동)

횡요[橫夭] (명)2
: =요절(夭折). ⑩ --하다 (동)

효수[梟首] (명)

  : [역] 죄인의 목을 베어 높은 곳에 매달던 처형(處刑). 현수(懸首).

    ⑭ --하다 (동), --되다 (동)

후명[後命] (명)

  : [역] 귀양살이를 하고 있는 죄인에게 다시 사약(賜藥)을 내리는 일.

후명(을) 내리다 (구)

  : 귀양 간 죄인에게 사약을 내리다.

후명(을) 받다 (구)

  : 귀양 간 죄인이 사약을 받다.

훙거[薨去] (명)

  : =훙서(薨逝). ⑭ --하다 (동)

훙서[薨逝] (명)

  : 임금·왕족·귀족의 죽음을 높이어 이르는 말. 훙거. 훙어. ⑭ --하다 (동)

훙어[薨御] (명)

  : =훙서(薨逝). ⑭ --하다 (동)

흉살[凶殺] (명)

  : 참혹하게 죽이는 것. ⑭ --하다 (동)

흉사[凶事] (명)

  : ② 사람이 죽는 일.

흉종[凶終] (명)

  : 재난이나 악한 등에 의하여 끔찍스럽게 죽는 일. ⑭ --하다 (동)

흉해[凶害] (명)

  : 끔찍한 짓으로 사람을 죽이는 것. ⑭ --하다 (동)

흙내가 고소하다 (구)

  : 죽고 싶은 생각이 든다는 말.

희생[犧牲] (명)

  : ② 남을 위하여 목숨·재물·명예 등을 버리거나 바치는 것. 전희(牷犧). ③ 목숨이나
    재물, 이익 등을 불의에 또는 강제로 잃는 것. ⑭ --하다 (동), --되다 (동)

찾아보기

ㄱ

간접 행위 95

계사 62, 66~68, 75, 82, 111, 112, 137, 138, 140, 148

고유어 210~216, 219, 224

곡용 117, 158

공동격 조사 40

교육용 한자 207, 208

구정보 15

굴절접사 120, 151

긍정문 9, 13, 23, 49, 54, 57, 61, 74, 79, 80, 81, 83, 96~98, 101, 103~ 105, 122~124

긍정적 담화 전제 11, 12, 14, 16, 17, 21, 23, 26

기능 범주 77, 78

기본 문형 40, 58, 113, 114, 118, 144, 158

ㄴ

내포문 24, 25, 27, 74, 119~121, 158, 159, 160

논리 형식부 104

논리적 서술어 122

논리적 술어 67

논리적 함의 17

논항 47, 57, 67, 95, 103, 105, 117, 118, 122, 125~128, 130, 138~140, 152, 157, 158

ㄷ

多義語 218, 224

단언 19

단일 용언 72

단형 부정문 9, 27, 48, 57, 73, 74, 78, 82, 86, 99~103, 107, 122, 123, 129

단형 사동문 86, 93, 95

담화 문법 22

대등 접속 어미 193

대체 형식 95, 96, 107

대표훈 207, 212, 213, 224

동명사 어미 194~197, 199~201, 204

동음 이의어 218

동의성 9, 98

두 자리 서술어 46, 105, 114, 117, 158

ㅁ

매개모음 150

명사앞 수식어 28

名詞的 用法 39, 46, 47

무주어문 113, 146

무표적 80

문맥 20, 156

문법적 서술어 118, 122, 139

문법적 술어 67

ㅂ

반의 관계 79, 165
반의어 50, 165
발화 14, 20~22
변항 15
補文素 42, 43, 48, 50
복합 용언 72, 92
부가어 76, 89, 90
부정 극성어 25, 97
부정 서술어 61, 62, 70, 71, 73, 97,
   102, 106, 130
부정문 9~14, 16, 22, 23, 25~32, 49,
   50, 54, 57, 61, 68~70, 72~78, 80~
   83, 86, 96~99, 101~107, 113, 122~
   125, 132
부정소-이송 25
부정적 담화 전제 11, 12, 16, 23, 26
분열문 15
분포상의 제약 71, 161
불완전문 113, 146
비사실성 동사 25

ㅅ

사동 85~87, 89~93, 95, 96, 107
사동문 86~91, 93, 95, 96, 98, 106,
   107
사동주 87, 89, 91, 96
死語 170
사역 87
生命 終熄語 170
생산성 75, 88, 93, 174

서술 단위 61, 62, 71
서술격 조사설 111, 112, 150
세 자리 서술어 46, 117, 158
시제 교점 78
시제 78, 116, 156, 195, 198, 204, 205
신정보 15, 16
심리적 서술어 122
심리적 술어 67
심층격 128

ㅇ

양화사 10~14, 26~32, 105
어기 88, 89, 103, 126
語彙部 169, 170
어휘적 방식 86, 93, 95, 96, 106
억양의 중심 14
여과 20
연산자 104
用言 否定 48
용언 어간 62, 66
용언설 111
用言化素 111
유표적 80
의문 첨사 43, 44
의미론적 함의 20
의미역 103, 105, 117, 158
의미적 동치 관계 102
의미적 서술어 135, 162
의존적 형용사 62
이동 104, 79

이의성 9, 98
이중 사동문 95
異形態說 48

ㅈ

자릿수 변동 40
자질 삼투 25
장형 부정문 9, 27, 48, 74, 86, 106,
　122, 124
장형 사동문 86, 94, 106
전제 해석 16
전제 10~23, 27~32, 48, 195, 197, 199,
　202
접사 62~68, 70, 71, 73, 75, 80, 102,
　103, 106, 120, 131, 145, 150~152
접중사 150
제약 20, 27, 47, 68
존재사 144, 148, 152~155, 163~166
종속 접속 어미 193
주동문 87
주어 생략 113, 146
주어 일치소 78
중의성 10, 11, 13, 26,~30, 32
지각의 직접성 25
지배 51, 86, 127, 195, 200, 209
지배 - 결속 이론 77
지정사 42, 111, 114, 118, 122, 129, 137
지정사설 111, 112
직접 행위 95
진리치 18~20
진리치 결여 18

ㅊ

休言 否定 38
체언상당어구 130, 161
체언의 동사화소 150
초점 9, 11~14, 16, 22, 23, 28~32, 48

ㅌ

통사적 방식 93~96, 106, 107
통사적 적격성 58
統辭的 節次 47
통사적 접사 126, 150, 152, 155
통사적 파생접사 119
통사적인 현상 105
통제성 25
통합 관계 61, 71~73
통합체 61, 65, 82, 112, 116, 118, 125,
　126, 129~131, 135, 162

ㅍ

파생 용언 72, 92
파생 접사 103
파생접사 119, 120, 126, 151
품사 57~60, 73, 79, 82, 114, 115,
　119, 129, 133, 134, 136, 139, 143,
　144, 147, 148, 153~155, 156, 160~
　166, 218, 222, 224
피동 85
피사동 사건 87, 91, 96
피사동주 87, 89, 91, 96

ㅎ

하위범주화 25

한 자리 서술어 90, 117, 158

함의 이론 17, 19, 20

함의 해석 16

함의 10, 12, 16~19, 21, 23, 24, 27, 32, 199

형용사설 111, 112

형태론적인 개념 70

화용론적 함의 20, 21

화용적인 현상 105

확실성 25

활용 116, 117, 122, 135, 146, 156, 157, 161

박정규(朴錠奎)

문학박사
서강대학교 문과대학 국어국문학과 졸업
서강대학교 대학원 석사·박사 과정 졸업(국어학 전공)
서강대학교 연구교수 역임
현재 호서대학교 국어국문학 전공 겸임교수
저서 : 〈국어학 분야〉 국어 부정문 연구 (보고사, 1996)
　　　　　　　　국어 부정문의 체계적 연구 (보고사, 2002)
　　〈국어학　외〉 작문 연습 (개문사, 1994)
　　　　　　　한문 강의 (형설출판사, 2000)
　　　　　　　2350한자 (보고사, 2000)
　　　　　　　천자문의 이해(보고사, 2003)

국어 연구의 몇 국면

2003년 10월 25일 인쇄
2003년 10월 30일 발행

저　　자 · 박정규
발행인 · 김흥국
발행처 · 도서출판 **보고사**
등　　록 · 1990년 12월(제6 - 0429)
주　　소 · 서울시 성북구 보문동 7가 11번지
전　　화 · 922-5120~1(편집), 922-2246(영업)
팩　　스 · 922-6990
메　　일 · kanapub3@chollian.net
www.bogosabooks.co.kr

ISBN 89-8433-194-5 (93710)

잘못된 책은 교환하여 드립니다.

정가 14,000원